预算绩效管理与财务管理

杨 勇 著

哈尔滨出版社
HARBIN PUBLISHING HOUSE

图书在版编目（CIP）数据

预算绩效管理与财务管理 / 杨勇著. — 哈尔滨：
哈尔滨出版社，2023.4
　　ISBN 978-7-5484-7160-8

　　Ⅰ．①预… Ⅱ．①杨… Ⅲ．①财政预算－经济绩效－
财政管理－研究－中国 Ⅳ．① F812.3

中国国家版本馆 CIP 数据核字（2023）第 066683 号

书　　名：预算绩效管理与财务管理
　　　　　YUSUAN JIXIAO GUANLI YU CAIWU GUANLI

作　　者：杨　勇 著
责任编辑：韩伟锋
封面设计：张　华
出版发行：哈尔滨出版社（Harbin Publishing House）
社　　址：哈尔滨市香坊区泰山路82-9号　邮编：150090
经　　销：全国新华书店
印　　刷：廊坊市广阳区九洲印刷厂
网　　址：www.hrbcbs.com
E－mail：hrbcbs@yeah.net

编辑版权热线：（0451）87900271　87900272

开　　本：787mm×1092mm　1/16　印张：12.75　字数：280千字
版　　次：2023年4月第1版
印　　次：2023年4月第1次印刷
书　　号：ISBN 978-7-5484-7160-8
定　　价：76.00元

凡购本社图书发现印装错误，请与本社印刷部联系调换。
服务热线：（0451）87900279

前 言

世界经济一体化、全球金融市场高度融合、我国经济飞速发展、资本市场的发育与成长，推动了财务管理理念和方法的创新。金融体系的不确定性、汇率与利率的波动、股票市场的动荡、通货膨胀等外部环境的复杂变化，赋予了高等院校财务管理的理论、教学与实践新的挑战。

财务管理是企业管理的重要组成部分，科学高效的财务管理是企业生存乃至可持续发展的基础和前提。财务管理是利用资金价值形式对企业筹资管理活动、投资管理活动、营运资金管理活动和利润分配活动四项财务活动，以及所体现的投资与受资关系、债权与债务关系、供应与需求关系、雇佣与被雇佣关系等财务关系进行综合性管理的工作。

财务管理是一门以讲究企业组织财务活动、处理财务关系为基础，以资金时间价值观念为前提，以有效提高财务决策水平、增强财务决策科学化为目标的综合型、应用型学科。随着科技的进步、经济的发展、各种先进技术的应用，财务管理在研究方法、解决问题的方式、财务决策手段等方面都发生了很大的改变。本书主要对预算绩效管理以及财务管理的相关理论以及实践进行研究，本书在撰写过程中，对其他同类教材中的部分内容进行了修正和完善，从而使本书更加精练、丰富，更加适用于相关专业财务管理课程的教学。

由于笔者水平有限，本书难免存在一些不足之处，悬请专家学者和广大读者批评指正。

目 录

第一章　预算绩效管理概述 ·· 1
　　第一节　背景与发展历程 ··· 2
　　第二节　预算与绩效 ··· 5
　　第三节　预算绩效管理 ·· 6

第二章　预算绩效目标管理理论 ·· 14
　　第一节　绩效目标管理 ·· 14
　　第二节　绩效目标设定 ·· 22
　　第三节　绩效目标审核 ·· 28
　　第四节　绩效目标批复 ·· 31

第三章　预算绩效运行监控管理 ·· 33
　　第一节　绩效运行监控 ·· 33
　　第二节　绩效运行监控环节 ·· 37

第四章　预算绩效目标编制 ·· 41
　　第一节　预算绩效目标设定 ·· 41
　　第二节　预算绩效目标审核 ·· 46

第五章　预算绩效监控实施 ·· 49
　　第一节　预算绩效监控实施 ·· 49
　　第二节　预算绩效监控实施布置 ·· 51
　　第三节　预算绩效运行监控结果应用 ·· 52

第六章　预算绩效评价指标体系构建 ·· 58
　　第一节　设计绩效评价指标体系 ·· 58
　　第二节　项目支出绩效评价指标体系构建 ·· 64

第三节　部门整体支出绩效评价指标体系构建 ··· 67

第七章　财务管理总论 ··· 71
　　　第一节　财务管理概述 ··· 71
　　　第二节　财务管理的目标与相关者利益协调 ··· 76
　　　第三节　财务管理环节与原则 ··· 83
　　　第四节　财务管理环境 ··· 86

第八章　财务管理的体制与环境 ··· 95
　　　第一节　财务管理体制 ··· 96
　　　第二节　财务管理的环境 ··· 103

第九章　财务管理的价值观 ··· 116
　　　第一节　资金时间价值 ··· 116
　　　第二节　风险与报酬 ··· 126

第十章　财务分析 ··· 130
　　　第一节　财务分析概述 ··· 130
　　　第二节　财务能力分析 ··· 135
　　　第三节　财务综合分析 ··· 143

第十一章　财务决策管理 ··· 145
　　　第一节　财务决策 ··· 145
　　　第二节　财务管理法制化 ··· 147
　　　第三节　财务运营管理 ··· 149
　　　第四节　从卓越运营到卓越管理 ··· 152

第十二章　投融资管理 ··· 156
　　　第一节　资本思维 ··· 156
　　　第二节　资本运作 ··· 158
　　　第三节　融资管理 ··· 159
　　　第四节　投资管理 ··· 162
　　　第五节　财务报表解读 ··· 166
　　　第六节　筹资、投资分析 ··· 170

第七节　营运资本管理与商业模式 …………………………………… 174

　　第八节　资本系族 ……………………………………………………… 177

第十三章　财务价值实践 …………………………………………………… 178

　　第一节　绩效考核 ……………………………………………………… 178

　　第二节　预算管理 ……………………………………………………… 181

　　第三节　并　购 ………………………………………………………… 184

　　第四节　企业重组 ……………………………………………………… 186

　　第五节　税务筹划 ……………………………………………………… 189

参考文献 ……………………………………………………………………… 192

第一章 预算绩效管理概述

  预算绩效管理是政府绩效管理的重要组成部分，它强调预算支出的结果导向，注重支出的责任和效率，重视预算支出成本的节约和单位效率的提高，要求政府部门在预算资金的分配和使用过程中更加关注预算资金的产出和结果。这是成熟市场经济国家的通行做法，也是公共财政的题中应有之义。党的十六届三中全会提出"建立预算绩效评价体系"后，绩效管理理念开始在我国预算管理中应用，经过近十年的实践探索，逐步形成了具有中国特色的预算绩效管理制度体系。党的十八大报告提出"创新行政管理方式，提高政府公信力和执行力，推进政府绩效管理"。这一要求为预算绩效管理工作明确了道路，指明了方向。我国从2003年开始部门预算改革，标志着我国预算制度改革的正式启动。而其后进行的一系列部门预算、收支两条线、国库集中收付制度、政府采购以及规范预算编制程序等多项制度改革，取得了较好成效，构建了良好的制度环境。随着我国公共财政体系的不断完善，政府预算工作重心也逐渐由怎样"分钱"转向怎样"用钱"，财政预算工作不再是公共资源的简单再分配，而是通过逐步加强对公共资源的使用全过程的管理，缓解有限的公共资源与近乎无限的公共需求之间的矛盾。我国政府预算绩效管理正是在这样一个大环境下逐步推行的，是政府理财理念的一次理性回归，更重构了财政与其他各部门之间的关系。目前，从中央到地方均设立了专门的绩效业务管理处，特别是地方财政更是积极参与到预算绩效管理的探索中，形成了各地具有鲜明特点的预算绩效管理实践经验。各地、各部门原有的"重投入、轻产出""重分配、轻管理""重数量、轻质量"的粗放式预算管理方式得到了有效转变，逐步树立起了"花钱必问效、无效必问责"的预算绩效管理理念。

  绩效管理是创新政府管理方式的重要举措，党中央、国务院对政府绩效管理提出了一系列要求，正如习近平总书记在党的十九大报告中所提出的那样："加快建立现代财政制度，建立权责清晰、财力协调、区域均衡的中央和地方财政关系。建立全面规范透明、标准科学、约束有力的预算制度，全面实施绩效管理。"

  财政部倡导建立"预算编制有目标、预算运行有监控、预算完成有评价、评价结果有反馈、反馈结果有应用"的预算管理机制，加强预算绩效管理，提高财政科学精细化管理水平，深入贯彻落实科学发展观和党中央、国务院关于财政工作的各项要求，进一步完善政府绩效管理制度和加强财政预算管理工作，推动政府职能转变和公共财政体系建设。

  我国传统的预算管理主要通过财政部门、预算主管部门、预算单位、各级人民代表大会等机构，采用"二上二下"（"二上"：各部门按财政预算控制数重新调整本部门预算草案，上报财政部门审核;"二下":财政部门内部有关业务处会同有关部门进一步审核汇总部门预算,提出意见报财政预算主管处。财政预算主管处汇总本级财政收支预算草案,上报同级政府批准,并提请同级人代会审议。部门预算草案经人代会通过后,财政部门直接将预算批复给部门,再由部门逐级批复给基层单位)的流程完成预算上报与批复,且全程围绕"预算"展开。

第一节 背景与发展历程

一、预算绩效管理兴起背景

20 世纪 80 年代以来,公共部门所处的环境日趋复杂,公共行政追求价值日益多元化,西方国家开始了新的探索,掀起了新公共管理活动的篇章,"绩效""绩效评价""绩效管理""预算绩效"等思想广泛得到了应用。

英国于 1983 年引入竞争制,进行以顾客导向为特征的新公共管理改革,开展了著名的"雷纳评审",并启动了"财政管理创议"机制,建立起一个自动化的信息系统来支持财政管理改革。

1987 年英国(下一步)(Next Steps)报告,提倡采用更多的商业管理手段来改善执行机构的工作,提高公共服务质量。

丹麦、德国、荷兰、澳大利亚、法国等国也纷纷逐步改变管理模式,在一些直接与公民接触的公共生产部门确立市场导向,引入竞争机制,从而降低行政成本,提高政府效能,体现了政府注重绩效的理念。

20 世纪 90 年代,政府部门的基本运行方式、政府与市场和社会公众之间的关系发生了显著变化。政府公共部门与社会公众之间的关系由治理者与被治理者之间的关系变为公共服务的提供者与消费者之间的关系。关于政府绩效也提出了以经济、效率、效益为主要内容的绩效评估标准。在绩效评估指标的确立和分析方法上,呈现出由定性向定性与定量相结合的转化趋势。

1991 年,英国梅杰政府实行"公民宪章",促使提供公共物品和服务的公共部门接受市场检验,各公共部门之间、公共部门与私人部门之间为公共物品和服务的提供展开竞争,体现出"为质量而竞争"的思路。

1993 年,美国总统克林顿执政,开始了大规模的政府改革——"重塑政府运动"。在美国全国绩效评鉴委员会的报告中,提出了塑造"降低成本、提升效能"的企业型政府的新概念。另外,克林顿还签署了《设立顾客服务标准》第 12862 号行政命令,责令联邦政府部门制定顾客服务标准。

西方国家不断地探索与求新，预算绩效管理逐步成熟，并在绩效预算管理的思想上不断探索。我国也紧跟西方步伐，借鉴和学习西方管理理念，总结适合我国国情和经济现状的指导思想和基本原则，指出了预算绩效管理的总体目标和主要内容，发展了具有中国特色的预算绩效管理体制机制。

二、我国预算绩效管理发展历程

随着我国公共财政制度的日渐完善，以及财政预算管理改革的持续深入，财政预算管理的理念也由最初的"重分配"向"重管理"转变，并逐渐摆脱收入控制模式下对公共资源的简单分配，力图通过加强绩效管理谋求更高的资源使用效益。预算绩效管理是在绩效预算概念基础上提出的，适合我国社会主义市场经济条件下预算体制改革的新理念。从"绩效"一词引入，到预算绩效管理框架初具雏形，经历了一系列的探索与完善，在组织机构建设、规章制度建立、管理机制创新等方面取得了积极进展。

自1994年实行分税制改革以来，我国的财政收入得到快速、稳定增长，财政收支矛盾得到较大程度的缓解，财政管理的侧重点逐步由收入管理转移到支出管理上来，特别是自1999年以来逐步形成了以国库集中支付、政府采购、部门预算和收支两条线为基础的财政管理体制，作为财政管理的重要组成部分，在很大程度上促进了财政资金使用效益的提高，但以绩效管理为基础的政府预算管理却还未形成健全的体制，亟待改善。

2000年，财政部成立课题组对如何借鉴西方国家公共支出绩效考评制度进行了系统研究。

2003年，党的十六届三中全会提出"建立预算绩效评价体系"后，财政部开始加强绩效评价工作，先后印发《中央级行政经费项目支出绩效考评管理办法（试行）》和《中央级教科文部门绩效考评管理试行办法》，开始进行绩效考评试点。

2004年财政部在农业、经济建设、社保等部门选择部分项目进行了项目绩效考评试点工作。

2005年，财政部制定了《中央部门预算支出绩效考评管理办法（试行）》（财预〔2005〕86号），组织中央部门开展绩效评价试点。

党的十七届二中、五中全会分别提出"推行政府绩效管理和行政问责制度""完善政府绩效评估制度"。

2009年，财政部印发了《财政支出绩效评价管理暂行办法》（财预〔2009〕76号），对地方的绩效评价工作进行指导。随后印发了《财政部关于进一步推进中央部门预算项目支出绩效评价试点工作的通知》（财预〔2009〕390号），在全国各地展开了试点工作。

2007年党的十七大报告中明确提出"深化预算制度改革，强化预算管理和监督"，之后上海作为改革先行者，实行了以预算监督改革为框架、以绩效评审为重点、以结果为导向和以项目绩效作为评价和讨论的基础系统改革。

2011年6月国务院政府绩效管理试点工作启动后,《关于开展政府绩效管理试点工作的意见》(监发〔2011〕6号)进一步明确,财政部为政府绩效管理工作部际联席会议9个成员单位之一和14个试点单位之一,负责"牵头组织预算资金绩效管理工作"。同年,财政部印发了《关于推进预算绩效管理的指导意见》(财预〔2011〕416号),推进了预算绩效管理进程。

2012年,根据党中央、国务院有关加强预算绩效管理的指示精神和推进政府绩效管理的工作要求,财政部召开了全国财政厅(局)长座谈会,以预算绩效管理为主题,对下一阶段全面推进预算绩效管理进行了专题部署,并在会后印发了《预算绩效管理工作规划(2012—2015年)》,明确了到"十二五"末"绩效目标逐步覆盖,评价范围明显扩大,重点评价全面开展,结果应用实质突破,支撑体系基本建立"的总体目标;党的十八大报告中提出"加强对政府全口径预算决算的审查和监督",各政府部门积极推进预算管理改革,大力开展部门预算公开、调整超收收入管理、整合规范专项资金和预算绩效管理的工作。

2013年,实施预算绩效管理的部门范围和资金规模进一步扩大,中央财政对部分专项转移支付项目、县级财政支出管理等开展了重点绩效评价,积极探索实施评价结果公开、绩效约谈、绩效奖惩等绩效评价结果应用。同年,财政部印发了《预算绩效评价共性指标体系框架》(财预〔2013〕53号),对预算绩效评价共性指标进行了规范。

2014年,第十二届全国人民代表大会第二次会议上,党中央、国务院决定把预算管理制度和税收制度改革作为本年度财税体制改革的重点,重点突出了预算绩效管理内容。

2014年,修订的《中华人民共和国预算法》第12条规定了"各级预算应当遵循统筹兼顾、勤俭节约、量力而行、讲求绩效和收支平衡的原则",这一重要修改突出了预算绩效管理在预算管理中的重要地位。同年,国务院印发了《关于深化预算管理制度改革的决定》(国发〔2014〕45号)。

2015年,财政部印发了《关于加强和改进中央部门项目支出预算管理的通知》(财预〔2015〕82号),深化预算管理制度改革,全面提高预算部门管理水平。同年,财政部印发了《中央部门预算绩效目标管理办法》(财预〔2015〕88号),进一步规范中央部门预算绩效目标管理,提高财政资金使用效益。

党的十八大报告中提出,创新行政管理方式,提高政府公信力和执行力,推进政府绩效管理;十八届三中全会提出要提高财政支出效率。

党的十九大报告中提出,加快建立现代财政制度,建立权责清晰、财力协调、区域均衡的中央和地方财政关系。建立全面规范透明、标准科学、约束有力的预算制度,全面实施绩效管理。

第二节 预算与绩效

一、预算（budget）

（一）预算

预算，或称"财政预算"，指为达到绩效目标，政府按照一定的公共政策、原则、程序编制，并经立法机构通过的财政资金收支计划，其本质是平衡各种利益，体现公共价值。预算一般由预算收入和预算支出组成，具有计划性、公共性、政策性和法定性的特征。

"预算是庶政之母"，作为现代财政管理的产物，预算所具备的财政资金分配功能、公共资源配置功能、行政管理功能、社会政策功能，使其不仅成为政府履职的财力保障，也成为政府调节经济和社会发展的重要工具。

（二）预算的内容

1. 一般公共预算

一般公共预算是对以税收为主体的财政收入，安排用于保障和改善民生、推动经济社会发展、维护国家安全、维持国家机构正常运转等方面的收支预算。

2. 政府性资金预算

政府性资金预算是指按照规定在一定期限内向特定对象征收、收取或者以其他方式收集的资金，专项用于特定公共事业发展的收支预算。

3. 国有资本经营预算

国有资本经营预算指对国有资本收益做出收支安排的收支预算。

4. 社会保险基金预算

社会保险基金预算指对社会保险缴款、一般公共预算安排和其他方式筹集的资金，专项用于社会保险的收支预算。

（三）预算收支范围

1. 一般公共预算

一般公共预算收入包括各项税收收入、行政事业性收费收入、国有资源（资产）有偿使用收入、转移性收入和其他收入。

一般公共预算支出按其功能分类，包括一般公共服务支出，外交、公共安全、国防支出，农业、环境保护支出，教育、科技、文化、卫生、体育支出，社会保障及就业支出和其他支出。

2.政府性基金预算、国有资本经营预算和社会保险基金预算

政府性基金预算、国有资本经营预算和社会保险基金预算的收支范围，按照法律、行政法规和国务院的规定执行。

二、绩效（performance）

"绩效"一词最初来源于企业，其英文"Performance"，意为"履行""执行""表现""行为""完成"，在管理学中被引申为"成绩""成果""效益"。从不同角度，对"绩效"的理解也有所不同，概括来说，"绩效"就是个人、组织、政府等通过努力和投入所形成的产出和结果，以及产出和结果的合理性、有效性，即效益、效率和效果情况。

从本质上讲，效益、效率和效果都是从资源投入与产出关系的角度描述资源配置所处的特定状态，但对于衡量"预算绩效"而言，它们又都是其中的一个方面。现在普遍认可的是用"4E"描述"预算绩效"：一是"经济性"（Economy），是成本与投入的关系，是指以最低费用取得一定数量和质量的资源，即预算支出是否节约；二是"效率性"（Efficiency），是投入和产出的关系，包括是否以最小的投入取得一定的产出或者以一定的投入取得最大的产出，即是否讲求效率；三是"效益性"（Effectiveness），是产出与目标的关系，是指多大程度上达到政策目标、经营目标和其他预期结果，即是否达到目标；四是公平性（Equity），即社会公众（尤其是弱势群体）能否得到公平待遇和享受公共服务。四个方面（"4E"原则）相互融合，基本诠释了"预算绩效"的内涵。

第三节 预算绩效管理

一、预算绩效管理的概念

预算绩效管理，是以"预算"为对象、以绩效目标的实现为导向，对预算的编制、执行、监督和评价的全过程开展的绩效管理，运用绩效管理理念和绩效管理方法，实现与预算管理有机融合的一种预算管理模式。

理解预算绩效管理的内涵，要注意把握以下几个方面：

1.预算绩效管理的本质仍是预算管理，是利用绩效管理理念、绩效管理方法等对现有预算管理模式的改革和完善。

2.预算绩效管理的主线是结果导向，即预算的编制、执行、监督等，始终以年初确定的绩效目标为依据，始终以"绩效目标实现"这一结果为导向开展工作。

3.预算绩效管理的核心是强化支出责任，"花钱必问效，无效要问责"，不断提高财政部门和预算部门的支出责任意识。

4. 预算绩效管理的特征是全过程，即绩效管理贯穿于预算编制、执行、监督之中，实现全方位、全覆盖。

5. 预算绩效管理的表现形式是四个环节紧密相连，即绩效目标管理、绩效运行监控、绩效评价实施、评价结果应用的有机统一，一环扣一环，形成封闭运行的预算管理闭环。

6. 开展预算绩效管理的目的是改进预算管理，控制节约成本，优化资源配置，为社会提供更多、更好的公共产品和服务，提高预算资金的使用效益。

7. 预算绩效管理的定位是政府绩效管理的重要组成部分，属于政府绩效管理的范畴，在政府绩效管理的整体框架下展开。

二、预算绩效管理的主体

（一）财政部门

财政部门作为预算绩效管理的组织主体，负责制定工作规划和规章制度，组织、领导预算绩效管理工作。

预算绩效的源头是财政投入，提高绩效必须从预算资金入手。由于财政部门承担着预算管理、财政监督等重要职能，随着绩效管理的引入，财政部门成为推动预算绩效管理改革的关键。

一般而言，财政内设绩效管理部门作为统筹组织机构，与财政内其他业务管理处室共同完成预算绩效管理工作。绩效管理部门负责从整体上拟定预算绩效管理的工作规划、规章制度和相应的技术规范，组织、指导本级预算部门、下级财政部门的绩效管理工作等。业务管理处室由于负责对口预算部门（单位）的部门预算管理工作，因此承担着绩效目标审核、配合绩效管理处室开展绩效跟踪和绩效评价工作、结果应用等职责。

（二）预算部门

预算部门作为预算绩效管理的责任主体，负责本部门预算绩效管理工作规划和规章制度，具体实施本部门及指导下属单位的预算绩效管理工作，下属各单位负责本单位的预算绩效管理工作。

预算部门是财政资金的使用者，是预算绩效管理的重要主体。预算主管部门既使用财政资金，也管理下级单位的资金及业务，在财政部门和下属单位之间起着承上启下的作用。

预算主管部门根据自身管理需要及财政部门工作要求，负责制定本部门预算绩效管理的相关制度、工作计划、配套措施；组织实施本部门的预算绩效管理工作，指导、督促和检查下属单位的预算绩效管理工作；按规定编报本级绩效目标，审核、论证下属单位的绩效目标；组织对预算执行、项目进度等进行绩效跟踪，并督促整改；组织开展本部门和下属单位的绩效自评和重点项目评价工作，并对财政部门组织的重点项目绩效评价给予配合。

（三）第三方专业评价机构、专家学者

第三方中介评价机构、专业评价机构、高校等机构和专家学者作为预算绩效管理的参与主体，为绩效评价工作开展提供必要的技术和智力支撑。

评价机构和专家虽同为第三方组织，但承担的责任与义务不同。评价机构主要受财政或预算部门委托，辅导财政资金绩效目标申报、实施绩效跟踪评价和绩效后评价等。专家一般由绩效领域专家、预算领域专家和行业专家组成，主要参与项目立项前的评审（绩效前评价），以及绩效评价方案及报告的评审环节，对于评价机构的方式是否科学、评价结果是否准确等进行判断，以保证评价结果的真实客观、公平、公正。从这个意义上说，专家与评价机构存在评审与被评审的关系。

（四）社会各界

社会各界是预算绩效管理的监督主体，包括人大、政协、审计等部门以及社会公众代表等，主要为工作开展提供相应的指导和监督。

作为国家最高权力机关，我国各级人大主要承担财政预算的审批、监督等管理职能。

政协、纪委监察等部门对财政系统及预算部门（单位）的预算管理情况也具有监督职能。

审计部门对地方财政收支的真实、合法和效益具有审计监督职能，这些部门也在预算绩效管理中发挥绩效监督职能，针对预算是否发挥效益、绩效评价结果是否得到应用等开展监督检查。

三、预算绩效管理的对象

预算绩效管理的"对象"，或称纳入预算绩效管理的资金范围，涵盖了所有"财政性"资金，包括纳入政府预算管理的资金和纳入部门预算管理的资金。

（一）纳入政府预算管理的资金

纳入政府预算管理的资金包括公共财政预算、政府性基金预算、国有资本经营预算、社会保障基金预算管理的资金。

（二）纳入部门预算管理的资金

纳入部门预算管理的资金既包括财政预算安排资金，也包括部门自有资金。另外，非政府预算部门（如企业）因受扶持获得财政资金后，由其配套安排的部分自有资金等，也属于此范围。

可以看出，上述两方面的内容存在一定重复，主要是受现有预算管理实际的影响，尚没有一个概念能全面概括预算绩效管理的资金范围。如纳入政府预算管理的资金中，社保基金预算等尚未纳入部门预算管理；而纳入部门预算管理的部分资金，如部门自有资金，以及非预算部门（企业）安排的配套资金等，又不属于政府预算管理的范畴。因此，用两个并行的概念进行描述，虽有交叉和重复，却可全面表述预算绩效管理的资金范围。

四、预算绩效管理的内容

预算绩效管理是一个由绩效目标管理、绩效运行监控、绩效评价实施、绩效评价结果反馈和应用共同组成的综合系统。"预算编制有目标、预算执行有监控、预算完成有评价、评价结果有反馈、反馈结果有应用"的"五有"归纳，既描述了预算绩效管理的各个环节，也概括了预算绩效管理的基本内容。其中，绩效目标管理是预算绩效管理的基础，绩效运行监控是预算绩效管理的重要环节，绩效评价实施是预算绩效管理的核心，绩效评价结果反馈和应用是预算绩效管理的落脚点。

（一）绩效目标管理

1. 绩效目标设定

绩效目标是预算绩效管理的基础，是整个预算绩效管理系统的前提，包括绩效内容、绩效指标和绩效标准。预算单位在编制下一年度预算时，要根据国务院编制预算的总体要求和财政部门的具体部署、国民经济和社会发展规划、部门职能及事业发展规划，科学、合理地测算资金需求，编制预算绩效计划，报送绩效目标。报送的绩效目标应与部门目标高度相关，并且是具体的、可衡量的、一定时期内可实现的。预算绩效计划要详细说明为达到绩效目标拟采取的工作程序、方式方法、资金需求、信息资源等，并有明确的职责和分工。

2. 绩效目标审核

财政部门要依据国家相关政策、财政支出方向和重点、部门职能及事业发展规划等对单位提出的绩效目标进行审核，包括绩效目标与部门职能的相关性、绩效目标的实现所采取措施的可行性、绩效指标设置的科学性、实现绩效目标所需资金的合理性等。绩效目标不符合要求的，财政部门应要求报送单位调整、修改；审核合格的，进入下一步预算编审流程。

3. 绩效目标批复

财政预算经各级人民代表大会审查批准后，财政部门应在单位预算批复中同时批复绩效目标。批复的绩效目标应当清晰、可量化，以便在预算执行过程中进行监控和预算完成后实施绩效评价时对照比较。

（二）绩效运行跟踪监控管理

预算绩效运行跟踪监控管理是预算绩效管理的重要环节。各级财政部门和预算单位要建立绩效运行跟踪监控机制，定期采集绩效运行信息并汇总分析，对绩效目标运行情况进行跟踪管理和督促检查，纠偏扬长，促进绩效目标的顺利实现。跟踪监控中发现绩效运行目标与预期绩效目标发生偏离时，要及时采取措施予以纠正。

（三）绩效评价实施管理

预算支出绩效评价是预算绩效管理的核心。预算执行结束后，要及时对预算资金的产出和结果进行绩效评价，重点评价产出和结果的经济性、效率性和效益性。实施绩效评价要编制绩效评价方案，拟定评价计划，选择评价工具，确定评价方法，设计评价指标。预算具体执行单位要对预算执行情况进行自我评价，提交预算绩效报告，要将实际取得的绩效与绩效目标进行对比，如未实现绩效目标，须说明理由。组织开展预算支出绩效评价工作的单位要提交绩效评价报告，认真分析研究评价结果所反映的问题，努力查找资金使用和管理中的薄弱环节，制定改进和提高工作的措施。财政部门对预算单位的绩效评价工作进行指导、监督和检查，并对其报送的绩效评价报告进行审核，提出进一步改进预算管理、提高预算支出绩效的意见和建议。

（四）绩效评价结果反馈和应用管理

建立预算支出绩效评价结果反馈和应用制度，将绩效评价结果及时反馈给预算具体执行单位，要求其根据绩效评价结果，完善管理制度，改进管理措施，提高管理水平，降低支出成本，增强支出责任；将绩效评价结果作为安排以后年度预算的重要依据，优化资源配置；将绩效评价结果向同级人民政府报告，为政府决策提供参考，并作为实施行政问责的重要依据。逐步提高绩效评价结果的透明度，将绩效评价结果，尤其是一些社会关注度高、影响力大的民生项目和重点项目支出绩效情况，依法向社会公开，接受社会监督。

五、预算绩效管理的原则

（一）统一组织，分级负责

预算绩效管理工作由财政部门统一组织和指导，各级财政和预算部门按照相关规定分别开展工作，各司其职、各尽其责。各级财政部门负责预算绩效管理工作的统一领导，组织对重点支出进行绩效评价和再评价。财政部负责预算绩效管理工作的总体规划和顶层制度的设计，组织并指导下级财政部门和本级预算单位预算绩效管理工作；地方各级财政部门负责本行政区域预算绩效管理工作。各预算单位是本单位预算绩效管理的主体，负责组织、指导单位本级和所属单位的预算绩效管理工作。

（二）统筹规划，远近结合

统筹谋划本地区、本部门预算绩效管理的总体思路和长远规划，确定基本目标和主要任务，落实保障措施；同时，要结合加强预算绩效管理的推进情况，既要有中长期规划，又要有年度目标，建立完善年度工作计划与长期规划相结合的机制。

（三）程序规范，重点突出

建立规范的预算绩效管理工作流程，健全预算绩效管理运行机制，强化全过程预算绩效管理。加强绩效目标管理，突出重点，建立和完善绩效目标申报、审核、批复机制。要积极扩大预算绩效管理覆盖面，逐年增加绩效目标管理范围和绩效评价项目，全面推进；要结合本地区、本部门实际情况，因地制宜，积极探索，以重点民生项目作为突破口，以点带面，早出实效。

（四）改革创新，协力推动

既要适应新形势新任务的需要，解决当前影响财政资金使用效益的问题，又要敢于突破旧框架旧观念的束缚，从制度机制上解决财政工作中存在的突出矛盾和问题。要在发挥各级财政和预算部门能动性的同时，充分借助各级人大、纪检监察、审计、社会中介等各方面力量，合力推动，提升政府执行力和公信力。

（五）积极试点，稳步推进

各级财政部门和预算单位要结合本地区、本单位的实际情况，勇于探索，先易后难，优先选择重点民生支出和社会公益性较强的项目等进行预算绩效管理试点，积累经验，在此基础上稳步推进基本支出绩效管理试点、单位整体支出绩效管理试点和财政综合绩效管理试点。

（六）客观公正，公开透明

预算绩效管理要符合真实、客观、公平、公正的要求，评价指标要科学，基础数据要准确，评价方法要合理，评价结果要依法公开，接受监督。

六、预算绩效管理的目标

（一）预算绩效管理的总体目标

推进预算绩效管理的总体目标是：贯彻党中央、国务院提出的"建设高效、责任、透明政府"的总体要求，构建具有中国特色的预算绩效管理机制，牢固树立"讲绩效、重绩效、用绩效""花钱必问效、无效必问责"的绩效管理理念，进一步增强支出责任和效率意识，全面加强预算管理，优化资源配置，提高财政资金使用绩效和科学精细化管理水平，提升政府执行力和公信力。简单说，就是四个"一"：

1. 构建一个机制

预算绩效管理要建立一个具有中国特色的预算管理机制。

2. 树立一种理念

预算绩效管理要树立一种"讲绩效、重绩效、用绩效""花钱必问效、无效必问责"的理念。

3. 增强一种意识

预算绩效管理要增强支出责任和效率意识。

4. 达到一个目的

预算绩效管理要达到优化资源配置，提高资金绩效和管理水平，提高政府执行能力和公信力的目的。

（二）预算绩效管理的具体目标

预算绩效管理的具体目标可概括为"五个全面"：

1. 绩效目标全面覆盖

不断增加编报绩效目标的项目和部门，逐步扩大，全面覆盖。

2. 评价范围全面扩大

各级财政和预算部门开展绩效评价工作，并全面扩大评价的项目数量和资金规模。

3. 重点评价全面开展

中央和省级财政部门开展县级财政支出管理绩效综合评价；各级财政部门对预算部门，预算部门对下属单位都开展部门（单位）支出管理绩效综合评价；各级财政部门和有关预算部门开展重大民生支出绩效评价。

4. 结果应用全面突破

所有评价结果都反馈给被评价单位，增强支出责任；实现绩效报告及评价结果在本部门范围内的全面公开，扩大向社会公开的范围，强化社会监督；建立评价结果与预算安排相结合的激励约束机制，完善预算管理；重点评价结果向同级政府报告，实现绩效问责。

5. 支撑体系全面建立

省级以上财政部门构建较为科学、适用的分级分类绩效评价指标体系，完善专家学者库、评价机构库和监督指导库等三个智库建设，建成有机融合的预算管理信息体系，全面建成全国统一的绩效信息数据库，实现资源共享。

七、预算绩效管理的分类

（一）按预算绩效管理性质分类

按预算绩效管理性质分类，可将其分为预算收入绩效管理和预算支出绩效管理。

1. 预算收入绩效管理

预算收入绩效管理以预算收入为对象，为提高预算收入对财政履职保障程度，对预算收入的规模、质量、结构开展的绩效管理活动。

2. 预算支出绩效管理

预算支出绩效管理以预算支出为对象，为提高预算支出的经济性、效率性、效益性、公平性，对预算支出的性质、范围、投入、产出、效果所展开的绩效管理活动。

（二）按预算支出的范围分类

按预算支出的范围分类，可将预算绩效管理分为基本支出预算管理、项目支出预算管理、部门整体支出预算管理等。

1. 基本支出预算管理

基本支出预算管理以部门基本支出为对象，为保证部门正常运转和完成日常任务，以基本支出对部门的保障程度为主要内容所开展的绩效管理活动。

2. 项目支出预算管理

项目支出预算管理以项目支出为对象，为促进预算单位任务完成或事业发展，对项目实施所带来的产出和结果展开的绩效管理活动。

3. 部门整体支出预算管理

部门整体支出预算管理以部门预算资金为对象，为督促部门高效履职，对部门支出所达到的产出和结果而开展的绩效管理活动。

（三）预算支出的级次分类

按预算支出的级次分类，可将预算绩效管理分为本级支出绩效管理和上级对下级转移支付绩效管理。

（四）预算支出的功能分类

按预算支出的功能，可分为各种功能性支出预算绩效管理。按照一般公共服务支出、教育支出、科学技术支出、医疗卫生支出、社会保障和就业支出、农林水事务支出等分类，相应形成各类支出功能的预算绩效管理。

第二章 预算绩效目标管理理论

第一节 绩效目标管理

一、绩效目标管理的概念

以绩效目标管理为核心理念的绩效管理在西方发达国家早已实施并成为其财政管理的主要形式,而这一制度引入我国并开始实践则是2000年以后,预算绩效目标管理的产生与发展受新公共管理理论影响深远。

新公共管理理论的核心思想是要打造服务型政府、责任政府和效率政府,要求预算部门使用财政资金实行绩效考评,注重政府应以顾客或市场为导向,把社会公众与政府的关系定位为"顾客"和"管理人员"的新型公共受托责任关系。

绩效目标管理则强调把社会公众看作顾客,要求政府的一切活动都要从公众的需求出发,并建立财政支出绩效评价管理体系,通过构建一套复合指标测定政府服务成本和效率,来推动政府责任的导向和激励作用,采用私营部门的管理手段,对产出结果提出意见,从而区别传统公共行政做法。

绩效目标管理实行严明的绩效目标控制,实施全面质量管理,从而提高政府服务意识和执政水平,改变"政府本位"现象,满足社会经济全面发展的要求。总之,绩效目标管理是财政部门和预算部门及其所属单位以绩效目标为对象,以绩效目标的设定、审核和批复为内容所开展的预算管理活动。

绩效目标既是整个预算绩效管理体系运行的前提,又引领整个预算绩效管理体系全过程。科学的预算绩效目标对推行预算绩效管理体系有着重要的基础性和推动性作用。绩效目标在资金的预算、实施方案的制定和项目完成后的评价中都可作为重要的参考和依据,贯穿于项目的整个过程之中。科学规范、高标准、高要求的绩效目标能够指导项目更好地开展,进而创造出可观的效益。

二、绩效目标

绩效目标是指资金使用单位根据其履行职能和事业发展的需要所申请的预算资金计划

在一定期限内达到的产出和效果，是预算绩效管理的前提和基础，是贯穿预算绩效管理始终的一条主线，是建设项目库、编制部门预算、预算资金安排、事中绩效跟踪和事后绩效评价的重要依据。

绩效目标是由预算部门在申报部门预算时填报的，以相应绩效指标的细化、量化来反映绩效目标，主要包括绩效内容、绩效指标、绩效标准和绩效目标值。

（一）绩效内容

绩效内容贯穿预算项目的各个环节，包括投入、过程、产出和效果四个方面。投入方面主要指的是资金安排，过程方面主要指的是资金使用的合法合规情况，产出层面主要指的是公共产品及公共服务的产出范围、种类以及数量，效果层面主要指的是预算资金支出对社会层面的影响。

1. 投入

投入方面的目标主要是指项目立项方面的目标和资金安排方面的目标。

（1）项目立项方面的目标

项目立项方面的目标要求合乎规范、立项合理、项目预期目标客观明确。

① 项目立项合乎规范

项目立项合乎规范主要是指项目申请、批准设立合乎现有规定，整个审核程序合法有效。

这一目标包含以下含义：项目申请过程符合规定程序；项目申请所提交的各种文件达到相关标准；项目立项依据充分可靠，事前已经过充分且必要的可行性论证等。

② 立项合理

立项合理指项目的设定能够实现一定的目标，项目合乎国家法律、法规和项目执行部门的战略目标。

这一目标主要包含以下含义：预算项目的设立符合相关法律规定，并与政府执政目标相适应；项目与预算执行单位的职责密切相关，有助于预算执行单位实现其行政管理任务和战略目标；项目是预算执行单位履行相关行政职能和实现部门战略目标所必需的；项目的预期产出和效益与其付出的成本大致相当，与正常的项目执行效果相当。

③ 项目预期目标客观明确

项目预期目标客观明确指项目的最终目标是清晰的、可衡量的，这些目标能够成为最终评价项目运行成果的依据。

这一目标主要包含以下含义：预算绩效目标已经经过充分细化，分解成为多个具体的目标；项目各项具体目标都有清晰的、可衡量的指标来加以体现；项目各项具体目标与部门职责和年度计划相匹配；项目资金与预算安排的投资额度相当。

（2）资金安排方面的目标

要确保项目资金足额到位、及时到位并兼顾项目资金的效率和节约。

① 项目资金到位率

项目资金到位率指实际到位资金达到了计划安排的资金，能够保障项目整体的顺利进行和任务的最终完成。

这一目标主要包括以下含义：项目资金实际到位总量与计划投入量相匹配，项目资金实际到位总量与完成项目所需要的资金量相匹配。

② 项目资金到位及时率

项目资金到位及时率指资金能够按照项目所需及时到位，来满足项目支付需求。

这一目标主要包含以下含义：项目资金实际到位满足项目资金支出进度的要求，项目资金实际到位情况符合预算安排中的资金到位时间安排。

③ 项目资金使用兼顾效率和节约

项目资金使用兼顾效率和节约指的是项目投入涉及财政资金的分配，必须以有限的财政资金尽可能地多提供公共产品及公共服务，在保障实现必要绩效目标的同时节约使用财政资金。

这一目标主要包含以下含义：项目资金安排有充分依据；项目资金能够保证项目的顺利实施；项目资金安排科学严谨，不存在过量资金安排；项目资金管理制度详细健全，确保项目资金的科学合理使用。

2. 过程

过程层面主要涉及项目业务管理和财务管理两个方面的目标。

（1）项目业务管理方面

项目业务管理方面的目标要求有健全的管理制度、管理制度能够得到有效的执行以及管理制度能够对项目进度、质量等起到充分的控制作用。

① 业务管理方面的管理制度健全

业务管理方面的管理制度健全指预算项目的进行有完整的制度体系能够保障项目顺利实施。整个管理制度应当能够规范项目实施行为，反映项目实施中的各种行为。

这一目标主要包含以下含义：项目有着完整、科学、可执行的规章制度体系，规章制度体系的相关规定能够覆盖项目执行的所有重要方面，规章制度体系的内容合法、合规。

② 管理制度能够得到有效的执行

管理制度能够得到有效的执行指的是项目的执行符合既定的各项相关业务管理规定。

这一目标主要包含以下含义：项目执行各种行为符合法律和管理制度体系的规定，项目计划的安排和调整、项目各个环节文件规范、资料齐全符合管理制度体系的规定，项目人员配备、硬件设施、信息系统建设符合管理制度体系中所要求的标准。

③ 管理制度能够对项目进度、质量等起到充分的控制作用

管理制度能够对项目进度、质量等起到充分的控制作用是指预算执行单位对项目进度、质量控制方面安排了必要的措施，能够及时反映项目进度和质量信息，并能够加以调整。

这一目标主要包含以下含义：管理制度体系中包含进度、质量方面的明确规定，存在

质量检测标准；预算执行单位严格执行了进度和质量方面的手段，并能够起到控制进度和质量的作用。

（2）财务管理方面

财务管理方面要求有健全的财务管理制度、资金收支符合相关制度安排以及预算资金的收支在严格的制度约束和规定下进行。

① 项目财务管理方面的管理制度健全

项目财务管理方面的管理制度健全指项目执行的财务管理有着健全的财务制度可以规范财务管理行为，财务制度能够保障项目资金的规范、安全运行。

这一目标主要包含以下含义：项目制定出健全的、能够覆盖全部重要环节的财务管理方法，项目财务管理制度与国家会计制度和会计准则相符合，项目财务管理制度与政府财务管理的规定相符合。

② 资金使用符合财务管理制度

资金使用符合财务管理制度指项目资金的收支符合财务管理制度体系，并能确保资金收支的规范、合理。

这一目标主要包含以下含义：项目资金收支符合国家的财经法规、会计制度和政府的资金管理办法，项目资金收支（特别是资金支出）有完整的审批程序和手续，项目资金的各项重大开支论证充分、支出合理，项目资金支出符合预算规定的用途和合同的支出条款，项目资金不存在挤占、挪用、截留和虚列开支等情况。

③ 预算资金的收支在严格的制度约束和规定下进行

预算资金的收支在严格的制度约束和规定下进行指项目资金的安全性存在必要的监控措施，能够保障项目资金的安全、规范运行。

这一目标主要包含以下含义：健全的管理制度中存在对于资金安全、规范运营的相关规定，这些措施能够保障项目资金的安全、规范运营，相关规定能够被切实有效的执行。

3. 产出

产出是指预算项目最终提供的公共产品及公共服务的数量，产出目标必须在项目立项时明确提出，是判断项目立项合理性的重要参考。产出目标主要包括公共产品及公共服务产出的数量、公共产品及公共服务提供的时间、公共产品及公共服务的质量以及公共产品及公共服务提供的单位成本。

（1）项目能够提供的公共产品及公共服务的数量

项目能够提供的公共产品及公共服务的数量是指项目执行过程中提供的公共产品及公共服务数量和项目完成能够为全社会提供的公共产品及公共服务的数量。

这一目标主要包含以下含义：项目提供的公共产品及公共服务种类，各个种类的公共产品及公共服务的数量，公共产品及公共服务的受益对象。

（2）公共产品及公共服务提供的时间

公共产品及公共服务提供的时间指的是公共产品及公共服务产出的时间因素，公共产品及公共服务能够被提供出来的时间和人民群众受益的时间。

这一目标主要包含以下含义：公共产品及公共服务产出的时间，公共产品及公共服务提供给社会公众的时间，公共产品及公共服务产出在各个时间点的分布。

（3）公共产品及公共服务的质量目标

公共产品及公共服务的质量目标指公共产品及公共服务的品质方面，公共产品及公共服务要达到一定的质量标准，并且需要提出所提供全部公共产品和公共服务的达到质量标准的比率目标。

这一目标主要包含以下含义：公共产品及公共服务的质量标准，公共产品及公共服务的整体达标率。

（4）公共产品及公共服务的单位成本目标

公共产品及公共服务的单位成本目标指的是公共产品及公共服务的产出成本，这一方面的目标是判断项目资金安排是否合理的一项重要依据。

这一目标主要包含以下含义：公共产品及公共服务提供的单位成本，项目资金中纯管理费用所占比例，项目资金扣除纯管理费用后的单位公共产品及公共服务的直接成本。

4. 效果

效果目标是指预算项目的实施对社会的影响，或者说是指预算项目的执行和完成能够对整个社会所起到的作用。预算项目绩效目标大致包括经济效益、社会效益、生态效益、可持续影响以及社会公众或受益对象对项目的满意程度等方面。

（1）项目效果中的经济效益

项目效果中的经济效益指的是项目实施能够对特定区域的经济发展所起到的作用，能够在哪些方面、以何种程度促进经济发展。

这一目标主要包括以下含义：对项目实施影响范围内的经济增长有一定的促进作用，对项目实施影响范围内的居民收入增长有一定的促进作用，对项目实施影响范围内的特定产业发展有一定的促进作用，对项目实施影响范围内的特定居民群体的收入增长有一定的促进作用。

（2）项目效果中的社会效益目标

项目效果中的社会效益目标指的是项目实施对社会事业发展所起到的作用，或者说是指在哪些方面促进了社会进步，促进了精神文明建设。

这一目标主要包含以下含义：对项目实施影响范围内的社会进步有一定的促进作用，对项目实施影响范围内的社会特定方面具有一定的促进作用，对项目实施影响范围内的特定居民群体的素质提升有一定的促进作用，对全社会的某些道德素养起到的一定的示范作用等。

（3）项目效果中的生态效益

项目效果中的生态效益指的是项目实施对生态环境的影响，既包括直接影响，也包括间接影响。

这一目标主要包含以下含义：项目实施对整个生态系统所起到的作用，项目实施对特定生态系统所起到的作用，项目实施直接对生态系统中的某一方面所起到的影响，项目实施间接地对生态系统的各个方面所产生的影响。

（4）项目效果的可持续影响

项目效果的可持续影响指的是项目产生的长期、永久性效果。

这一目标主要包括以下含义：项目能够产生哪些可持续影响，各种可持续影响的存续时间，各种可持续影响分别在多大程度上促进了各项社会事业的发展。

（5）社会公众或受益对象对项目的满意程度目标

社会公众或受益对象对项目的满意程度目标指的是项目能够被绝大多数社会公众接受，能够被绝大多数的受益对象满意。

社会公众或受益对象满意程度目标是衡量项目受益群体主观上的接受程度，这一目标主要包含以下含义：项目能够被所影响到的社会公众、受益群体接受，项目的各项政策意图能够被社会公众、受益群体所接受，实现各项目标所采取的措施能够被社会公众、受益群体所接受。

（二）绩效指标

预算绩效指标是衡量和评价预算支出预期达到的效益、效率、效果以及绩效目标实现程度的工具，是预算绩效目标内容的细化和量化，它与预算绩效目标直接相关，能够突出表现预算绩效目标内容的指标。预算绩效指标能够全面、系统地反映预算绩效目标的内容，主要包括产出指标、效益指标和满意度指标等，绩效指标应与绩效目标对应一致，突出重点，系统全面，便于考核。

1. 产出指标

产出指标是预算绩效目标中关于公共产品及公共服务的产出数量方面的指标，反映预算部门根据既定目标计划完成的产品和服务情况。可以按照产出目标的内容分为数量指标、质量指标、时效指标和成本指标。

（1）数量指标主要反映项目的核心产出及其数量，如推广新技术多少项，受益人群覆盖率、举办培训的班次、培训学员的人次、新增设备数量等。

（2）质量指标主要反映预期提供的公共产品和服务达到的标准、水平和效果，即该项目涉及的管理制度和政策办法提出的项目目标。如，森林覆盖率、病虫害控制率、教师培训合格率、验收通过率等。另外，还可反映受益群体政策知晓率，即项目对应的受益群体对政策的了解情况。

（3）时效指标，用以反映预期提供公共产品和服务的及时程度和效率情况。如，培训完成时间、研究成果发布时间等。

（4）成本指标，用以反映预期提供公共产品和服务所需成本的控制情况。如，人均培训成本、设备购置成本、和社会平均成本的比较等。

2. 效果指标

效果指标是对预期效果的描述，反映与既定目标相关的、预算支出预期结果的实现程度和影响的指标。它包括经济效益指标、社会效益指标、生态效益指标、可持续影响指标等。

3. 满意度指标

满意度指标是反映服务对象或项目受益人的认可程度的指标。

（三）绩效标准

绩效标准是指设定绩效指标具体数值时的依据或参考标准，包括历史标准、行业标准、计划标准及其他被认可标准。

1. 历史标准

历史标准指同类指标的历史数据等。

2. 行业标准

行业标准指国家公布的行业指标数据等。

3. 计划标准

计划标准指预先制订的目标、计划、预算、定额等数据。

4. 其他被认可标准

其他被认可标准指财政部认可的其他标准。

（四）绩效目标值

总体分为定量绩效目标值和定性绩效目标值，绩效目标值划分大体如图 2-1 所示：

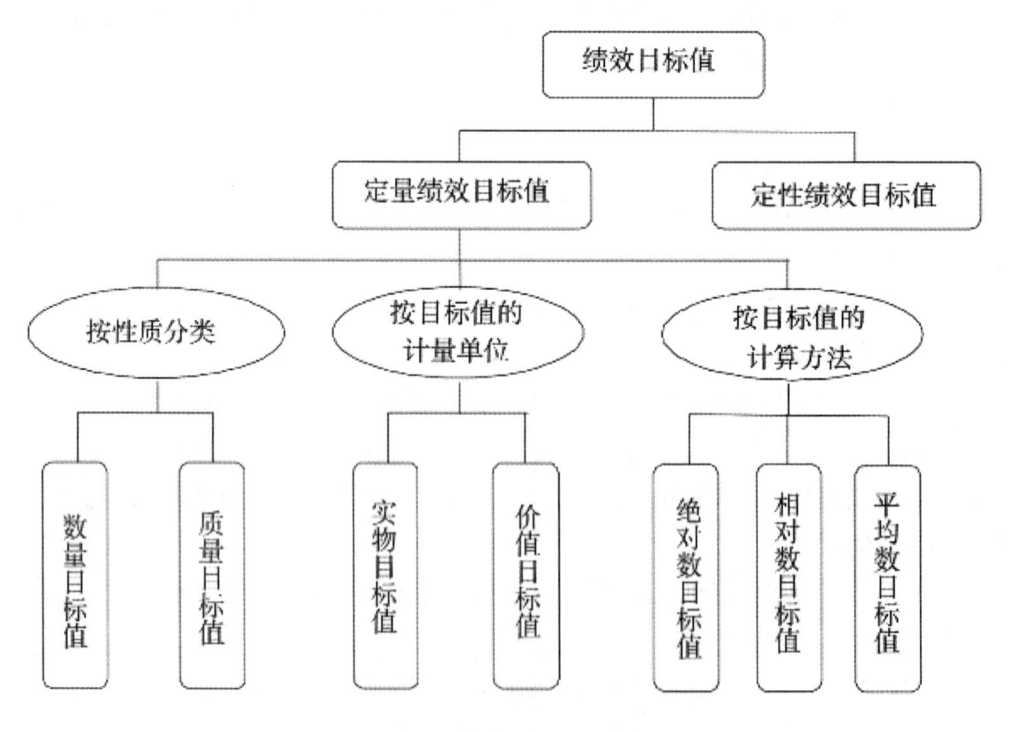

图 2-1 绩效目标值分类表

1. 定量绩效目标值

能够用数字表示的目标值称为定量目标值，如政府及事业单位的项目产量、产值、利润、劳动生产率等。定量绩效目标值的具体表现形式有以下几种：

（1）按其性质可分为数量目标值和质量目标值。数量目标值是用来表明目标的广度即数量水平，如产量、预算完成率、结转结余率等；质量目标值是用来表明目标的深度即质量水平，如制度执行有效性、项目立项规范性、绩效目标合理性等。

（2）按目标值的计量单位可分为实物目标值和价值目标值。实物目标值是以实物单位计量的，如实际完成数；价值目标值是以货币单位计量的，如到位资金。

（3）按目标值的计算方法分为绝对数目标值、相对数目标值和平均数目标值。

2. 定性绩效目标值

定性绩效目标值指不能用数字表示的目标值。定性绩效目标值难以量化，给实施和考核带来一定的困难。为了便于评价，对不能量化的目标应尽量具体化、形态化、可衡量和可操作。如服务质量目标，可以用顾客的满意程度（通过调查和统计分析）来反映目标绩效。

三、绩效目标的分类

（一）按预算支出范围及内容分类

按预算支出范围及内容，将绩效目标分为基本支出绩效目标、项目支出绩效目标、部门整体支出绩效目标。

1. 基本支出绩效目标

基本支出绩效目标是指部门基本资金支出在一定期限内所达到的产出和效果。

2. 项目支出绩效目标

项目支出绩效目标是指通过具体项目的实施，在一定期限内预期达到的产出和结果。

3. 部门整体支出绩效目标

部门整体支出绩效目标是指预算部门（单位）按照既定的职责，利用全部财政资金在一定期限内所达到的总体目标，是预算部门（单位）基本支出和项目支出共同作用达到的绩效结果。

（二）绩效目标的时效性分类

按绩效目标的时效性，将绩效目标分为长期绩效目标和年度绩效目标。

1. 长期绩效目标

长期绩效目标也称战略目标，反映某项预算支出在跨度多年的存续期内所达到的总体产出和结果，解决的是未来若干年度预算支出的绩效问题。

2. 年度绩效目标

年度绩效目标是某项预算支出在一个预算年度内所要达到的产出和结果。

第二节 绩效目标设定

一、绩效目标设定的依据

绩效目标设定的依据如下：
1. 国家相关法律、法规和规章制度，国民经济和社会发展规划；
2. 当地政府部门总体发展规划及中长期经济发展重点；
3. 财政部门中期和年度预算管理要求；
4. 部门职能、中长期事业发展规划、年度工作计划或项目规划；
5. 相关历史数据、行业标准、计划标准等；
6. 其他符合财政部门要求的相关依据等。

二、绩效目标设定的要求

（一）指向明确

绩效目标要符合国民经济和社会发展规划、部门职能及事业发展规划，并与相应的财政支出范围、方向、效果紧密相连。

（二）细化量化

绩效目标应当从数量、质量、成本和时效等方面进行细化，尽量进行定量表达，不能以量化形式表达的，可以采用定性的分级分档形式表达。

（三）合理可行

制定绩效目标时要经过调查研究和科学论证，目标要符合客观实际。

（四）相应匹配

绩效目标要与计划期内的任务数或计划数相对应，与预算确定的投资额或资金量相匹配。

三、绩效目标设定的原则

预算绩效目标是预算绩效管理体系健康运行的前提。绩效目标的设定遵循"谁申请资金，谁设定目标"的原则。在这里，我们对目标设定普遍适用的 SMART 原则与 3E 原则进行分析。我国近年来根据实践经验总结了五个绩效目标设定基本原则，分别列举如下：

（一）SMART 原则

SMART 原则是目标制定的基本原则，任何绩效目标的设定都应该符合这个原则。主要包括五个方面的内容：

1. 目标必须是明确的（Specific）

绩效指标要用具体的语言清楚地说明要达成的行为标准。明确的目标几乎是所有成功项目的一致特点，很多项目不成功的重要原因之一就因为目标定的模棱两可，或没有将目标有效地传达给相关负责人员。目标设置要有项目、衡量标准、达成措施、完成期限以及资源要求，能够很清晰地反映计划要做哪些事情，计划完成到什么样的程度。

2. 目标必须是可衡量的（Measurable）

绩效目标是数量化或者行为化的，验证这些指标的数据或者信息是可以获得的，如果制定的目标没有办法衡量，就无法判断这个目标是否实现。目标的衡量标准遵循"能量化的质化，不能量化的感化"，使制定人与审核人有一个统一的、标准的、清晰的、可度量的标尺，杜绝在目标设置中使用形容词等概念模糊、无法衡量的描述。

对于目标的可衡量性，首先，从数量、质量、成本、时间、群众的满意程度五个方面来进行；其次，如果仍不能进行衡量，可考虑将目标细化，细化成分目标后再从以上五个方面衡量；最后，如果仍不能衡量，还可以将完成目标的工作进行流程化，通过流程化使目标可以衡量。

3. 目标必须是可实现的（Attainable）

绩效指标在一定资源投入及付出努力的情况下是可以实现的，是要能够被执行人所接受的，应避免设立过高或过低的目标。

4. 目标必须和其他目标具有相关性（Relevant）

实现的目标要与其他目标紧密相关，如果相关度较低，即使目标达到了意义也不是很大。

5. 目标必须具有明确的截止期限（Time-based）

目标的实现是有时间限制的。目标设置要具有时间限制，根据工作任务的权重、事情的轻重缓急，拟定出完成目标项目的时间要求，定期检查项目的完成进度，及时掌握项目进展的变化情况，以方便对执行者进行及时的工作指导，以及根据工作计划的异常情况变化及时地调整工作计划。

（二）3E 原则

1. 经济性（Economy）

经济性指以最低费用取得一定质量的资源，简单地说就是支出是否节约，主要是成本类指标。

2. 效率性（Efficiency）

效率性指投入和产出的关系，包括是否以最小的投入取得一定的产出，或者以一定的投入取得最大的产出，简单地说就是支出是否讲究效率。

3. 效益性（Effectiveness）

效益性指多大程度上达到政策目标、经营目标和其他预期结果，简单地说就是是否达到目标。

（三）基本原则

根据我国近年来预算绩效目标设定的实践情况，可将预算绩效目标设定的基本原则列举如下：完整性、相关性、适当性、可预算性、可监督性。

1. 完整性

绩效目标的设定应当全面考虑，不能以偏概全。绩效目标应当全面覆盖其投入、过程、产出以及最终效果，同时关注预算资金使用的经济性、效率性和有效性。

2. 相关性

预算绩效目标的设定应当与预算执行项目或预算执行单位相关，是该预算执行所能够达到的目标。相关性要求不能在目标体系中出现无关目标，同时也要避免过大目标。比如，对某一个财政支出项目或某个职能部门的预算绩效目标设定不能以全社会民众幸福指数作为预算绩效目标。

3. 适当性

绩效目标设定值，应当是预算执行活动在正常运转情况下能够达到的目标。若是目标值设定过高，则容易挫伤预算执行单位的信心和积极性，预算执行单位也难以争取到足够的财政资金来完成目标。相反，预算绩效目标设定值过低，预算执行单位较易达到预算绩效目标，也不利于调动预算执行单位的积极性。绩效目标设定值，应当结合预算执行历史情况，制定合乎现实的预算绩效目标。

4. 可测算性

预算绩效目标的可测算性指绩效目标能够被测算且测算成本较小。绩效目标应有定性目标，也必须有定量目标，绩效目标设定必然关系着绩效评价指标设定。二者的指标获取都需要人力、物力投入，信息的整理和分析也会花费成本。从成本收益角度来看，绩效目标设定不宜过度复杂，且应当尽量避免难以获取或获取成本极大的指标。绩效目标设定是预算绩效管理体系的重要组成部分，推行预算绩效管理体系目的在于提高预算资金使用效率。绩效目标设定若不具备经济性，成本过大，有可能抵消预算绩效管理活动带来的财政资金节约效果。

5. 可监督性

绩效目标包括定性指标与定量指标，二者都必须可被监督。可监督性基于可测算性，只有目标能够被测度，才存在对指标的真实性监督。需要注意的是，指标的可测算性会随着信息化技术的不断进步而发生变化。可能一些过去难以测算的指标会随着时间推移和技术进步能够准确测算，这时候可以考虑将这类指标重新引入绩效目标体系当中。绩效目标的可监督性指的是指标获取与测算都能够被检验，并且指标数值的真实性可以被检验。

在绩效目标设定中，采用第三方或社会调查的数据都需要能够被监督和验证。

四、绩效目标设定的方法

(一)KPI法（关键绩效指标法）

KPI(Key Performance Indicators ）法把战略目标分解为可操作的工作目标，通过对组织内部流程的输入端、输出端的关键参数进行设置、取样、计算、分析，衡量流程绩效的一种目标式量化管理指标，是把绩效单位的战略目标分解为可操作的工作目标的工具。KPI可以使我们明确绩效评价的主要指标，并以此为基础建立关键指标，KPI法符合二八原理。因此，必须抓住20%的关键指标，对之进行分析和衡量，这样就能抓住绩效评价的重心。

确定关键绩效指标有一个重要的SMART原则。SMART是代表Specific(绩效考核要切中特定的工作指标，不能笼统)、Measurable(绩效指标是数量化或者行为化的，验证这些绩效指标的数据或者信息是可以获得的)、Attainable(绩效指标在付出努力的情况下是可以实现的，避免设立过高或过低的目标)、Relevant(绩效指标与上级目标具有明确的关联性，最终与公共组织目标相结合)、Time bound(注重完成绩效指标的特定期限)。

(二)AHP法（层次分析法）

AHP(Analytic Hierarchy Process ）法是将与决策有关的元素分解成目标、准则、方案等层次，也就是将一个复杂的多目标决策问题作为一个系统，将目标分解为多个目标，进而分解为多指标的若干层次。

1. 基本思路

应用AHP法解决问题的具体思路是：第一，把需要解决的问题分层次系列化，根据问题的性质和既定的目标，把问题分解为不同的组成因素，按照因素之间的隶属关系和相互影响将其分层归类组合，形成一个有序的、呈阶梯状的层次结构模型。第二，依据人们对客观现实的判断，对模型中各个层次所有因素的相对重要性给予定量表示，再利用数学方法确定每一层次所有因素相对重要性次序的权重。第三，通过综合计算不同层因素相对重要性的权值，得到最低层相对于最高层的相对重要性次序的组合权值，以此作为评价的依据。

2. AHP法的优点与局限

目前，AHP法已广泛应用于经济计划和管理、能源政策和分配、人才选拔和评价、生产决策、交通运输、科研选题、产业结构、教育、医疗、环境和军事等各个领域，处理的问题类型包括决策、评价、分析和预测等。应该说，AHP法目前已在各个领域得到了广泛应用。应用AHP法的主要优点在于：

（1）系统性。AHP法将对象视作系统，按照分解、比较、判断、综合的思维方式进行决策，成为继机理分析、统计分析之后发展起来的系统分析的重要工具。

（2）实用性。定性与定量相结合，能处理许多用传统的最优化技术无法着手的实际问题，应用范围很广。同时，这种方法使得决策者与决策分析者能够相互沟通，决策者甚至可以直接应用它，这就增加了决策的有效性。

（3）简洁性。计算简便，结果明确，具有中等文化程度的人即可以了解层次分析法的基本原理并掌握该法的基本步骤，容易被决策者了解和掌握，便于决策者直接了解和掌握。

AHP法也会存在一些不足之处，主要包括以下两点：

（1）主观性强。从建立层次结构模型到给出成对比较矩阵，人为主观因素对整个过程的影响很大，这就使得结果难以让所有的决策者接受。当然，采取专家群体判断的办法是克服这个缺点的一种途径。

（2）略显粗略。该法中的比较、判断及结果的计算过程都是粗糙的，不适用于精度较高的问题。

（三）Delphi法（德尔菲法）

Delphi法又称专家规定程序调查法，该方法主要是由调查者拟定调查表，按照既定程序，以函件的方式分别向专家组成员进行征询；而专家组成员又以匿名的方式（函件）提交意见。经过几次反复征询和反馈，专家组成员的意见逐步趋于集中，最后获得具有很高准确率的集体判断结果的一种方法。

Delphi法的工作流程大致可以分为四个步骤，在每一步中，组织者与专家都有各自不同的任务。

1. 开放式的首轮调研

（1）由组织者发给专家的第一轮调查表是开放式的，不带任何框框，只提出预测问题，请专家围绕预测问题提出预测事件。因为如果限制太多，会漏掉一些重要事件。

（2）组织者汇总整理专家调查表，归并同类事件，排除次要事件，用准确术语提出一个预测事件一览表，并作为第二步的调查表发给专家。

2. 评价式的第二轮调研

（1）专家对第二步调查表所列的每个事件做出评价。例如，说明事件发生的时间、争论问题和事件或迟或早发生的理由。

（2）组织者统计处理第二步专家意见，整理出第三张调查表。第三张调查表包括事件、事件发生的中位数和上下四分点，以及事件发生时间在四分点外侧的理由。

3. 重审式的第三轮调研

（1）发放第三张调查表，请专家重审争论。

（2）对上下四分点外的对立意见做一个评价。

（3）给出自己新的评价（尤其是在上下四分点外的专家，应重述自己的理由）。

（4）如果修正自己的观点，也应该叙述改变理由。

（5）组织者回收专家的新评论和新争论，与第二步类似地统计中位数和上下四分点。

（6）总结专家观点，形成第四张调查表。其重点在争论双方的意见。

4. 复核式的第四轮调研

（1）发放第四张调查表，专家再次评价和权衡，做出新的预测。是否要求做出新的论证与评价，取决于组织者的要求。

（2）回收第四张调查表，计算每个事件的中位数和上下四分点，归纳总结各种意见的理由以及争论点。

值得注意的是，并不是所有被预测的事件都要经过四步。有的事件可能在第二步就达到统一，而不必在第三步中出现；有的事件可能在第四步结束后，专家对各事件的预测也不一定都达到统一。不统一也可以用中位数与上下四分点来做结论。事实上，总会有许多事件的预测结果是不统一的。

（四）主成分分析法

主成分分析也称主分量分析，旨在利用降维的思想，把多指标转化为少数几个综合指标。在实际问题研究中，为了全面、系统地分析问题，我们必须考虑众多影响因素。这些涉及的因素一般称为指标，在多元统计分析中也称为变量。因为每个变量都在不同程度上反映了所研究问题的某些信息，并且指标之间彼此有一定的相关性，因而所得到的统计数据反映的信息在一定程度上有重叠。在用统计方法研究多变量问题时，变量太多会增加计算量和增加分析问题的复杂性，人们希望在进行定量分析的过程中，涉及的变量较少，得到的信息量较多。主要方法有特征值分解、奇异值分解（SVD）、非负矩阵分解（NMF）等。

1. 主成分分析法的优点

（1）可消除评价指标之间的相互影响。原因在于主成分分析法在对原指标变量进行变换后形成了彼此相互独立的主成分，且实践证明，指标间相关程度越高，主成分分析效果越好。

（2）化繁为简，化多为精。当指标较多时，主成分分析法可以在保留绝大部分信息的情况下，用少数几个综合指标代替原指标进行分析。又由于主成分分析法中各主成分按方差大小依次排序，在分析问题时，可只取前后方差较大的几个主成分来代表原变量，从而减少工作量。

2. 主成分分析法的主要缺陷

（1）在主成分分析中，首先，需要保证所提取的前几个主成分的累计贡献率达到一个较高的水平；其次，对这些被提取的主成分必须能够给出符合实际背景和意义的解释，否则主成分将空有信息量而无实际意义。

（2）主成分的解释含义一般带有模糊性，无法达到原始变量含义的清楚与确切，这是变量降维过程中必须付出的代价。因此，提取的主成分个数通常应明显小于原始变量个数，否则降维的"利"可能抵不过"弊"。

五、绩效目标设定的程序

（一）基层单位设定绩效目标

申请预算资金的基层单位按照要求设定绩效目标，随同本单位预算提交上级单位；根据上级单位审核意见，对绩效目标进行修改完善，按程序逐级上报。

（二）预算部门设定绩效目标

预算部门按要求设定本级部门（系统）支出绩效目标，审核、汇总所属单位绩效目标，提交同级财政部门；根据财政部门审核意见对绩效目标进行修改完善，随同年度预算，按程序提交财政部门。

第三节　绩效目标审核

一、绩效目标审核的概念

预算绩效目标审核是指财政部门或预算部门对项目立项时所报送的各个预算绩效目标进行审核并反馈审核意见，预算单位根据财政部门反馈的审核意见对预算绩效目标进行调整。

二、绩效目标审核的依据

财政部门对预算单位提出的绩效目标进行审核，其主要依据包括：

（一）国家相关法律法规

国家相关法律法规既包括与财政预算制度有关的《预算法》等相关法律法规，也包括与部门具体项目相关的国家法律法规。

（二）国家经济和社会发展政策及其规划

国家经济和社会发展政策及其规划主要指国家中长期战略规划和政府年度经济工作重点。国家中长期战略规划主要指各个"五年规划"，近期的主要依据则是"十四五"规划。政府年度经济工作重点提出年度政府经济工作基调的主要着力点，中央经济工作会议是传递年度经济工作重点等信息的重要渠道。

（三）部门职能及事业发展规划

部门职能及事业发展规划主要指预算单位在政府序列中被赋予的具体职能，以及依据其具体职能制定的相关行业的发展规划目标。预算单位的绩效目标应当围绕本部门职能以及事业发展规划。

（四）预算单位当年的重点工作安排

预算单位当年的重点工作安排主要指预算单位根据本部门的中长期战略规划制定出来的部门年度工作规划。部门年度重点工作，是部门年度工作的主线。绩效目标要符合这一工作主线，有助于部门年度重点工作的开展和部门年度目标的实现。

（五）当年预算支出的结构和重点方向

当年预算支出的结构和重点方向主要指全部财政资金支出的结构安排以及年度财政资金安排的重点支出项目。财政部门对预算单位的绩效目标进行审核时，要结合年度财政支出规划，引导各个预算单位的绩效目标与年度预算支出的结构和重点方向相一致。

（六）当年预算资金的预计安排情况

当年预算资金的预计安排情况主要是指根据财政资金管理的需要，结合本级政府财力状况能够动员使用的财政资金状况。财政部门审核预算单位的预算目标必须考虑到本级政府的财力状况，以及既有财力状况下的资金安排状况。

三、绩效目标审核的内容

绩效目标审核的内容包括目标完整性审核、相关性审核、适当性审核、可预测性审核、可监控性审核。

（一）完整性审核

完整性审核主要指预算单位的绩效目标应当包括投入、过程、产出和效果方面的内容。绩效目标在包括年度效益的同时，还要包括中长期效益，预算单位要综合反映部门整体预算绩效目标。产出和效果方面的绩效目标是资金投入的成果，是衡量财政资金投入是否合理的标准，应当成为财政部门审核的要点。而过程层面的绩效目标则是产出和效果顺利实现的保障。

（二）相关性审核

相关性审核主要是指预算单位提出的预算绩效目标是否与本单位的主要职责相关，是否与本单位中长期战略规划有关，是否与本单位的年度重点工作相关。预算单位的绩效目标若不能证明与以上几点密切相关，则不能说明项目立项的合理性。

（三）适当性审核

适当性审核主要是指绩效目标的设定是否正常合理，既不能提出过高的绩效目标，也不能提出过低的绩效目标。财政部门对绩效目标适当性的审核，相当于对预算单位项目产出和效果的约束，避免其工作中浮夸风或者工作散漫。

（四）可行性审核

绩效目标是否经过充分论证和合理测算；所采取的措施是否切实可行，并能确保绩效目标如期实现；综合考虑成本效益，是否有必要安排财政资金。

四、绩效目标审核的方式

（一）财政部门自行审核

对一般性项目的绩效目标，财政部门可结合预算部门的审核过程，由财政部门的相关人员进行审核，提出审核意见。

（二）财政部门组织第三方审核

对一些社会关注程度高、对经济社会发展有重要影响和关系民生的重大项目的绩效目标，财政部门根据需要实施第三方审核，组织相关部门、专家学者、中介机构及社会公众代表等共同参与，提出审核意见。

除了以上两种绩效目标审核方式外，预算单位往往会对绩效目标进行自审核。预算单位自审核可以提高预算绩效目标的合理性和预算编制的科学性。预算单位往往会在部门预算"一上"时，提出部门绩效目标。随后，预算单位根据"一下"的情况来开展自审核，调整相关预算安排和绩效目标。也有部分地方的绩效目标自审核是在"二下"时进行的。

五、绩效目标审核结果

根据国家财政部关于印发《中央部门预算绩效目标管理办法》的通知（财预〔2015〕88号），将项目支出绩效目标审核结果分为"优""良""中""差"四个等级，作为项目预算安排的重要参考因素。

审核结果为"优"的，直接进入下一步预算安排流程；审核结果为"良"的，可与相关部门或单位进行协商，直接对其绩效目标进行完善后，进入下一步预算安排流程；审核结果为"中"的，由相关部门或单位对其绩效目标进行修改完善，按程序重新报送审核；审核结果为"差"的，不得进入下一步预算安排流程。

六、绩效目标审核程序

（一）预算部门及其所属单位审核

预算部门及其所属单位对下级单位报送的绩效目标进行审核，提出审核意见并反馈给下级单位。下级单位根据审核意见对相关绩效目标进行修改完善，重新提交上级单位审核，审核通过后按程序报送财政部门。

（二）财政部门审核

财政部门对预算部门报送的绩效目标进行审核，提出审核意见并反馈给预算部门。预算部门根据财政部门审核意见对相关绩效目标进行修改完善，重新报送财政部门审核。财政部门根据绩效目标审核情况提出预算安排意见，报人大同意后，随预算资金一并下达预算部门。

第四节 绩效目标批复

一、绩效目标批复

财政预算经各级人民代表大会批准后，财政部门和预算部门在批复预算时，一并批复绩效目标。批复的绩效目标应当清晰、量化，以便在预算执行过程中进行绩效监控和预算完成后实施绩效评价时对照比较。

二、绩效目标的调整

在项目实施过程中，由于客观环境的变化，或项目意图改变等，对原目标修改，需上报预算部门重新批复。经全国人民代表大会批准的中央预算和经地方各级人民代表大会批准的地方各级预算，在执行中出现下列情况之一的，应当进行预算调整：

1. 需要增加或者减少预算总支出的；
2. 需要调入预算稳定调节基金的；
3. 需要调减预算安排的重点支出数额的；
4. 需要增加举借债务数额的。

在预算执行中，各级政府一般不制定新的增加财政收入或者支出的政策和措施，也不制定减少财政收入的政策和措施；必须做出并需要进行预算调整的，应当在预算调整方案中做出安排。

在预算执行中，各级政府对于必须进行的预算调整，应当编制预算调整方案。预算调整方案应当说明预算调整的理由、项目和数额；由于发生自然灾害等突发事件，必须及时增加预算支出的，应当先动支预备费；预备费不足支出的，各级政府可以先安排支出，属于预算调整的，列入预算调整方案。

三、绩效目标批复的程序

（一）财政部门批复

财政部门对预算绩效目标进行批复，并与预算执行单位接收的"二下"预算正式批复结果共同下达。财政部门的预算绩效目标批复包含批复说明、批复情况以及对预算执行单位进一步细化预算绩效目标和预算绩效实施等方面提出基本要求。

（二）预算执行单位批复

预算执行单位参考财政部门的批复意见，结合批复情况，将细化后的预算绩效目标批复给项目实施者。

（三）绩效目标调整

在预算执行过程中有需要对预算进行调整的，此时预算绩效目标可能也需要发生相应的调整。预算绩效目标调整是指在项目实施中由于客观环境的变化或是项目意图发生改变等情况下，对原有绩效目标提出修改。预算绩效目标一经确定，一般不予修改；确实需要修改时，需要重新上报预算管理部门对修改后的预算绩效目标重新履行批复手续。

第三章 预算绩效运行监控管理

第一节 绩效运行监控

一、绩效运行监控定义

预算绩效管理是当下基层预算管理模式改革的重要价值取向，预算绩效管理模式的运行和完善离不开绩效监督体系建设。在预算绩效管理模式下，绩效监督是其重要的组成部分，并且贯穿于预算绩效编制、预算绩效执行、预算绩效评价和绩效评价结果应用的始终。绩效运行监控管理是全过程预算绩效管理的重要环节。

二、绩效运行监控主体

预算绩效运行监控的主体，包括财政部门、预算部门、审计部门、各级人大（立法机关）、司法和检察机关、社会公众。各类监控主体的目标有所不同，并且监控的手段也不同，将其分类为政府内部监控（含财政部门、预算部门、审计部门、各级人大、司法和检察机关等监控）和政府外部监控（社会公众监控）。

（一）财政部门

财政部门通过下设的财政监督机构来具体执行对预算绩效运行活动进行监督、指导和管理的职能。

财政部门主要是对预算绩效执行情况进行动态监控，对预算的编制、执行、资金拨付、账户设置、现金管理和政府会计等具体方面进行监控，旨在确保财政资金使用和分配的合理性、有效性，保障绩效目标的实现、预算执行的合法合规性，引导预算绩效执行。

（二）预算部门

预算部门通过完善内部的管理机制，依靠各项制度以及自身内控建设来进行预算绩效执行的动态监控。

预算部门主要完善内部管理机制，具体包括财务制度、工作报告制度、信息收集处理机制的建立和完善等，保障自身预算行为的合法合规性，促进自身预算绩效目标的实现。

预算部门通过自身的预算绩效执行动态监控来保障绩效目标顺利实现。

（三）审计部门

审计部门参与预算绩效运行监控管理，对预算执行情况进行审计监督。

（四）各级人大（立法机关）

各级人民代表大会对各级人民政府的行政管理活动进行监督，预算绩效执行属于政府行政管理活动的重要部分，自然也是各级人民代表大会对行政机构监督的重要方面。人民代表大会通过监控预算绩效执行状况合法合规性，来确保行政机构预算绩效执行的经济、效益和效率。

人民代表大会对预算绩效执行的动态监控，旨在避免预算绩效执行与人大立法精神和规定的偏离，做到预算绩效的执行有法可依。

（五）司法和检察机关

司法和检察机关主要依据现存法律法规来行使预算绩效运行的动态监控。司法和检察机关参与预算绩效动态监控的目的在于保障预算绩效执行行为合规，以此促进预算绩效目标的顺利实现。

（六）社会公众

社会公众参与预算绩效运行监控管理，对立法中关于预算绩效执行的动态监控程序进行监督，要求立法反映社会公众诉求，确保预算绩效执行符合公众利益；对预算绩效动态执行是否合法进行监督，既定法律程序能够确保预算绩效执行符合社会公众利益，社会公众需要监督政府使其不能违反已有相关法律法规；对政府在财政法规框架内的行为进行监督，协调社会公众内部利益，保证政府能够公平对待每个社会团体，不能为某些利益集团所绑架。

社会公众可以采取直接监督和间接监督的方式对预算绩效的运行进行监控管理。直接监督是指社会公众可以对预算执行提供建议，并通过一定程序参与到预算执行的管理活动中。间接监督是通过政府组成部门中的民意机构来实现的。民意机构指我国的人民代表大会。

三、绩效运行监控对象

绩效运行监控对象包括部门预算资金、财政专项资金、政府投资预算资金等财政性资金安排的，且纳入绩效目标管理范围的项目资金。

四、绩效运行监控内容

绩效运行监控管理的主要内容包括预算执行情况、项目实施情况、资金管理情况、项目管理情况、绩效目标预期完成情况等。

（一）预算执行情况

预算执行进度是绩效运行跟踪监控的核心指标之一，预算执行工作是实现预算收支任务的关键步骤，也是整个预算管理工作的中心环节。具体来讲，预算执行情况主要包括以下内容：

1. 财政部门按照本级人大批准的本级预算向本级各部门（含直属单位）批复预算的情况、本级预算执行中调整情况和预算收支变化情况；

2. 预算收入征收部门依法征收预算收入情况；

3. 财政部门依照规定和财政管理体制，拨付和管理政府间财政转移支付资金情况以及办理结算、结转情况；

4. 财政部门按批准的年度预算、用款计划及规定的预算级次和程序，拨付本级预算支出资金情况；

5. 国库按国家规定办理预算收入的收纳、划分、了解情况和预算支出资金的拨付情况；

6. 本级各部门（含直属单位）执行年度预算情况；

7. 依照国家有关规定实行专项管理的预算资金收支情况；

8. 法律、法规规定的其他与财政性资金筹集、分配、使用和管理有关的情况。

（二）项目实施情况

项目实施情况包括项目具体工作任务实际开展情况及趋势、项目实施计划的实际进度情况及趋势、项目实施计划的调整情况等。

项目实施情况包含的信息有：各项具体任务的开展情况及其预期完成状况、整个项目的进度信息、项目中已经发生或需要改变计划方面的信息。

（三）资金管理情况

资金管理情况包括项目资金用款计划的时效性、专项资金支付方式、拨付效率、资金安全性等。

资金管理情况包含的信息有：资金划拨的合法合规性、资金划拨效率与安全性、资金的管理状况和支付状况。

（四）项目管理情况

项目管理情况包括政府采购、项目公示、工程招投标和监理、项目验收等情况，财务管理和会计核算情况，相关资产管理情况等。

项目管理情况包含的信息有：政府采购、招标、验收等方面的合法合规性，项目资金管理的合法合规性以及项目资产的状况。

（五）绩效目标预期完成情况

绩效目标预期完成情况包括计划提供的公共产品和服务的预期完成程度及趋势，计划带来效果的预期实现程度及趋势，社会公众满意率预期实现程度及趋势，项目实施计划的调整情况等。

绩效目标预期完成情况主要包含以下信息：项目计划提供的公共产品和服务的预期完成程度及趋势，包括项目的数量、质量、时效、成本等目标；项目实施计划所带来效果的预期实现程度及趋势，包括经济效益、社会效益、生态效益和可持续影响等；社会公众满意率预期实现程度及趋势；达到计划产出所需要的财力、物力、人力等资源的完成情况。

五、绩效运行监控方式

（一）按时效性分类

绩效运行监控的方式分为日常监控和半年总结分析。

1. 日常监控

日常监控是预算部门（单位）在年度预算执行过程中，不定期对项目支出情况采取的绩效跟踪。预算部门（单位）应对重点项目及绩效目标变动项目加强日常绩效跟踪，及时发现项目预算执行中的问题，及时调整、纠正。

2. 半年总结分析

半年总结分析是指预算部门（单位）每半年根据日常跟踪情况，对部门（单位）整体财政支出情况实施总结分析。

（二）按监控主体分类

绩效运行监控的方式分为部门、单位自行监控和财政部门重点监控两种。

1. 部门、单位自行监控

部门、单位按照预算绩效管理有关规定，对照绩效目标，对预算执行过程以及资金使用和管理情况进行跟踪监控。各有关部门、单位要健全制度，责任到人，提高支出执行的及时性、均衡性和有效性，及时掌握财政支出绩效目标的完成情况、实施进程和资金支出进度，填报绩效监控情况表。当财政支出执行绩效与绩效目标发生偏离时，各有关部门、单位要及时向财政部门报告，并采取措施予以纠正。

2. 财政部门重点监控

财政部门在部门、单位自行监控的基础上，根据预算安排、绩效目标、国库管理等，对预算执行进度、绩效目标实现程度进行绩效跟踪管理。通过听取汇报、实地核查以及绩效运行信息采集、汇总分析的途径和资金运行的动态纠偏机制等方式不定期对有关财政支出进行跟踪抽查，查找资金使用和管理以及预算执行过程中的薄弱环节，提出解决问题的方法和措施，促使部门、单位改进实施管理，确保绩效目标的实现。

六、绩效运行监控方法

（一）文献研究法

文献研究法主要通过解读国家和地方政策，以及与项目相关的政策文献，获取绩效运行监控项目的管理概况、绩效目标、需调整和修改的绩效指标等有用信息。

（二）社会调查法

社会调查法主要是通过问卷调查、访谈和现场勘查等方式，对项目绩效运行情况进行监控。从资金流和业务链两个层面着手，对资金管理和项目管理进行绩效监控。

第二节　绩效运行监控环节

一、绩效监控布置环节

财政部门在监控预算绩效目标时，对绩效监控布置实施所提出的要求主要包括绩效监控的内容、实施方式、监控要求、报告格式、时间安排等。

预算绩效监控布置主要是为各监控主体建立监控渠道，使其能够顺利行使监控权利，故将绩效监控布置环节分为政府内部预算绩效监控布置和政府外部预算绩效监控布置。

（一）政府内部预算绩效监控布置

政府内部预算绩效执行动态监控是指参与监控的各部门依据宪法、法律、行政法规和财政规章制度的不同要求，制定预算绩效监控程序，按程序开展绩效监控活动，或根据日常财政管理过程中发现的问题，采取科学、适当的监控方式，及时组织开展预算绩效监控管理，以保证预算绩效目标的顺利实现。

监督的要求如下：

1. 日常监督

财政监督部门和财政部门各业务处科室按照国家法律法规的规定对预算执行和财政管理中的日常事项所进行的监督管理活动。

2. 全过程监督

财政监督管理部门对财政监督客体在财政经济事项发生前进行审核，发生过程中进行监控，事项结束后进行检查，实行全过程监控。

3. 分段监督

财政监督部门根据情况，选择一个恰当的时段对财政监督客体的行为进行监督。

4. 事后检查

财政监督部门通过对财政监督客体已经结束的财政经济事项，根据国家的法律法规进行印证性检查，并对违法违规者作出处理或处罚的行为。

5. 全面监督

全面监督是指财政监督部门对某一或者某些财政监督客体在某一时期内发生的全部财政财务收支活动、所有的核算资料以及涉及的所有财政经济业务事项进行的事后监督。它在监督内容上十分全面，但在监督时段上属于事后检查。

6. 专项监督

财政监督部门和财政机关各有关业务部门对某一特定类型的项目进行的监督检查，这些项目可能存在于同一监督客体，也可能分散在不同的监督客体，但它们属于同一类型的经济业务，或者在性质上属于相同问题，监督检查的结果可以进行归纳。

7. 个案监督

财政监督部门根据上级批示，或者日常监督检查和专项监督检查中发现的线索，或者根据群众举报，组织力量对监督客体在某一时期发生的某一具体财政财务收支活动、核算资料或者某些需要实施检查的经济事项进行的监督检查。

以上财政监督方法，多适用于财政部门对预算执行部门进行监控。除此之外还需要预算执行部门进行日常的自我监控。预算执行部门自我监控是指预算执行部门按照预算绩效目标，持续跟踪预算绩效执行情况的信息。

（二）政府外部预算绩效监控布置

政府外部预算绩效执行监控布置主要是指社会公众对政府财政预算绩效工作进行监督，并畅通社会公众对政府预算绩效执行的动态监控渠道。

社会公众监督的要求如下：

1. 发展舆论监督

舆论监督是社会公众对财政预算绩效执行监控的一种重要手段，舆论由于其公开性的特点具有了其他手段所无法替代的优势。舆论监督能够对政府形成外部压力，并且在舆论畅通环境下，便于及时发现问题、暴露问题和解决问题。

2. 提高财政透明度

要实现人民对政府的财政监督，财政透明度的提升是最关键的要素。如果人民对财政信息一无所知，根本就无法进行监督。财政透明度是政府管理的关键环节，它可以促使负责制定和实施财政政策的人更加负责。

3. 强化人民建议权

要加强人民群众与人民代表大会的联系，加强人民代表大会对政府日常工作行为的指导。人民的建议权是监控的一种手段，能够反映社会公众的诉求，应当作为政府外部预算绩效监控布置的重要方面。对于社会公众中的专家学者，他们的建议权要受到足够的重视，要畅通他们提建议的渠道,并对他们的建议加以科学研究并作出回应。

二、绩效监控实施环节

预算绩效监控实施环节主要是主管部门自行监控。预算单位在开展绩效监控过程中,要定期或不定期将监控的情况以表格和文字的形式反馈给财政部门,确保财政部门及时了解有关资金使用情况,实现动态纠偏。财政部门应及时对预算部门报送的绩效监控情况进行审核,如有偏离目标的情况,要指出其中的问题,并反馈给有关预算部门,督促其进行整改。财政部门根据各预算单位跟踪监控的实际情况,选取部分单位进行抽查,及时发现其中存在的问题,考查预算单位报送监控情况的真实性与准确性,也可在此过程中发现预算单位未注意到的问题,提高预算单位的资金管理水平。

预算绩效监控实施环节要做到以下几点:

1. 动态监控绩效的执行,督促偏离时间进度的预算资金项目及时开工,实时监控工程进展情况;

2. 动态监控预算资金运行状况,及时采集资金拨付使用信息,加快财政资金支出进度,保证预算项目实施的资金需要;

3. 动态监控绩效目标完成情况,定期采集并汇总分析项目绩效运行信息,结合预算执行管理科室共同开展绩效专项检查,及时纠正偏离绩效目标的各种项目和资金管理问题。通过绩效监督动态监控绩效预算运行,保证绩效预算目标的如期实现;

4. 当预算单位收到相关文件后,要严格按照文件的有关规定,认真对项目进行跟踪,同时要提供相关跟踪监控材料,证明监控有关的内容,确保项目按既定目标执行。

三、绩效监控结果

预算绩效运行监控作为预算绩效管理的重要环节,是预算绩效目标实现的重要保障。预算绩效运行监控结果,必须能够有效运用,才能够发挥监控的效果。预算绩效运行监控结果至少在保障预算项目顺利执行、预算绩效运行后续调整以及为今后预算绩效管理活动提供借鉴等环节发挥重要作用。

(一)为预算项目运行的顺利进行提供保障

预算绩效运行监控强调事中监控,区别于传统观念中以事后监控为主的监控模式。在预算绩效监控执行中,随时发现问题,解决问题。预算绩效运行监控是一种现场控制或者同步控制。

这种监控措施针对国家机关、国有或国有控股企业(金融机构)、事业单位等预算执行单位正处于进行中的预算绩效项目进行监控。对其合法性、合规性以及是否向实现预期绩效目标方向发展进行监控,以此促进预算绩效管理目标的实现。

（二）为预算绩效运行工作的调整提供依据

预算绩效运行监控是对预算绩效执行工作的实时监控，在发现问题时，应当分析其原因并给出解决方案。预算绩效执行动态监控所提供信息能够为预算项目执行进行修正提供参考信息，有助于选择更有利于实现绩效目标的运行路径。

预算绩效运行工作调整存在两种模式：一种是对现有预算绩效运行工作路径进行优化，分析预算执行中完成的工作量、达到的效果以及与预期效果间差距所产生的原因。通过逐一比较、分析产生差距的原因，给出预算绩效运行工作路径调整或加强的方面，促进工作效率的全面提升。另一种是重新设计预算绩效运行工作路径，有时候预算运行工作的内外部环境发生变化，会显著影响预算绩效运行工作的效果。在这种情况下，需要评析原有预算绩效运行工作路径是否还是实现预算绩效目标的最佳工作路径，并将其与新设计的工作路径加以对比，衡量利弊得失，选择更有助于实现预算绩效管理目标的工作路径。

（三）为预算绩效运行工作的管理提供支撑

预算绩效运行监控信息，可以获得预算运行单位的运行信息，能够督促预算绩效运行的工作进度，也可以作为加强预算资金管理的手段。

1. 预算绩效运行监控信息，可以使监控主体了解项目进度，为监控主体对项目进展情况和最终预期完成状况有一个合理评估。监控主体可以据此督促预算运行单位加快预算绩效运行工作进度。保证预算绩效运行工作的平衡性。

2. 预算绩效运行动态监控不仅能够提供项目进度信息，并且能够据此估计预算运行单位的资金支出需求。财政管理部门可以依据此信息向预算运行单位拨款。财政管理部门对于预期不能完成全部任务的预算运行项目，可以减少对其财政拨款；对于完全无法继续运行的预算绩效项目，可以停止对预算运行单位拨款。通过对资金拨付的管理，来加强对预算绩效项目的管理。

（四）为预算绩效管理工作水平的提升积累素材

预算绩效运行监控作为一种全过程的监控，能够发现预算绩效运行中各种各样的问题。这其中很多问题可能是在预算绩效目标设定时未曾考虑到的因素，这些因素将为同类预算绩效管理项目工作路径设计所考虑。通过预算绩效运行监控所分析出的工作关键节点，也成为设计预算绩效管理工作路径所重点关注的环节。一些预算绩效管理活动根本无法达到项目立项时所承诺的绩效目标，对于此种项目今后应当禁止立项。

第四章 预算绩效目标编制

第一节 预算绩效目标设定

一、设定依据

1. 国家相关法律、法规和规章制度，国民经济和社会发展规划，国家宏观调控总体要求等，主要参考《预算法》；
2. 地方政府部门总体安排部署及有关批示；
3. 财政部门中期财政规划和年度预算管理要求，专项转移支付中期规划和年度预算；
4. 部门职能、中长期事业发展规划、年度工作计划或项目规划；
5. 专项资金设立的依据及财政部门的预算批复等；
6. 历史标准、行业标准、计划标准等。

二、设定步骤

（一）设定预算绩效目标的具体步骤

1. 梳理支出职能

支出职能包括部门职能、预期投入、支出范围、资金性质、实施内容、工作任务、受益对象等。

2. 确定预期目标

科学评价预算支出在一定时期内所要达到的预期产出和效果，确定所要实现的总体绩效目标和年度目标，并以定量或定性形式表述。

3. 提炼绩效指标

将预算支出的总体绩效目标进行细化和分解，结合部门的各项具体工作职责，将其转化为具体的工作任务，确定每项工作任务预计要达到的产出和效果，从中总结、提炼最能反映总体绩效目标实现程度的关键性指标，并根据其可以量化评价的现实条件，将其确定为相应的绩效指标。

4. 设定绩效标准

有国家标准和行业标准的，按标准赋值；没有现成标准的，通过收集相关基准数据，如过去三年的平均值、平均趋势、以前某年度的数值及环境条件，相近项目或部门的先进水平、行业标准、经验标准等，确定绩效标准，并依据项目预期实施进展，结合预计投入资金规模，确定绩效指标的具体数值。

（二）设定绩效目标值

1. 与预算匹配

通过目标值与预算进行匹配设定目标值。这一方法主要适用于投入及产出目标。投入目标相对直观，即预算资金及其他资源的预期投入、成本要求等目标。产出目标包括产出的数量、质量和时效等指标内容，直接反映的是资金的投向。通过预算和目标、目标值进行匹配的方法可以较为客观、合理地确定目标值，同时也是检验预算编制合理性的手段。

（1）匹配分析思路：匹配性分析是目标管理的重点。预算是否聚焦于目标的实现，是否合理；绩效目标是否和项目预算相对应，是否偏离。

（2）预算是否聚焦于目标，是否合理的问题分析：依据3E原则，最大化发挥财政支出的经济性、效率性、效益性，要求项目预算聚焦于项目的核心目标，同时通过长效管理措施和配套资金提高预算绩效。

（3）绩效目标是否和项目预算相对应，是否偏离：绩效目标用于指导项目的实施，为考核项目资金绩效评价提供依据。项目产出目标需要能够有效地反映项目资金使用方向，同时，投入目标、效果目标和影响力因素目标需要共同反映项目资金需求的合规合理性。

2. 历史值借鉴比较

历史比较方法适用于经常性项目或者具有可参考历史数据的项目。历史比较法的特点是：项目具有历史参考性，当年年度项目绩效目标值可以根据当年预算、管理、配套资源等条件和历史年度情况进行对比，最终确定绩效目标值。

3. 地区或同类项目横向比较

横向比较法是指对同类项目的不同对象在统一标准下进行比较的方法。它的特点是以空间为坐标。但在进行这一比较研究时应注意，它们必须是同类的或具有相同性质的，而且必须是处于同一时间区间的。

4. 行业经验值参考

行业比较是将项目绩效目标值与同行业的平均标准值所进行的比较分析。同行业比较有两个重要的前提：一是参考对象必须为同类项目；二是必须有已确定的行业标准。

同类项目管理的确认没有一个公认的标准，一般情况下可以按以下标准来判断：看最终目标是否相同。如反映政府在社会保障与就业方面的支出，包括以提高低保人群生活水平为最终目的的补贴类项目和以改善老年人居住环境为最终目的的补贴类项目。这些项目之所以被认定为同类项目，是因为它们都是改善民生类项目，在其满意度方面具有可比性。

（三）设置预算绩效指标权重值

1. 统计平均法

统计平均数法（Statistical average method）是根据所选择的各位专家对各项评价指标所赋予的相对重要性系数分别求其算术平均值，计算出的平均数作为各项指标的权重。其基本步骤是：

第一步，确定专家。一般选择本行业或本领域中既有实际工作经验，又有扎实的理论基础，并公平公正、道德高尚的专家。

第二步，专家初评。将待定权数的指标提交给各位专家，并请专家在不受外界干扰的前提下独立给出各项指标的权数值。

第三步，回收专家意见。将各位专家的数据收回，并计算各项指标的权数均值和标准差。

第四步，分别计算各项指标权重的平均数。

如果第一轮的专家意见比较集中，并且均值的离差在控制的范围之内，即可以用均值确定指标权数。如果第一轮专家的意见比较分散，可以把第一轮的计算结果反馈给专家，并请他们重新给出自己的意见，直至各项指标的权重与其均值的离差不超过预先给定的标准为止，即达到各位专家的意见基本一致，才能将各项指标的权数的均值作为相应指标的权数。

2. 变异系数法

变异系数法（Coefficient of variation method）是直接利用各项指标所包含的信息，通过计算得到指标的权重。是一种客观赋权的方法。

此方法的基本做法是：在评价指标体系中，指标取值差异越大的指标，也就是越难以实现的指标，这样的指标更能反映被评价单位的差距。例如，在评价各个国家的经济发展状况时，选择人均国民生产总值（人均GNP）作为评价的标准指标之一，是因为人均GNP不仅能反映各个国家的经济发展水平，还能反映一个国家的现代化程度。如果各个国家的人均GNP没有多大的差别，则这个指标用来衡量现代化程度、经济发展水平就失去了意义。

由于各项指标的量纲不同，不宜直接比较其差别程度。为了消除各项绩效指标的量纲不同的影响，需要用各项指标的变异系数来衡量各项指标取值的差异程度。各项指标的变异系数公式如下：

$$V_i = \frac{\sigma_i}{\bar{x}_i} \quad (i=1, 2, \cdots\cdots, n)$$

式中：Vi是第i项指标的变异系数，也称为标准差系数；σi是第i项指标的标准差；是第i项指标的平均数。

各项指标的权重为：

$$W_i = \frac{V_i}{\sum_{i=1}^{n} V_i}$$

三、注意事项

（一）要正确处理好绩效目标与各财政部门、预算单位的关系

在编制绩效目标时，要考虑部门的职责、规划，关注绩效目标本身的特殊性，应和部门职能、项目产出、部门预算相匹配；要保持绩效目标本身的发展性，解决项目承担单位制定的目标较低和国家发展规划超前性的矛盾；注意绩效目标的多元性。

（二）要正确处理好长期目标与短期目标的关系

在完善项目绩效目标申报表的过程中，要将几个年度的预算和绩效管理信息前后衔接，确保各部门围绕职责，符合中心工作要求，体现部门职能，符合发展规划，反映年度工作重点和主要任务，同时又反映项目资金特点和实施内容。

（三）要协同不同项目目标之间的关系

在设计和审核绩效目标过程中，应当通盘考虑，统筹规划，避免不同项目之间绩效目标可能有差异甚至冲突。

（四）要协同好绩效目标与预算细化之间的关系

要在年度预算基础上，明确各项目经费所要达到的目标，并根据相应的目标制订详细的经费使用计划，根据实际情况将具体指标进行分配，精确编制预算，使预算更加细化具体。

总之，在绩效目标管理的过程中，要注意绩效目标是否按照规定流程进行制定与分解、方式方法是否合理、是否能够将战略指标顺利落实到单位、部门，还要注意在绩效目标设定的过程中，是否注意到了一些关键控制点。通过这种方式建立起来的绩效目标才能真正使绩效目标管理具有导向性和真实性，才能保证最终绩效评价结果的有效性。

案例分析：

案例一　B市农业综合开发项目绩效目标的编制

（一）项目概况

农业综合开发是国家加强农业基础设施建设、促进区域经济发展和农民增收的重要举措和途径，通过实施财政支农，建设高标准农田，改善农业生产条件，调整产业种植结构，提高土地开发利用率，完成农田水利的综合治理，全面提高农业的综合生产能力。

B市人口200万，下设1个区和4个乡镇。B市希望能够密切联系广大农民群众，积极参与项目的建设管理，以提高全市农业综合生产能力和促进农民增收为目标，以建设高

标准农田示范工程为重点，以完善相关制度为保障，做到高起点规划、高标准实施、高效益运行，不断加大农业综合开发投入，提高土地产出率、资源利用率和劳动生产率。同时，积极鼓励符合条件的农业产业化龙头企业、农民专业合作社和专业大户、家庭农场、农业社会化服务组织等新型经营主体参与农业开发，促进农业可持续健康发展。

（二）目标设定

第一步，分析项目功能。

农业综合开发是该市每年投资建设的富有成效的重点投资项目，通过安排一定专项资金用于农田灌溉建设和产业化经营，密切联系广大农民群众，积极参与项目的建设管理，从而引导该市农业健康快速发展，提高全市农业综合生产能力和促进农民增收。

第二步，确定预期目标。

依据国家相关法律、法规和规章制度，国民经济和社会发展规划，部门职能、中长期事业发展规划、年度工作计划或项目规划，财政部门中期和年度预算管理要求，相关历史数据、行业标准、计划标准等综合确定。

目标设计的原则要符合 SMART 原则、3E 原则和我国近年来预算绩效目标设定总结的完整性、相关性、适当性、可行性、可监督性原则，在绩效目标内容的设定上应包含投入、产出、成效、影响力目标四个方面的内容。

第三步，提炼绩效指标。

投入指标：从预算投入、配套资金情况、财务管理、实施管理几个方面进行考核，分别设置目标。

在投入目标的设定上，我们首先要考虑到资金的预算执行情况，通俗来讲就是办这件事要拿到多少钱，要如何合理规范、有效地用这些钱。为此，我们从资金的到位使用情况、财务管理、项目实施管理这 3 个方面来设置投入的目标。

产出指标：考察的是"花多少钱，办多少事"中的"办多少事"，因此根据项目计划和任务进行整理得到目标。

在产出指标的设定上，由于该项目是农业开发项目，所投入的资金必然是要在农田建设、渠道修建和产业化经营中达到一定数量和质量的目标，通俗地说，就是打算拿多少钱办出多少事，我们从产出的数量、质量、完成时效和计划完成所用成本 4 个方面具体地来设立产出指标。

效果指标：考察该项目产出后的效果是什么。首先需要对产出进行确定，然后判断产出对应的直接效果是什么，最终选择关键性指标作为效果指标。

在产出之后，我们所做的是对产出的效果进行设定，也就是所用的资金对该市的社会经济以及环境有什么作用，人民对该项目的满意度如何。依据这些最为切实关注的问题，我们设立了人均收入、群众受益、空气质量以及人民满意度等方面与该项目成效相关度较高的指标。

影响力指标：这一部分是指影响该项目可持续性实施和发挥效果的关键影响力因素是什么。该部分可以从长效管理机制、人力资源、信息共享等方面考虑。

最后，要考虑到项目完成后的可持续影响因素，要有持续的跟进目标，要对完成的基本信息和成效予以公示等来增加项目影响力。

第四步，设定绩效标准。

在设定绩效指标的目标值时要求与预算匹配，要依据或参考标准，包括历史标准、行业标准、计划标准及其他被认可的标准。

第二节　预算绩效目标审核

一、绩效目标审核程序

（一）项目绩效目标的初审

1. "一上"后，财政部门负责预算部门上报的项目资金预算安排与绩效目标完成的匹配性和保障性的初审工作，并对绩效目标设定情况、绩效指标制定情况、上年度项目执行和绩效自评价情况及财政绩效重点评价情况等提出初审意见。

2. 初审意见反馈。"一下"时，财政部门将汇总的项目绩效目标初审意见反馈给预算部门。初审意见主要包括：项目绩效目标设定情况，绩效指标制定的情况，绩效目标与指标的相关性与可行性情况，保障绩效目标完成所需财政安排的专项资金数，以前年度项目绩效评价情况等内容。

（二）重点项目绩效目标的审核

1. 在部门预算"二上"上报后，财政部门根据近年开展的重点评价结果，根据职责分工，绩效评价主管部门同业务部门、预算部门选择并确定需要进行绩效目标评审的重点项目，组织研讨会、专家会等形式，对选定项目的可行性方案、绩效目标和绩效指标等进行论证评审，提出意见后，通知预算部门调整绩效目标。

2. 在人代会批准预算主管部门（单位）预算后，绩效评价主管部门会同预算、业务部门完善评审意见，为业务部门安排具体的项目预算提供参考，为组织实施绩效监控、绩效评价提供重要依据（在二次预算分配时，侧重完善对重点专项资金"项和目"的绩效目标和指标分解）。

（三）预算绩效目标和绩效指标下达

绩效评价部门同预算、业务部门将绩效目标和绩效指标等意见与部门预算批复（二下）同步下达业务主管部门。下达的绩效目标、绩效指标等意见是实施绩效监控、评价项目资金使用效益的重要依据。

二、绩效目标审核内容

绩效目标的审核要从项目预算编制的完整性、相关性、适当性和可行性四个方面来审核。绩效目标的审核应充分参考部门（单位）职能、项目立项依据、项目实施的必要性和可行性、项目实施方案以及以前年度绩效信息等内容，还应充分考虑财政资金支持的方向、范围和方式等。

（一）审核绩效目标完整性

在审核绩效目标完整性的过程中要完善制度建设，通过梳理汇总项目评审结果，结合部门预算、财务管理等方面的特性进行深度剖析。审核要点：

1. 评审绩效目标填报格式是否规范，内容是否完整、准确、翔实，是否无缺项、错项。
2. 明确清晰性。绩效目标是否明确、清晰，是否能够反映项目主要情况，是否对项目预期产出和效果进行了充分、恰当的描述。

（二）审核绩效目标相关性

在评审绩效目标相关性的过程中要明确各个目标之间的关系，要考虑到各个绩效目标之间的相关程度，要选取相关度较高并且能够体现出总目标的指标。对于那些与总目标相关度较低的指标应予以删除，因为这样的目标设置本身就没有多大的意义。审核要点：

1. 目标相关性。总体目标是否符合国家法律法规、国民经济和社会发展规划要求，与本部门（单位）职能、发展规划和工作计划是否密切相关。
2. 指标科学性。绩效指标是否全面、充分、细化、量化，难以量化的，定性描述是否充分、具体，是否选取了最能体现总体目标实现程度的关键指标并明确了具体指标值。

（三）审核绩效目标适当性

在审核绩效目标适当性过程中要看审核项目是否有明确的绩效目标，对项目所产生的经济效益、社会效益与环境效益是否有清晰的预期，还要进行匹配性审核，即资金规模与绩效目标之间是否匹配，在既定的规模下，绩效目标是否过高或过低。审核要点：

1. 绩效合理性

（1）预期绩效是否显著，是否能够体现实际产出和效果的明显改善。

（2）是否符合行业正常水平或事业发展规律；与其他同类项目相比，预期绩效是否合理。

2. 资金匹配性

（1）绩效目标与项目资金量是否匹配，在既定资金规模下，绩效目标是否过高或过低；或要完成既定绩效目标，资金规模是否过大或过小。

（2）绩效目标与相应的支出内容、范围、方向、效果等是否匹配。

（四）审核绩效目标可行性

在开展项目可行性评审过程中首先要让行业专家依据评价指标来衡量项目的可行性，重点依据项目建设必要性、实施方案可行性、预算编制合理性和绩效目标科学性等内容开展评价，通过审阅政策文件、部门职责、背景说明和需求分析等来综合评价项目是否可行、是否具备建设必要性。审核要点：

1. 实现可能性

（1）绩效目标是否经过充分调查研究、论证和合理测算。

（2）绩效目标实现的可能性是否充分，是否考虑了现实条件和可操作性。

2. 条件充分性

（1）项目实施方案是否合理，项目实施单位的组织实施能力和条件是否充分。

（2）内部控制是否规范，预算和财务管理制度是否健全，并得到有效执行。

三、审核的方式和方法

绩效目标的评审采取定性审核与定量审核相结合的方式。定性审核分为"优""良""中""差"四个等级。其中：填报内容完全符合要求的，定级为"优"；绝大部分内容符合要求、仅需对个别内容进行修改的，定级为"良"；部分内容不符合要求，但通过修改完善后能够符合要求的，定级为"中"；内容为空或大部分内容不符合要求的，定级为"差"。定量审核按对应等级进行打分，保留一位小数。具体审核方式如下：

（一）对一般性项目，采取定性审核的方式

审核主体对每一项审核内容逐一提出定性审核意见，并根据各项审核情况，汇总确定"综合评定等级"。确定综合评定等级时，8个审核要点中，有6项及以上为"优"且其他项无"中""差"级的，方可定级为"优"；有6项及以上为"良"且其他项无"差"级的，方可定级为"良"；有6项及以上为"中"及以上的，方可定级为"中"。同时在总体意见中要对项目绩效目标的修改完善、预算安排等提出意见。

（二）对重点项目，采取定性审核和定量审核相结合的方式

审核主体对每一项审核内容提出定性审核意见，并进行打分。定性审核为"优"的，得该项分值的90%~100%；定性审核为"良"的，得该项分值的80%~89%；定性审核为"中"的，得该项分值的60%~79%；定性审核为"差"的，得该项分值的59%以下。

各项审核内容完成后，根据项目审核总分，确定综合评定等级。总得分在90分以上的为"优"；在80分至90分（不含，下同）之间的为"良"；在60分至80分之间的为"中"；低于60分的为"差"。同时，在总体意见中对该项目绩效目标的修改完善、预算安排等提出意见。

第五章 预算绩效监控实施

第一节 预算绩效监控实施

一、监控实施思路

（一）确定绩效运行监控目标和目标值

分析项目特点，了解项目绩效目标，根据绩效运行监控实际需要，确定需要监控的绩效目标，选取实现该目标的关键指标，确定需要监控的目标值。

（二）通过调研，分析跟踪目标的完成情况

采用案卷研究、社会调查等方式，对跟踪的绩效目标加以分析，收集绩效运行数据，分析跟踪目标的完成情况及趋势。

（三）分析实施偏差和项目完成可能性

通过对绩效目标的监控，结合项目实际，将项目在实施过程中实际完成情况与绩效目标及其目标值对比，分析项目实施过程中出现的偏差。通过项目实施现状和项目实施进度，预测项目完成趋势和完成可能性。

（四）提出纠偏措施，形成跟踪报告

根据实施偏差结果分析，找出成因，提出纠偏的措施，使项目实施符合计划目标，项目实施完成与绩效目标一致。

二、监控实施步骤

绩效监控实施步骤主要包括三个部分：收集绩效运行数据信息、分析绩效运行数据信息、形成绩效运行监控报告。

（一）收集绩效运行数据信息

绩效运行监控要对绩效目标的预期实现程度进行判断，需要以全面、翔实、高质量、针对性强的数据信息为基础。绩效运行数据信息的收集是绩效运行监控实施的首要工作。

绩效运行数据信息的收集，以绩效目标为核心，以绩效指标完成情况为重点，其主要监控步骤如下：

1. 执行准备情况，包括是否有具体实施计划、保障措施等；
2. 外部环境、条件的变化及影响情况；
3. 实现计划的实际进展情况，是否需要必要的调整；
4. 为实现预期目标制定保障措施的落实情况；
5. 相关项目合同的执行情况；
6. 项目执行已经取得的产出情况；
7. 项目执行已经体现的绩效情况；
8. 项目是否存在损失或浪费情况；
9. 项目是否停止或停滞；
10. 项目未来产出的预计情况；
11. 项目未来效益的预计情况；
12. 项目远期的预测情况；
13. 分析绩效运行数据信息。

（二）分析绩效运行数据信息

在收集各类绩效运行数据信息后，要进一步加工处理：一是对数据信息进行核实，确保其真实性；二是对数据信息进行分析。例如，预算绩效计划是否得到较好的执行，预算支出行为是否有利于绩效目标的实现，内外部环境的变化可能对计划产生怎样的影响等，相关分析均应围绕预算绩效目标的实现程度开展。

绩效运行监控过程中的绩效分析和预算支出完成后的绩效评价，采用的方法基本相同，不同之处在于：前者旨在确保绩效目标的实现，针对执行过程中的关键问题，重点关注对下阶段工作的预测；后者旨在分析预算产出和结果，全方位的详细分析，重点关注前阶段工作的评价。

（三）形成绩效运行监控报告

在分析绩效运行数据信息的基础上，形成绩效运行监控报告。绩效运行监控报告首先由具体实施单位形成，然后层层向上汇集，按照预算绩效管理级次逐级汇总，形成绩效运行监控的总体报告。主要内容如下：

1. 关键点的绩效运行数据信息；
2. 对相关数据信息的核实情况；
3. 对相关数据信息的分析情况；
4. 对预期产出和预期绩效实现程度的判断；
5. 根据绩效运行情况已采取的改进措施；
6. 进一步完善和改进预算执行的建议。

第二节 预算绩效监控实施布置

一、布置程序

预算绩效运行监控的布置程序,如图 5-1 所示:

```
┌─────────────────┐
│ 确定运行监控对象 │
└────────┬────────┘
         ↓
┌─────────────────┐
│ 分析项目核心目标 │
└────────┬────────┘
         ↓
┌─────────────────┐
│ 确定核心跟踪指标 │
└────────┬────────┘
         ↓
┌─────────────────┐
│  确定实施方式   │
└────────┬────────┘
         ↓
┌─────────────────┐
│  制定时间安排   │
└────────┬────────┘
         ↓
┌─────────────────┐
│  确定跟踪方案   │
└─────────────────┘
```

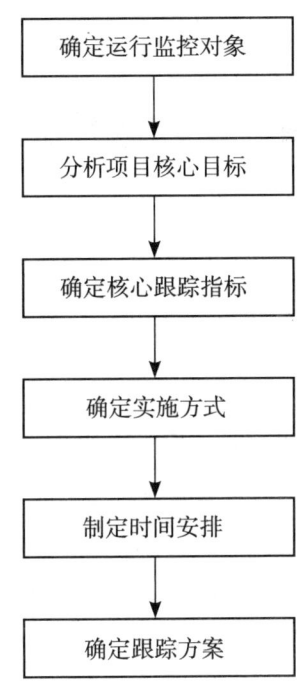

图 5-1 预算绩效运行监控布置程序

(一)确定运行监控对象

确定绩效运行监控对象,分析项目特点,了解项目绩效目标。

(二)分析项目核心目标

明确项目核心目标是什么,每个核心目标的措施是什么,该措施的落实制度保障应该含哪些内容,如何保障制度得以贯彻。通过分析项目核心目标,明确绩效监控内容。

(三)确定核心跟踪指标

在分析绩效核心目标的基础上,确定重点跟踪实现该目标的关键核心跟踪指标是什么,关键措施是什么,该措施的落实关键制度保障应有哪些,如何保障该制度得以贯彻。

(四)确定实施方式

在明确绩效监控内容和核心跟踪指标后,确定采取怎样的实施方式,对项目绩效目标进行监控，确定是预算部门自行监督还是财政部门重点监控。

（五）制定时间安排

根据绩效运行监控工作开展需要，合理制定监控各环节的时间安排，保证各工作程序的有序进行。

（六）确定跟踪方案

在上述分析的基础上，确定跟踪方案，明确绩效运行监控的内容、绩效运行监控的方式和时间安排。

第三节 预算绩效运行监控结果应用

绩效运行监控信息的应用包括促进绩效目标的实现、改进实现绩效目标的途径、加强预算执行的管理。

（一）促进绩效目标的实现

1. 及时发现并纠正偏差

通过对绩效运行趋势的分析和预测，及时发现绩效运行与既定目标的偏离现状，通过汇总分析，找出偏差及其成因，采取有效措施及时纠正。

2. 完善预算绩效管理关键环节

利用层层递进的绩效运行监控报告模式，对各机构在各环节中的职责作用进行分析管理，从而突出关键环节，提高效率。

3. 促进部门内部协调配合

通过绩效执行分析，加强各部门间的沟通交流，协调合作。

（二）改进实现绩效目标的途径

1. 优化预算绩效计划

根据绩效目标要求，对执行过程中出现的偏差加以分析，进一步完善计划，提高效率和效益。

2. 设计新的预算绩效计划

通过既定目标与实现程度的比较分析，设计新的计划，衡量两者之间的优劣情况，择优执行。

（三）加强预算执行管理

1. 进行预算执行进度分析

分析绩效运行监控报告，从而分析预算绩效的执行进度，进一步优化预算执行。

2.作为用款计划下达的依据

通过绩效运行监控报告的预测，合理估计支出需求，对资金的下拨进行合理的控制，充分发挥资金的效益。

案例分析：

案例一　A市城区渣土管理电子监控平台项目绩效运行监控

（一）项目概况

渣土管理是目前城市管理工作的重点和难点，2016年以前A市渣土市场存在渣土运输车辆乱抛洒、渣土乱倾倒、渣土运输执法难度大等现象。根据A市人民政府电子政务管理办公室《关于A市城管局智慧城管系统建筑垃圾管理子系统建设方案的审查意见》，建立智慧城管平台子系统——渣土车辆中央管理平台系统，即A市渣土管理电子监控平台，实时监控市城区渣土车辆的运行情况。

（二）绩效运行监控布置

第一步，确定运行监控对象。

项目实施单位为A市城市管理和行政执法局（以下简称市城管局），建筑垃圾管理办公室（以下简称市渣土办）为市城管执法局内设科室，B公司系市城管局招标签约负责具体实施的外包单位。

A市渣土管理电子监控平台监控对象为市城区渣土车辆的运行情况。

第二步，分析项目核心目标。

1.项目绩效总目标

通过数字监控技术，整体提升全市渣土管理水平，逐步实现全市渣土管理的常态化、长效化、精细化，为市民创造优美的工作、生活、居住环境，减少因渣土管理不力带来的额外费用支出。

2.2016年项目具体绩效目标

渣土管理电子监控平台外包给第三方，第三方按市渣土办管理要求实施监控平台操作，合理运行监控系统十大功能，市渣土办按季考核第三方工作成果。

通过渣土管理电子监控平台全天24小时对全市385台渣土车辆运行情况实时监控，及时发现和解决车辆运输作业中出现的各类问题，规范渣土车辆运输行为，力争渣土车辆交通"零"事故。进一步推进渣土管理常态长效，大幅提升城区渣土管理水平，巩固A市国家卫生城市和全国文明城市创建成果，进一步提升人民群众的参与度、满意度。

第三步，确定核心跟踪指标。

1.监控中心设立情况：在A市渣土运输管理处设立监控中心，对全市开工的渣土进行24小时实时监控。

2.监控录像清晰可用：能够通过实时监控及时发现车辆出场时装载是否规范，是否洗车，路面是否污染等异常情况。

3. 监控录像存档情况：录像资料能够保存一段时间，作为后续的取证材料。

4. 移动监控：可以实现通过手机移动监控。

5. 自动定位报警：与 GPS 结合，实现对违规运输及清洗时长的自动判断和报警功能。

6. 噪声监控：实现对工地的噪声监控。

第四步，确定实施方式。

渣土管理电子监控平台采取服务外包的形式。通过公开招标，B 公司与市城管局签订了政府采购合同，合同总额 798,056 元。B 公司负责渣土车的监控、调度考核，系统平台维护，车载设备保养、检修，系统操作专业人员培训。

第五步，制定时间安排。

渣土管理电子监控平台于 2015 年 9 月正式启动，前期工作包括智能化车载管理监控系统软件的开发和智能化车载管理终端设备的安装。前期工作于 2015 年 12 月完成，2016 年 1—4 月为试运行阶段，2016 年 5 月渣土管理电子监控平台正式运行。

渣土管理电子监控平台第三方 B 公司现有管理人员 1 名，坐席工作人员 6 名（每天 3 个班次），系统维护工程师 4 名，配置了 2 路专线电话，24 小时监控运营中的渣土车辆和管理平台的自动报警信息，对违规车辆采取锁车处理。

（三）绩效运行监控实施

1. 收集绩效运行数据信息

通过文献研究法和社会调查法收集绩效运行数据信息。

（1）文献研究法

① 项目资金到位、使用和管理情况。

② 监控记录情况和举报的违规车辆记录情况。

③ 查阅相关操作流程。

（2）社会调查法

① 实地查看电子监控平台对违规车辆锁车、解锁过程。

② 随机对部分渣土车车主（司机）进行现场调查，听取情况介绍。

③ 与项目单位沟通交流。

2. 分析绩效运行数据信息

（1）项目资金情况

① 项目资金到位情况

2016 年市财政预算安排市城区渣土管理监控系统运行经费 105.66 万元，实际拨付 105.66 万元，资金到位率 100%。

② 项目资金使用情况

截至 2016 年 8 月 31 日，2016 年市城区渣土管理电子监控系统运行经费实际使用 708,856 元。具体明细为：渣土管理电子监控系统外包服务费用合同价 798,056 元，累计已分两次支付498,056元,第一次支付外包服务费合同款的50%即398,056元,第二次支付通过日常考核后的第一个季度服务费100,000元;电信流量费合同价179,800元,已按合同支付138,600元;IP地址使用费60,000元;其他费用(办公家具等)12,200元,已全部支付。

③项目资金管理情况

根据A市财政局《单位追加指标录入单》,城区渣土管理监控系统运行经费105.66万元。各项目严格按照投资评审、政府采购的相关要求组织实施,所有资金均由市财政局集中支付,支出符合财务管理规定,审批程序完善,账务处理及时规范。

(2)项目组织实施情况

渣土管理电子监控平台于2015年9月正式启动,前期工作包括智能化车载管理监控系统软件的开发和智能化车载管理终端设备的安装。前期工作于2015年12月完成,2016年1—4月为试运行阶段,2016年5月渣土管理电子监控平台正式运行。已纳入渣土管理电子监控平台进行管理的车辆为199辆新型智能环保车。渣土管理电子监控平台设计的十项基本功能包括:防拆功能、重空车识别功能、强制密闭功能、举升控制功能、线路控制功能、区域限速功能、禁止控制功能、工作时间控制功能、核准证控制功能和断点续传功能。目前已启动运行的功能为区域限速功能和重空车识别功能,但重空车识别功能运行不稳定,有时空车误判为重车。

市城管局制定了《A市城区建筑垃圾专营车辆管理监控平台锁车解锁操作规定》和《渣土监控平台考核评分细则》,规范渣土管理电子监控平台的工作流程和考核标准。B公司建立了《B公司管理制度》,对各责任岗位主要职责、岗位安排及要求、管理作业方案及故障处置措施进行了规定。

3.形成绩效运行监控报告

通过市渣土管理电子监控平台的建立初步实现了城区新型智能环保车的智能化管理,渣土管理的工作力度明显加大,以往渣土管理中存在的各类突出问题明显减少,城市管理整体水平大幅提升。追求长效化、常态化、精细化正在成为A市城市渣土管理工作的主旋律。项目绩效主要表现为以下五个方面:

(1)规范了渣土车辆运输行为。通过全天候24小时实时监控,及时了解车辆的行驶状态和运行情况,发现违规警情后,电子监控平台进行锁车处理,及时反馈到四区渣土管理办和渣土运输公司快速处理。从5月正式运行以来,截至8月31日,共锁车929次,对规范运输企业和运输车辆的行为起到很大的作用。

(2)减少了执法成本和执法难度。电子监控平台建成前对于处置违规渣土车辆的运输行为,一般采用封堵工地和拦停渣土运输车辆的方法,这种方法需要大量的人力和物力,且很难执行到位,在执法过程中也极易引起矛盾冲突,渣土运输车辆强行冲关和殴打执法人员的现象频频发生。电子监控平台建成后通过监控平台对违规车辆进行锁车,车辆所在公司负责人主动上门接受处理,既减少了执法成本又降低了执法难度。

（3）促进了渣土运输公司管理水平的提高。以往多数渣土运输公司只重视经济效益，轻视管理工作，放任司机的违规行为。监控平台建成后，司机的违规操作行为经常被锁车，这不仅影响渣土车自身经济利益，而且直接影响渣土公司的生存（在对渣土公司考核中，锁车后将被扣分，考核成绩差的公司将被淘汰），这种倒逼机制，迫使渣土公司重视管理工作，现在多数公司都增加了管理人员，建立了管理制度，加强了运输作业过程的监管。以往私人承接业务的现象大大减少，渣土市场混乱局面得到有效遏制。

（4）有效解决了渣土管理工作的几个突出问题。一是解决了车辆超载的问题。如果车辆超载，将被监控平台及时发现，经认真核实后，超载车辆将被锁住，大大减少了超载车辆对城市道路的破坏。二是解决了车辆不密闭运输的问题。车辆未密闭运输将被锁车，解决了沿路抛洒带来的道路污染，也减少了清除道路污染带来的人力、物力、财力损耗。三是解决了建筑垃圾乱倾倒的问题。电子监控平台建成后，运输车辆必须按规定的线路行驶，必须到指定的建筑垃圾消纳场倾倒垃圾，否则将被锁车，有效遏制了以往乱倾倒行为，同时为政府节约了本应由建设单位负责的一部分渣土处置费用。

（5）减少了交通事故。从2016年5月正式运行以来，通过对新型智能环保车的运行速度和载货重量的限制，截至8月31日止安全事故发生率为0。

（四）绩效运行监控结果应用

1. 存在的问题

（1）绩效目标设置方面

① 绩效目标不细化、不量化。目标申报时未明确监控的区域、渣土车数量，未对监控平台要达到的要求等质量指标进行描述（形成完整的监控记录、正确锁车解锁、及时对设备维修等）。

② 专项资金管理办法欠完善。市城管局制定了2016年财务管理办法，有专项资金管理条款，但本项目为2016年新增专项，未制定详细的专项资金管理办法，规范项目资金开支范围及审批流程。

（2）项目组织实施方面

① 电子监控系统本身存在缺陷，且运行不稳定。电子监控系统设计十大功能，目前只有重空车识别功能和区域限速功能两项投入运行，其余功能未启用；系统运行不稳定，重空车识别误判、空车掉油、打火不来情况频频出现；系统自动化程度不高，识别违规后的锁车处理要人工操作完成，具有一定的主观性。

② 项目管理制度不健全，个别环节实施欠规范。没有规定解除系统对车辆监控功能的操作条件和权限。监控平台业务人员接到车主设备故障报修、解除监控系统对车辆监控功能时，未保存设备故障实时图片等证据，无法核实设备故障的真实性，可能存在车主谎报故障回避监控的隐患。

（3）项目绩效方面

① 监控渣土车数量不及预期。根据 A 市城管局《关于建设智慧城管系统建筑垃圾管理子系统的请示》和《A 市人民政府电子政务管理办公室关于 A 市城管局智慧城管系统建筑垃圾管理子系统建设方案的审查意见》，渣土车辆管理平台系统监控对象为 385 辆渣土车，目前已纳入系统监控的渣土车为 199 台，其余 186 台车暂未纳入监控系统。

② 监控记录不完善、不准确。监控记录表格设置内容欠合理，信息举报栏没有举报内容项、车辆违规列为人为故障或其他故障（违规不等于故障）；各月统计汇总了各车辆的总故障和人为故障次数，举报的违规情况有时列为人为故障，有时列为其他故障，故统计的人为故障不能全面准确地反映各车辆的真实违规情况。

③ 车载设备检修、回访不及时。多台车摄像头看不见，已派工单，长时间为待修状态且无回访记录。

2. 绩效监控结果后续工作建议

（1）项目决策方面

① 认真、完整申报绩效目标。绩效目标应当经过实际调查和科学论证后，确定申报项目；目标要细化、量化并做到合理可行，纳入监控平台管理的渣土车数量、系统监控质量要求（监控记录填写和汇总分析、锁车解锁程序、设备维修时限等）要有详细描述，作为预算部门执行和项目绩效评价的依据。

② 完善资金管理办法。针对项目实际情况，制定本项目资金管理办法，明确资金的收支使用规范和支付流程。

（2）项目管理方面

① 改进监控系统配置，提高监控系统使用效率。针对现有渣土管理电子监控系统不成熟、运行不稳定的状况，对现有电子监控系统升级改造，满足实际管理需要，让所有设计功能用之有效，提高监控系统运行的稳定性，减少或杜绝监控过程中的错判、误判现象，电子监控系统功能健全、运行有效是渣土监控平台管理的第一步。

② 完善项目管理制度，加强项目监管。根据项目实际情况完善项目管理制度和操作流程，规定放开监控功能等的使用条件和权限；本项目为外包给第三方实施，完善对第三方考核管理办法，合理划分考核评分等级和各级次费用支付额度，对第三方的考核客观真实，不要流于形式，确保监控平台的监控记录真实完整、监控处理规范有效。

第六章 预算绩效评价指标体系构建

第一节 设计绩效评价指标体系

一、设计评价指标体系

（一）设计思路

1. 分析绩效活动各环节，构建绩效评价指标体系一级指标

资金投入—资金流动—资金转换是绩效活动的全过程，涉及绩效活动的投入、过程、产出、效果四个环节。因此，将投入、过程、产出、效果作为绩效评价指标体系的一级指标。投入是人力、物力、财力的投资；过程是资金管理和项目管理中相关制度的建设及执行过程，是项目资金及质量控制和实施者对项目计划的遵循度；产出是由资金转换为服务或实物的结果，是以数量、质量、时效和成本来衡量产出；效果是资金流动和转换过程给社会、经济、生态等带来的直接或间接的影响等。

2. 遵循"4E"特性，构建绩效评价指标体系二级指标

预算绩效评价是对预算支出的经济性、效率性、效益性进行客观、公平的评价，绩效评价指标的构建需遵循"4E"原则，即从经济性、效率性、效益性和公平性四个方面考虑分析，将一级指标分解为二级指标。如投入一级指标可以分解为项目立项情况、目标设定情况、财政投入情况和资源利用情况等方面的指标，以体现经济性；过程指标可以分解为项目管理、财务管理、会计信息质量、资源配置等方面的指标，以体现效率性；产出指标可以分解为数量、质量、时效、成本等方面的指标，以体现效率性和效益性；效果指标可以分解为社会效益、经济效益、生态效益以及公众满意程度等方面的指标，体现效益性和公平性。

3. 多角度分析，构建绩效评价指标体系三级指标

根据财政支出内容的多样性，如财政支出呈现经济、社会、生态等各个层次的需要和直接或间接影响；财政支出对象的层次性，财政资金从财政部门流向公共部门，再由公共部门流向具体资金使用单位或支出项目，资金实现了分配和再分配的过程。这个过程体现了财政支出对象的层次性，这些多因素需要从多角度分析，找出绩效评价关注点，结合项

目实际和需要，选取或设计三级指标，构建绩效评价指标体系。

（二）设计步骤

绩效评价指标体系是通过绩效目标的细化、分解，结合绩效评价关注点和侧重点，设计出可以反映这些绩效目标完成情况的评价指标构建成的体系。绩效评价指标体系的设计，大致步骤如图6-1所示：

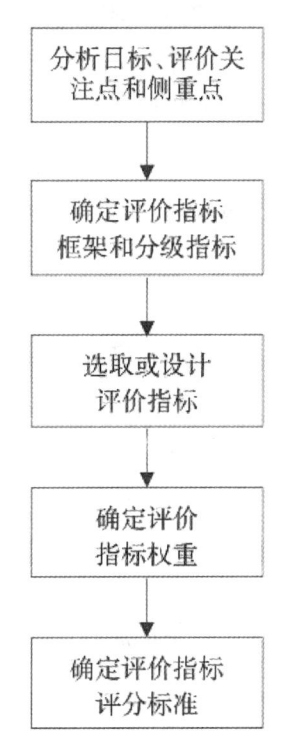

图 6-1 绩效指标体系设计步骤

1. 分析目标、评价关注点和侧重点

根据中长期规划、部门职责等相关依据，整理并分析目标，将各个层面上较为综合的目标分解成为若干清晰、相互独立的指标。例如，对于城市基础设施建设，其最终目的是为全体市民提供便捷、舒适与科学的城市基础设施体系，对其总体目标必然要加以分解。比如，分解为在道路建设、公共交通、绿化环境等方面建设的具体目标。对单个方面的具体目标还需要进一步进行目标分解。比如，公共交通可以进一步分解到地铁、公交、出租车等各个交通工具的发展状况的细化目标。

根据项目实际，分析项目评价侧重点及评价过程中的关注点，为绩效评价指标的细化和分解做准备。

2. 确定评价指标框架和分级指标

对分解的目标，采用评价指标来衡量。从一级指标、二级指标、三级指标及指标解释等方面来确定或设计评价指标框架和分级指标。

大致从投入、过程、产出、效果四个维度来设计一级指标，并根据评价对象实际，细化一级指标至二级指标、三级指标。

3. 选取或设计评价指标

根据项目实际情况，在设计一级指标的基础上，细分至二级指标，并选取合适的共性指标；根据项目特点，结合项目评价关注点，设计出个性指标，予以评价。

评价指标衡量目标单元有直接衡量和间接衡量两种情况。某些目标单元可以被直接衡量。如城市人均绿化面积可以反映绿化工作的进展情况，每个人拥有病床数量能够反映医疗卫生建设情况。某些指标则是间接反映目标单元的实现情况。如用家庭轿车拥有率可以反映经济发展状况。选取间接衡量指标，通常是在难以直接取得衡量指标时所采取的措施。选取的指标中可能存在无法获取某些可靠的数据来衡量，且难以通过定性的方式来描述的指标，应当选择删除该指标。

4. 确定评价指标权重

确定评价指标权重，根据评价指标的相关程度和重要程度，赋予某一指标在整个绩效评价指标体系中的占比大小。

（1）从最小目标单元的评价指标开始确定权重，并通过汇总得出上一级指标权重。例如，评价指标设计到三级的指标体系，先根据评价指标的重要程度等因素确定三级指标中各指标占比，进而汇总计算出二级指标的权重，进一步得出一级指标的权重。

（2）从一级指标开始，根据评价侧重点，确定一级指标权重；根据项目实际情况和指标重要程度等因素确定二级指标权重，二级指标权重是一级指标权重的细化；采用同样方式确定三级指标权重。如有四级指标，可进一步细化。

5. 确定评价指标评分标准

通过设置标杆值和评分规则的方式，确定评价指标评分标准。

二、设计评价指标

（一）设计思路

指标选择要建立在客观性、实用性、公开性等原则上，同时要兼顾共性和个性。

首先，选取若干方面联合反映被评价对象的整体属性的共性指标，而且每个方面代表研究对象不同方面的特征，接着在每个方面里选取若干候选指标，通过非参数检验，将没有显著性差异的指标归为一个子类，从子类指标中选取最具代表性的指标，进而选择出合适的共性指标。

其次，根据项目实际情况，对项目进行分析，结合项目特点，从项目评价关注点和项目评价侧重点等方面对个性指标进行设计。

（二）设计步骤

1.将评价对象的整体特征分成n个不同的方面。如根据资金的流动情况,可以从投入—过程—产出—效果四个方面来反映评价对象的整体特征。通过案卷研究,选取这四个方面若干候选指标,形成一个较为全面的、有层次的候选指标群。

2.对各个候选指标群,通过非参数检验,将没有显著性差异的指标归集为一个子类候选群,这样同一子类候选群中各指标间没有显著性差异,而不同子类候选群中指标间存在显著差异。

3.从某个子类候选指标群中选取最具代表性的、易衡量、可获得的指标来反映该子类候选指标群;采用同样的方法选取各个子类候选群中的合适的指标。

4.将每个方面所有子类选出的指标联合起来,构成一个初步的评价指标体系。

5.根据项目特点,结合初步的评价指标体系,通过专家咨询等方式,设计个性指标,最终形成评价指标体系。

三、设置评价指标权重

绩效评价指标权重就是某项绩效评价指标在整个绩效评价中所占的比重。权重和评分标准是构建指标体系的两个因素,权重和评分标准设计的科学性和合理性直接影响着绩效评价结果的准确、客观和公正。

为保证权重的科学性和公正性,在设计的过程中通常采用Delphi法和AHP法相结合的方法。

（一）设计步骤

1.建立评价系统的递进层次结构

根据绩效评价指标体系框架,建立评价指标的递进层次结构。

2.构造两两比较判断矩阵

每位专家依据个人对评价指标的主观评价,进行综合分析,对各项指标之间进行两两对比之后,然后按9分位比率排定各评价指标的相对优劣顺序,依次构造出评价指标的判断矩阵。

3.计算各指标的权重

关于判断矩阵权重计算的方法有两种,即几何平均法（根法）和规范列平均法（和法）。

（1）几何平均法（根法）计算判断矩阵a各行各个元素m_i的乘积,计算m_i的n次方根,对向量进行归一化处理,该向量即为所求权重向量。

（2）规范列平均法（和法）计算判断矩阵a各行各个元素m_i的和,将a的各行各个元素和进行归一化,该向量即为所求权重向量。

（二）设计方法

在实践中，常用的方法是专家咨询法。专家咨询法是通过根据所要预测的问题，选择有关专家，利用专家在专业方面的经验和知识，用征询意见和其他形式向专家请教而获得预测信息的方法。

专家咨询法的实施步骤如下：

1. 通过项目分析和文献研究，结合项目实际和项目评价侧重点，初步设置权重；
2. 将初步设置的权重给专家进行评审，根据修改意见，对权重予以修正。

四、设置评分标准

（一）评分规则

评分规则主要采取与标杆值比较的方式，分析每一个指标，设置合适的评价指标得分扣分区间。评分规则设置如下：

1. 对科学性、合理性、规范性等定性指标，描述有与无、是与否等现象所反映的互斥约束条件，采用 0-1 规则设置评分规则。例如，项目管护制度建设情况：有管护制度，得分；无管护制度，不得分。

2. 对资金到位率、资金及时率、计划完成率、质量达标率等定量指标，以极值为满分，采用线性函数的方式设置得分扣分区间。如资金到位率，以 100% 为满分，每少落实一个百分点扣 1 分，扣完为止。不足一个百分点的按照一个百分点计算。另外，考虑到公共资源的有限性，对于某些定量指标，超出计划定额，根据实际情况酌情按超出百分比扣分。

3. 对于表示程度的指标，包括定性与定量指标，可采取等级评分的方式设置评分规则，根据项目实际，对指标评分标准进行等级划分。如某项目财务报账支出进度 6 分，可以分为三级：截至 6 月 30 日，报账支出进度达到 60% 以上的得 4 分，每低于 5 个百分点扣 1 分，扣完 4 分为止；截至 9 月 30 日，报账支出进度达到 80% 以上的再得 1 分，每低于 5 个百分点扣 1 分，扣完 1 分为止；截至 11 月 30 日，报账支出进度达到 90% 以上的再得 1 分，每低于 5 个百分点扣 1 分，扣完 1 分为止。

（二）设置标杆值

标杆值可以根据定性标准和定量标准来设置，也可以根据计划数据、行业数据、历史数据和经验数据来设置。

1. 以计划数据设置标杆值

以计划在某个时期内要达到的目标、计划、预算和定额为数据，与目标实现程度或实际完成情况对比分析，设置标杆值。

2. 以行业数据设置标杆值

以国家公布的行业指标数据情况为基础，结合实际数据情况，设置标杆值。

3. 以历史数据设置标杆值

选取本部门或本地区过去年份的指标水平和变化规律的历史变动情况及平均水平为基础数据，设置标杆值。例如：社会保障支出增长率即通过与上一年相比，看今年是否需要更多资金投入到社会保障方面；业务信息化部门增长率即通过与上一年相比，看今年是否有更多的部门单位纳入电子政务系统建设中来；该标准可引申为地区标准，即与发展情况相当的地区水平相比较。

4. 以经验数据设置标杆值

根据长期的财政经济活动发展规律的管理实践，由在财政管理领域及其他领域有丰富经验的专家学者，在经过严密分析研究后得出的可以直接使用的经验数据，设置标杆值。

五、设计注意事项

（一）区分产出层面和效果层面的指标

评价指标是用来衡量目标的。划分一项指标属于产出层面还是效果层面，主要区分项目的成果和影响。从范围上来讲，产出层面是项目解决的具体问题，是项目实施建设的成果，在项目范围内；影响是指在项目完工后一个中长期的时间内，超出项目范围对整个经济、社会和环境等方面带来的变化，是效果层面的指标。

（二）项目对其影响有限的宏观指标选取

在确定项目的影响时，要根据项目的规模、范围和项目预期，确定合理的绩效评价指标。影响可能仅仅是在社会、经济、环境、政策等方面的某一方面和某些方面直接或间接的影响，根据项目的规模和范围，尽量做到具体、合理、不空乏。对宏观因素的影响必然存在对宏观指标是否符合预期假设，可从宏观指标是否符合预期假设这一方向对绩效指标进行选取；也可对比同时期、同类型、不同地点项目的相关情况，选取合适的绩效评价指标。

（三）从现有资源中选取绩效评价指标的步骤

1. 了解现有资源

了解现有资源，列出可用的数据来源，包括国家或地方相关法律、规章、制度，同类项目支出的相关案卷文献或科研成果等，如财政部关于印发《预算绩效管理工作规划（2012—2015）》的通知（财预〔2012〕396号）、财政部关于印发《预算绩效评价共性指标体系框架》的通知（财预〔2013〕53号）、G省财政厅关于印发《G省预算绩效评价指标体系的函》等相关法律规章文件中涉及绩效评价指标体系的相关资料或内容，包括绩效评价共性指标体系框架和绩效评价个性指标体系框架等。

2. 选取合适的指标

从现有的资源中，找出相关文件中共性指标体系框架和个性指标体系框架，根据项目实际和项目评价关注点，选取合适的共性指标，同时选取合适的个性指标。

3. 补充设计个性指标

结合项目实际,对选取的共性指标和个性指标进行补充设计。根据项目实际、项目评价侧重点和项目评价关注点,增设个性指标。

4. 调整绩效评价指标体系

在绩效评价实施过程中,对某些数据难以收集和评判的指标予以调整,可以通过替代或删除的方式,对此类指标用另一同类指标代替或直接删除,选取另外合适的指标进行评价;若项目实施过程中发生项目计划更改、外部环境变化等情况时,可以适当对预算评价指标体系进行修订。

第二节 项目支出绩效评价指标体系构建

一、构建项目支出绩效评价指标体系模型

(一)按照项目管理流程维度的绩效评价指标体系

项目资金绩效评价指标体系的设计是从资金流的角度入手,按照项目资金使用与管理的流程,分为立项阶段、实施与验收阶段、结果评价阶段、修正阶段,分析各评价指标之间的逻辑关系、综合设计。

1. 立项阶段

立项阶段主要针对项目申请时项目论证的科学性、项目批复程序的规范性、项目绩效目标设计的准确性、项目资金申请的合规性等定性指标进行分析评价,同时,也对财政部门对项目资金审核的合理性、资金拨付的及时性等进行分析评价。例如,项目立项规范性、目标设计合理性、资金拨付及时性、资金到位率等定性指标与定量指标相结合的方式进行综合评价。

2. 实施与验收阶段

实施与验收阶段主要涉及:资金运行、过程控制、管理责任、验收等四个大的方面。资金运行,侧重于项目资金的到位、落实情况,项目资金的管理情况;过程控制,侧重于评价项目资金的过程管理控制,包括资金核算、制度执行等;管理责任,侧重于评价项目资金所在部门、单位的管理者、项目负责人在项目实施中所应尽到的法定管理责任;项目验收,侧重评价项目验收的严谨性、有效性。例如,管理制度健全性、制度执行有效性、项目质量可控性等,采用定性指标进行分析评价。

3. 结果评价阶段

结果评价阶段是根据项目资金运行流程进行绩效评价,该阶段是项目实施的结果反映阶段,在设计指标时主要包括项目产出、项目实施后所产生的经济效益、社会效益、生态

效益以及项目实施的满意度、可持续影响等。例如，在项目实际完成率、质量达标率、项目实施后，通过对经济、社会、生态所带来的直接或间接影响等定性指标与定量指标相结合的方式进行综合评价。

4.修正阶段

绩效评价指标体系再完备，也不可能涵盖所有性质不同、用途不同的项目所需的评价指标。该阶段主要从经济性、社会性两个方面对项目资金绩效评价指标体系进行更加科学、合理的修正，体现出某个项目的内在特质，从而可以增设一些三级指标的具体内容。

依照项目资金运行流程进行绩效评价，能够更加直观地反映项目资金的流向。该体系根据项目资金的时间轴划分为4个一级指标，下设二级、三级指标，可根据项目的具体特性进行适当的指标修正、删减或增设，对项目实施单位、部门以及项目负责人起到重点项目实施过程控制的引导作用。将资金拨付、验收两个节点作为评价点进行评价，可以促进项目资金及时拨付、项目负责人重视项目验收工作。同时，在项目结果的社会效益评价中加入项目区实施的满意度评价和项目单位、部门管理人与项目负责人的责任评价，增强了管理者实施项目活动时的公众、责任意识。

（二）按照项目产出绩效维度的绩效评价指标体系

一般来说，从项目的产出绩效维度设计的绩效评价指标体系主要包括以下三个方面的内容：一是项目管理绩效情况；二是项目资金投入和使用绩效情况；三是项目产出绩效情况。依据项目内容设立绩效评价指标体系遵循了绩效评价指标设计的实用性和有效性。

项目管理绩效指标，反映项目的立项管理和完成情况，具体设计包括目标设定情况、项目完成程度和项目管理水平三个二级指标。评价项目的管理效益，包括资金使用管理成效、项目进度管理成效等，具体到项目资金到位率、专项资金配套率、资金到位及时性等评价指标；还涉及是否擅自调整项目批复建设内容、是否擅自调整财政补助资金使用计划、是否专款专用和存在挪用移用现象、项目计划投资完成率、项目计划完成率等。

项目资金投入和使用绩效指标，反映项目的资金投入和使用绩效，具体包括资金落实情况、实际支出情况、财务管理情况和资产配置与使用四个二级指标。

项目产出绩效指标，反映项目的产出效益情况，具体包括经济效益指标、社会效益指标、生态效益指标和公众满意度等二级指标，如表6-1所示：

表 6-1　项目绩效评价指标体系——按照项目产出绩效维度

一级指标	二级指标	三级指标
项目管理	目标设定情况	依据的充分性
		目标的明确度
	项目完成程度	项目计划处设内容完成率
		完成的相符性
		项目完成质量
		项目建设内容合规性
	组织管理水平	管理组织和专职人员
		管理制度保障
		项目档案
资金投入和使用	资金落实情况	财政资金到位率
		财政资金到位及时性
		自筹资金到位率
		自筹资金到位及时性
	实际支出情况	资金使用率
		专项资金支出的合规性
		专项资金支出的相符性
		专款专用情况
	财务管理状况	制度的健全性
		管理的有效性
		会计信息质量
	资产配置与使用	资产管理制度健全性
		资产管理制度有效性
		资产利用率
		项目设施的使用维护情况
产出	经济效益	项目实际财务内部收益率，项目实际税后利润，可研报告测算的财务内部收益率，可研报告测算的税后利润，年均收入（参考），年均上缴各项税收（参考）
	社会效益	扶贫效果（参考）
		就业效果（参考）
	生态环境	资源消耗降低率
		生态环境保护率、生态环境修复率
	公众满意度	对项目实施后结果满意率

案例分析：

案例一　一事一议财政奖补项目绩效评价指标体系

以 C 市 B 区村级公益事业建设一事一议财政奖补项目为实例，通过构建与项目实际情况相适应的绩效评价指标体系，阐述项目支出绩效评价指标体系的构建。

（一）项目基本情况介绍

村级公益事业建设一事一议财政奖补政策是党中央、国务院确定的重大惠民政策，在改善农民生产生活条件、推进社会主义新农村建设、促进农村社会管理创新和基层民主政治建设等方面具有重要意义，全面贯彻落实村级公益事业建设一事一议财政奖补政策，规范村级公益事业建设一事一议财政奖补资金管理，切实提高资金使用效益，推进村级公益事业建设进程。

为进一步加强村级公益事业一事一议财政奖补项目资金管理和项目管理，建立健全激励和约束机制，全面提升村级公益事业一事一议财政奖补项目管理水平，根据相关文件，通过改善农村基础建设条件，改善农村生活水平和村容村貌，提高村民生活质量。

（二）C市B区一事一议项目绩效评价指标体系的构建

根据财预〔2013〕53号文，在该项目的绩效评价共性指标的选取方面，结合项目特点和评价关注点，笔者选取或设计了以下四类指标：

1. 投入类指标。主要用于反映财政部门提供服务所投入的人力、物力和财力的变量，主要涉及"项目前期""项目立项""资金落实"三类指标的评价。在该项目中我们选取政策宣传、项目决策科学性、项目立项规范性等指标来反映项目管理情况；选取财政资金、自筹资金到位率和到位及时性等来反映资金的落实情况。

2. 过程类指标。主要反映在提供公共服务的过程中，对项目管理和资金管理的情况、对质量的控制和对预算制度的执行情况，主要涉及"项目管理"和"财务管理"两类指标。在建立指标时，根据项目特点，选取或设计组织机构、管理制度、项目运行、管护落实、项目档案和项目监督等指标来反映项目管理情况；选取或设计财务制度健全性、资金使用、资金报账等指标来反映项目资金管理情况。

3. 产出类指标。用于反映公共部门提供的产品或服务的数量或完成的工作量等变量，主要用产出的质量、产出的数量等指标来反映目标的实际完成情况。用工程建设内容完成率来反映数量指标，用质量达标率、渠道排水达标率、道路通达度等指标来衡量项目产出质量，用任务完成及时性来反映项目时效性，用成本控制率来反映项目成本情况。

4. 效果类指标。用以反映项目实施效果情况，主要涉及经济效益、社会效益、可持续影响和满意度指标。用收入增长来反映社会效益指标，用受益人数、村容村貌、生活质量和安全隐患来反映社会效益指标，用长效作用来反映可持续影响指标，用受益乡村满意度和受益农户满意度来反映满意度指标。

第三节　部门整体支出绩效评价指标体系构建

一、部门整体支出绩效评价指标体系

对部门整体预算支出评价是对预算部门资金配置、执行与决算绩效的评价，旨在提高财政资金使用效益的绩效管理手段，也是推进管理中心下移机制、强化预算管理的重要内容。对部门整体支出绩效评价指标体系的初设是基于预算管理的客观现实，以预算绩效度为总目标，以预算配置、执行与决算绩效为分目标，在遵循科学性、可比性与可行性等基本原则的基础上构建评价指标的递阶层次体系。

（一）预算配置（编制）的绩效评价指标体系

预算编制明确了预算编制应该遵循合法性、真实性、完整性、科学性、稳妥性、重点性、透明性和绩效性原则，实质上是从编制合规、信息真实、项目完整、体系合理、收支平衡、保障重点等方面对预算编制提出的要求。依此，首先，将预算配置绩效分解为收入预算配置、支出预算配置以及收支预算保障绩效，体现了合法性、完整性以及稳妥性原则，收支预算配置合理、保障得当代表了相对良好的预算配置绩效状态。其次，考虑影响收支预算配置绩效的规模、结构与变动因素。规模因素表明了当年预算编制的水平，贯彻了透明性原则；结构因素反映了预算收支结构的稳妥程度；变动因素评价了预算的发展能力，侧面表达了事业发展的成效。最后，将收支预算保障绩效细化为收支平衡与收支保障两类因素，实现科学性与重点性原则的量化。前者考核预算编制是否量入为出，收支平衡；后者衡量预算编制是否率先保障基本支出，后安排项目支出；先重点、急需项目，后一般项目。

影响收入预算配置绩效的规模、结构与变动因素指标均围绕人均预算收入、财政拨款和自筹经费预算数展开。人均预算收入与变动率既反映了预算整体水平，又蕴含了对预算单位事业发展能力的认可程度；财政拨款和自筹经费比重以及变动率则是对多渠道筹集资金能力的考核。支出配置绩效的评价按照支出预算类别细化，人均预算支出、基本支出（人员支出与公用支出）、项目支出的规模与变动指标是从总量和分量角度衡量的支出预算水平，也是贯彻"增收节支"绩效理念的外延。基本支出预算比重考核预算编制是否首先确保基本支出，人员支出与项目支出比重评价基本支出和项目支出预算优先安排人员支出的水平。收支预算保障绩效主要是考虑收支平衡与配比因素，前者由预算收支平衡率和结余率组成，旨在评价预算编制是否做到收支平衡，有所结余；后者涵盖基本支出、项目支出保障率，用于考核财政拨款预算对基本支出、项目支出的保障程度，也有助于在预算执行过程中把握组织收入与节约支出的重点。

（二）预算执行的绩效评价指标

预算执行作为预算配置指标的落实过程，包括收入预算组织、支出预算控制与预算调整三方面核心内容，收入落实得力、支出控制有度、预算调整合理代表了预算执行绩效的良好状态。收入预算组织评价预算单位落实预算收入能力，考虑规模与结构因素设置预算完成率及财政拨款预算完成率与自筹经费预算完成指标，分别考核整体预算落实、获取财政拨款能力以及自筹经费到位情况。支出预算控制主要衡量预算单位适度节支能力，同样基于规模与结构因素设置支出预算完成率、基本支出、项目支出预算完成率，分别评价支出总量与分量的适度节支情况。预算调整绩效则是对预算严肃性的反映，预算经审核除非发生不可预见重大情况方可调整，调整次数越多、调整数额越大说明预算的预见性较差，管理绩效较低。

（三）预算决算绩效评价指标

预算决算作为预算管理流程终结阶段的评价，一方面，应该结合预算决算阶段特征，保持与预算配置、执行评价的逻辑对应关系；另一方面，必须基于预算单位事业性质考虑预算决算绩效的表现形式，设计客观科学的反映预算成果的指标体系。因此，选取收入、支出与收支保障绩效考核预算决算情况。

从规模和结构变动因素角度出发，设置人均执行收入变动率、财政与自筹经费变动率评价实际收入的发展趋势，这也是提高事业发展绩效的有力保障。支出绩效的衡量则通过人均执行支出变动率、基本支出与项目支出变动率体现，能否将实际支出数稳定控制在可接受的水平同样是预算管理绩效的客观表现形式。与预算配置与执行评价类似，收支保障绩效同样从收支平衡和收支保障角度构建执行收支平衡率与结余率，基本支出、项目支出保障率考察预算效果；通过对预算配置与执行阶段指标数值的纵向比较，实现全过程的预算绩效管理，为未来预算年度提供改进经验。

此外，根据财务绩效是基础、事业绩效是外延的逻辑思维规划相应的评价指标。财务绩效分解为筹资能力、偿债能力与资金能力。筹资能力下设自筹收入、拨款收入、贷款收入以及自筹基建资金比率指标，评价预算单位多方位筹措资金的绩效；偿债能力下设资产负债率与流动比率指标，考核预算单位短期与长期偿债能力；资金能力借助可动用自有资金净额、可临时周转货币资金两个绝对数指标反映，衡量预算单位资金结余满足流动性支付的需要。事业绩效作为预算产出评价的重要内容，必须与预算单位的公共服务性质相挂钩，对其事业绩效的评价理应综合考虑经济和社会效益。经济与社会效益指标的设计从属于预算单位的事业属性，事业属性差异化随之带来指标的特性化问题，这部分指标需要结合预算单位事业特点规划。

案例分析：
案例二　B市财政预算整体支出绩效评价指标体系的构建

（一）投入

投入评价主要是关于预算编制评价和专业安排的评价。

1. 组织工作

重点关注对部门组织队伍、中长期规划、智库建设等基础工作的评价，反映部门绩效管理整体推进情况、保障程度和重视程度。

2. 预算编制

通过对部门年度预算编制程序是否与相关要求相符合，编制是否完整、明确的评价，反映部门落实财政部门项目绩效目标编制、申报要求的真实情况。

3. 基本支出

评价的主要内容是财政供养人员经费和公用经费的支出、变动情况。

4. 项目支出

以预算支出中的一般公共服务支出、教育、社会保障和就业、医疗卫生与计划生育、交通运输、农林水、城乡社区、科学技术等九项重点支出的变动情况为评价内容，反映项目实施的整体资金保障情况。

（二）过程

1. 预算执行

对于预算执行情况的评价，包含财政总收入、税收收入、非税收入、财政总支出、基本支出、项目支出的实际完成情况，税收收入与非税收入的比值、结转结余情况、结转结余率的变动情况，需要通过相应指标来反映评价预算的完成比率。

2. 预决算信息公开

针对预算信息的相关内容、决算信息的相关内容等进行评价。

3. 资金使用

着重评价资金使用合规性、资金监管办法。资金使用合规性是指预算执行过程中的执行行为符合国家财经法规和财务管理制度以及有关专项资金管理办法的规定；资金监管是指存在相应的财务监控机制、资金监管办法，需要相应指标对此进行反映和衡量，解决资金在使用过程中的相关问题。

4. 资金管理

包括项目财务管理制度以及有关专项资金管理办法、公用经费管理办法、结余资金管理办法的规定。

（三）效益

资金管理着重于产生的项目效益，包括经济效益、社会效益、生态效益和可持续影响四个方面，需要相应指标来分别衡量项目对经济、社会、生态的影响以及长期发展产生的效果。

第七章　财务管理总论

案例引入

天桥商场停业风波

2019年11月18日下午,北京某商场里面闹哄哄的,商场大门也挂上了"停止营业"的牌子。11月19日,很多顾客惊讶地发现,天桥商场在大周末居然没开门。据一位售货员模样的人说:商场管理层年底要和我们终止合同,我们就不给他们干活了。员工不仅不让商场开门营业,还把商场变成了群情激愤的论坛。

2019年11月18日至12月2日,对北京天桥北大青鸟科技股份有限公司管理层和广大员工来说,是黑色的15天。在这15天里,商场经历了46年来第一次大规模裁员,在这15天里,283名员工采取了静坐等非常手段;在这15天里,商场破天荒被迫停业8天之久;在这15天里,公司管理层经受了职业道德与人道主义的考验,做出了在改革的道路上是前进还是后退的抉择。

经过有关部门的努力,对面临失业职工的安抚有了最为实际的举措,公司董事会开会决定,同意给予终止合同职工适当的经济补助,并同意参照解除劳动合同的相关规定,对283名终止合同的职工给予人均1万元、共计300万元的一次性经济补助。这场风波引起了市场各方面的高度关注,折射了中国经济社会新旧体制交替过程中不可避免的大冲撞。

结合案例,请思考:(1)财务管理的目标有哪几种典型代表?(2)该案例对公司制定财务目标有什么启示?

第一节　财务管理概述

一、财务管理的概念和特点

(一)财务管理的概念

财务管理是在一定的整体目标下,关于资产的购置(投资)、资本的融通(筹资)和经营中现金流量(营运资金)以及利润分配的管理。财务管理是企业管理的一个组成部分;是根据财经法规制度,按照财务管理的原则,组织企业财务活动,处理财务关系的一项经济管理工作。所谓企业的财务活动,就是企业再生产过程中的资金运动。所谓企业的财务关系，就是由企业的资金运动形成的企业与其他各个经济主体的经济利益关系。

（二）财务管理的特点

1. 涉及面广

首先，就企业内部而言，财务管理活动涉及企业生产、供应、销售等环节，企业内部各个部门与资金不发生联系的现象是不存在的。每个部门都在合理使用资金、节约资金支出、提高资金使用率上接受财务人员的指导，受到财务管理部门的监督和约束。同时，财务管理部门本身为企业生产管理、营销管理、质量管理、人力物资管理等活动提供及时、准确、完整、连续的基础资料。其次，现代企业的财务管理也涉及企业外部的各种关系。在市场经济条件下，企业在市场上进行融资、投资以及收益分配的过程中与各种利益主体发生着千丝万缕的联系，主要包括企业与其股东之间、企业与其债权人之间、企业与政府之间、企业与金融机构之间、企业与其供应商之间、企业与其客户之间及企业与其内部职工之间等。

2. 综合性强

现代企业制度下的企业管理是一个由生产管理、营销管理、质量管理、技术管理、设备管理、人事管理、财务管理、物资管理等子系统构成的复杂系统。诚然，其他管理都是从某一个方面并大多采用实物计量的方法，对企业在生产经营活动中的某一个部分实施组织、协调、控制，所产生的管理效果只能对企业生产经营的局部起到制约作用，不可能对整个企业的营运实施管理。财务管理则不同，作为一种价值管理，它包括筹资管理、投资管理、权益分配管理、成本管理等，是一项综合性强的经济管理活动。正因为是价值管理，所以财务管理可以通过资金的收付及流动的价值形态，及时、全面地反映商品物资运行状况，并可以通过价值管理形态进行商品管理。也就是说，财务管理渗透在全部经营活动中，涉及生产、供应、销售每个环节和人、财、物各个要素。所以，抓企业内部管理一般以财务管理为突破口，通过价值管理来协调、促进、控制企业的生产经营活动。

3. 灵敏度高

在现代企业制度下，企业成为面向市场的独立法人实体和市场竞争主体。企业经营管理目标为经济效益最大化，这是由现代企业制度要求投入资本实现保值增值决定的，也是由社会主义现代化建设的根本要求决定的。因为，企业要生存，必须能以收抵支、到期偿债；企业要发展，必须扩大收入。收入增加意味着人、财、物相应增加，都将以资金流动的形式在企业财务上得到全面的反映，并对财务指标的完成产生重大影响。因此，财务管理是一切管理的基础，是管理的中心。抓好财务管理就是抓住了企业管理的"牛鼻子"，管理也就落到了实处。

二、财务管理的内容

公司的基本活动可以分为投资、筹资、营运和利润分配四个方面，对于生产企业而言，还需进行有关生产成本的管理与控制。从财务管理角度看，投资可以分为长期投资和短期投资，筹资也可以分为长期筹资和短期筹资。由于短期投资、短期筹资和营业现金流管理有着密切关系，故通常合并在一起讨论，称为营运资金管理。因此，本书把财务管理的内容分为投资管理、筹资管理、营运资金管理和利润分配管理四个部分。

（一）投资管理

投资是企业生存、发展及进一步获取利润的基本前提。企业筹集到资金后，必须将其投入使用，以谋求良好的经济效益。在进行投资管理活动时，企业必须考虑投资规模，同时必须通过投资方向和投资方式的选择来确定合适的投资结构，提高投资效益，降低投资风险。不同的投资项目，对企业价值和财务风险的影响程度不同。企业的投资，有对内投资和对外投资之分。对内投资是指企业把筹集到的资金用于本企业的资产上，如购置固定资产、无形资产等；对外投资是指企业把筹集到的资金用于购买股票、债券和出资新组建公司或与其他企业联营等项目，以期在未来获得投资收益的经济行为。如果投资决策不科学、投资结构不合理，那么投资项目往往不能达到预期效益，进而影响企业盈利水平和偿债能力。投资决策的正确与否，直接关系着企业的兴衰成败，因此，要做好科学投资管理。

（二）筹资管理

企业要根据其生产经营、发展战略、投资和资本结构等的需要，通过筹资渠道和资本市场，运用筹资方式，依法、经济有效地筹集企业所需资金，进行筹资管理。无论是建立新企业，还是经营现有企业，都需要筹措一定数量的资金。在进行筹资活动时，一方面，企业要科学预测筹资的总规模，以保证所需资金；另一方面，要通过筹资渠道和筹资方式的选择，确定合理的筹资结构，以降低资金成本、增加公司的利益、控制相关的风险。筹资管理是企业财务管理的一项重要内容。

（三）营运资金管理

企业在日常的生产经营活动中，会发生一系列流动资产和流动负债资金的收付。企业的营运资金在全部资金中占有较大的比重，是企业财务管理工作的一项重要内容。其主要涉及现金持有计划的确定，应收账款的信用标准、信用条件和收款政策的确定，存货周期、存货数量、订货计划的确定，短期借款计划、商业信用筹资计划的确定等。如何节约资金成本，提高资金使用效率，进行流动资产的投融资，以及如何管理流动负债都需要企业提前做好规划。

（四）利润分配管理

利润分配管理是对企业利润分配活动及其形成的财务关系的组织与调节，是企业进行销售预测和定价管理，并将一定时期内所创造的经营成果合理地在企业内、外部各利益相关者之间进行有效分配的过程。利润反映的是企业经济利益的来源，而分配反映的是企业经济利益的去向，二者共同构成企业经济利益流动的完整链条。收入的初次分配是对成本费用的弥补，这一过程随着再生产的进行而自然完成，利润分配则是对收入初次分配的结果进行再分配。根据投资者的意愿和企业生产经营的需要，企业实现的净利润既可以作为投资收益分配给投资者，也可以暂时留存企业形成未分配利润，或者作为投资者的追加投资。企业的财务人员要合理确定分配的规模和结构，以确保企业取得最大的长期利益。

企业财务管理的上述四部分内容是相互联系、相互制约的。筹资是基础，离开企业生产经营所需的筹措资金，企业就不能生存与发展，而且公司筹资数量制约着公司投资的规模。企业所筹措的资金只有有效地投放出去，才能实现筹资的目的，并不断增值与发展，而且投资反过来又决定了企业需要筹资的规模和时间。投资和筹资的成果都需要依赖资金的营运实现，投资和筹资在一定程度上决定了公司日常经营活动的特点和方式，但企业日常活动还需要对营运资金进行合理的管理与控制，以努力提高营运资金的使用效率与效果。利润分配影响着投资、筹资和营运资金的各个方面，利润分配的来源是企业上述各方面共同作用的结果，同时会对上述各方面产生反作用。因此，投资管理、筹资管理、营运资金管理和利润分配管理都是企业价值创造的必要环节，是保障企业健康发展、实现可持续增长的重要内容。

三、企业财务关系

企业财务关系是指企业在组织财务活动过程中与各有关方面发生的经济利益关系。企业的投资、筹资、营运、利润分配等管理活动与企业内部和外部的方方面面都有着广泛的联系。企业的财务关系可有以下几个方面。

（一）企业与投资者之间的财务关系

企业与投资者之间的财务关系主要是指企业的投资者向企业投入资金，企业向其投资者支付投资报酬所形成的经济关系，是最根本的财务关系。企业的投资者主要有国家、法人、个人和境外投资者。企业的投资者按照投资合同、协议、章程的约定履行出资义务；而企业利用投资者出资经营并实现利润后，按照出资比例、合同、章程的约定向投资者分配利润。企业同其所有者之间的财务关系体现着所有权的性质，反映着经营权和所有权的关系。

（二）企业与债权人之间的财务关系

企业与债权人之间的财务关系主要是指企业向债权人借入资金，并按借款合同的规定按时支付利息和归还本金所形成的经济关系。企业除利用自有资本进行经营活动外，还要借入一定数量的资金，以降低企业资金成本，扩大企业经营规模。企业的债权人主要有债券持有人、贷款机构、商业信用提供者、其他出借资金给企业的单位和个人。企业占用债权人资金后，要按约定的利息率及时间向债权人支付利息。债务到期时，要按时向债权人归还本金。企业与债权人之间的财务关系是体现债权性质的债务与债权关系。

（三）企业与被投资单位之间的财务关系

企业与被投资单位之间的财务关系主要是指在企业经营规模和经营范围不断扩大后，企业以购买股票或直接投资的形式向其他企业投资所形成的经济关系。企业向其他单位投资，应按照约定履行出资义务，参与被投资单位的利润分配。企业与被投资单位之间的关系体现的是所有权性质的投资与受资关系。

（四）企业与债务人之间的财务关系

企业与债务人之间的财务关系是指企业将其资金以购买债券、提供借款或商业信用等形式出借给其他单位所形成的经济关系。企业将资金借出后，有权要求其债务人按约定的条件支付利息和归还本金。企业与债务人之间的关系体现的是债权债务关系。

（五）企业与往来单位之间的财务关系

企业与往来单位之间的财务关系主要体现在企业与供应商、客户由于购买商品、销售产品、提供劳务等而发生的经济交往所形成的经济关系。该类经济关系主要涉及业务往来中的收支结算，要及时收付款项，以免相互占用资金。企业与往来单位之间的财务关系体现的是购销合同义务关系，在性质上属于债权债务关系。

（六）企业内部各单位之间的财务关系

企业内部各单位之间的财务关系主要是指企业内部各单位之间在生产经营各环节相互提供产品或劳务所形成的经济关系。在实行内部责任核算制度的条件下，企业供、产、销各部门以及各生产经营单位之间，相互提供产品和劳务要确定内部转移价格，进行计价结算，因而形成了企业内部的资金结算关系。

（七）企业与员工之间的财务关系

企业与员工之间的财务关系主要指企业在向职工支付劳动报酬的过程中形成的经济关系。企业要用自身的产品销售收入，向职工支付工资、津贴、奖金等，按照提供的劳务数量和质量支付职工的劳动报酬。这种企业与职工之间的财务关系，体现了职工和企业在劳动成果上的分配关系。

（八）企业与政府之间的财务关系

企业与政府之间的财务关系主要体现为税收法律关系。政府作为社会的管理者，需要相当的财政收入作为保障。因此，企业应根据《中华人民共和国税法》（以下简称《税法》）的规定，向中央和地方政府交纳各种税款。同时，政府有义务为企业提供必要的社会服务和良好的经营环境。企业与政府之间的财务关系是一种依法纳税和提供基础服务的关系。

第二节　财务管理的目标与相关者利益协调

一、财务管理的目标

财务管理的目标又称理财目标,是指企业进行财务活动所要达到的最终目的。一般而言,企业的目标就是创造财富(或价值),企业财务管理的目标就是为实现企业创造财富(或价值)这一目标服务。鉴于财务活动直接从价值方面反映企业的商品或者服务提供过程,因而财务管理可为企业的价值创造发挥重要作用。企业财务管理目标有以下几种具有代表性的理论。

(一)利润最大化

利润最大化就是假定企业财务管理以实现利润最大化为目标。以利润最大化作为财务管理目标,主要原因有三:一是人类从事生产经营活动的目的是创造更多的剩余产品,在市场经济条件下,剩余产品的多少可以用利润这个指标来衡量;二是在自由竞争的资本市场中,资本的使用权最终属于获利最多的企业;三是只有每个企业都最大限度地创造利润,整个社会的财富才可能实现最大化,从而带来社会的进步和发展。

这种观点认为,利润是衡量企业经营成果的标志,代表了企业新创造的财富。利润越多说明企业的财富增加得越多,越接近企业的目标。

利润最大化目标的主要优点是,企业追求利润最大化,就必须进行经济核算、加强管理、改进技术、提高劳动生产率、降低产品成本。这些措施都有利于企业资源的合理配置,有利于企业整体经济效益的提高。

但是,以利润最大化作为财务管理目标存在以下缺陷:

1. 没有考虑利润实现时间和资金时间价值。例如,今年100万元的利润和10年以后同等数量的利润的实际价值是不一样的,10年间还会有时间价值的增加,而且这一数值会随着贴现率的不同而有所不同。

2. 没有考虑风险问题。不同行业具有不同的风险,同等利润值在不同行业中的意义也不相同。例如,同样投入500万元,本年获利100万元,一家公司的获利全部转化为现金,另一家公司的获利则全为应收账款,并可能发生坏账损失。如果盲目追求利润最大化则可能导致企业规模的无限扩张,进而带来更大的财务风险。

3. 没有反映创造的利润与投入资本之间的关系。例如,项目A和项目B为企业带来的利润都是100万元,但是项目A需要投入1 000万元,项目B需要投入1 500万元。如果不考虑投入资本,企业就无法做出正确判断。因而,利润最大化的观点不能科学地说明企业经济效益水平的高低,不便于不同资本规模的企业之间或同一企业不同时期之间的比较。

4.可能导致企业短期财务决策倾向，进而影响企业长远发展。由于利润指标通常按年计算，因此企业决策往往会服务于年度指标的完成或实现，而忽视产品开发、人才开发、生产安全等方面的发展，结果可能使企业后力枯竭，最终走向"死亡"。

利润最大化的另一种表现方式是每股收益最大化。每股收益是指企业净利润与普通股股数的比率。每股收益最大化的观点认为，应当把企业的利润和股东投入的资本联系起来考察，用每股收益来反映企业的财务目标。

这种观点把企业实现的利润额同投入的资本进行对比，能够说明企业的盈利水平，可在不同资本规模的企业或同一企业的不同时期之间进行比较，揭示其盈利水平的差异。因此，可以克服"利润最大化"目标的局限性。

除了反映所创造利润与投入资本之间的关系外，每股收益最大化与利润最大化目标的缺陷基本相同。其仍然没有考虑每股收益取得的时间，也没有考虑每股收益的风险，难以避免企业的短期行为。

但如果假设风险相同、每股收益时间相同，那么每股收益的最大化也是衡量公司业绩的一个重要指标。事实上，许多投资人都把每股收益作为评价公司业绩的重要标准之一。

（二）股东财富最大化

这种观点认为，股东创办企业、有效经营的目的就是获得更多的财富，因此财务管理的基本目标是增加股东财富。

其理论依据是股东创办公司的目的是增加财富。如果企业不能为股东创造价值，股东就不会为企业提供资本。没有了权益资本，企业也就不复存在了。

对于上市公司，股东财富可以用股东权益的市场价值来衡量。股东财富的增加可以用股东权益的市场价值与股东投资资本的差额来衡量，它被称为"股东权益的市场增加值"。此观点所指的股东财富最大化就是指股东权益的市场增加值而非股东权益的市场价值，因为权益的增加值才是企业为股东创造的价值。

与利润最大化相比，股东财富最大化的主要优点是：

1.考虑了货币时间价值和风险因素。股价反映投资者对公司未来经营成果和经营状况的预期，股价高低体现了投资者对公司价值的客观评价。股价受企业利润水平、经营风险、未来发展前景等因素的影响。如果股东对企业未来的经营状况和经营成果抱有良好的预期，则股价会上涨；反之，则股价会下跌。

2.在一定程度上能避免企业短期行为，因为不仅目前的利润会影响股价，预期未来的利润同样会对股价产生重要影响。

3.对于上市公司而言，股东财富最大化目标比较容易量化，便于考核和奖惩。

以股东财富最大化为财务管理目标也存在以下缺点：

1.通常只适用于上市公司，非上市公司难以应用，因为非上市公司无法像上市公司一样随时准确获得公司股价。

2. 股价受众多因素影响，特别是企业外部的因素，有些还可能是非正常因素。股价不能完全准确反映企业财务管理状况。如有的上市公司处于破产的边缘，但由于可能存在某些机会，其股票市价可能还在走高。

（三）企业价值最大化

企业价值最大化是指企业财务管理行为以实现企业的价值最大为目标。企业价值可以理解为企业所有者权益和债权人权益的市场价值，或者是企业所能创造的预计未来现金流量的现值。未来现金流量这一概念，包含了资金的时间价值和风险价值两个方面的因素，因为未来现金流量的预测包含了不确定性和风险因素，而现金流量的现值是以资金的时间价值为基础对现金流量进行折现计算得出的。

企业价值最大化目标要求企业通过采用最优的财务政策，充分考虑资金的时间价值和风险与报酬的关系，在保证企业长期稳定发展的基础上使企业总价值达到最大。

以企业价值最大化为财务管理目标，具有以下优点：

1. 考虑了时间价值和风险因素。投资者在评价企业价值时，计算的是未来自由现金流量的现值之和，考虑了资金的时间价值。同时，自由现金流量的估算是按可能实现的概率进行计算，考虑了风险因素。该目标有利于统筹安排长短规划、合理选择投资方案、有效筹措资金、合理制定股利政策等。

2. 兼顾了股东以外的其他利益相关者的利益。企业价值最大化不仅考虑了股东的利益，还考虑了债权人、经理层、一线职工的利益。

3. 企业价值最大化目标能克服企业在追求利润上的短期行为。将企业长期、稳定的发展和持续的获利能力放在首位，因为不仅过去和目前的利润会影响企业的价值，而且预期未来利润的多少对企业价值的影响更大。

4. 有利于社会资源的合理配置。社会资金通常流向企业价值最大化的企业或行业，淘汰经营不善的企业。因此，有利于实现社会效益最大化。

但是，以企业价值最大化为财务管理目标过于理论化，不易操作。如自由现金流量和折现率的预计很难，预计的时间越长，误差就越大，很难准确估算出企业的价值。对于非上市公司，只有对企业进行专门的评估才能确定其价值，而在评估企业的资产时，由于受评估标准和评估方式的影响，很难做到客观和准确。

（四）相关者利益最大化

在现代企业是多边契约关系的总和的前提下，要确立科学的财务管理目标，需要考虑哪些利益关系会对企业发展产生影响。在市场经济中，企业的理财主体更加细化和多元化。股东作为企业所有者，在企业中拥有最高的权利，并承担着最大的义务和风险，但是债权人、员工、企业经营者、客户、供应商和政府也为企业承担着风险。因此，企业的利益相关者不仅包括股东，还包括债权人、企业经营者、客户、供应商、员工、政府等。在确定企业财务管理目标时，不能忽视这些相关利益群体的利益。

相关者利益最大化目标的具体内容包括以下几个方面：

1. 强调风险与报酬的均衡，将风险限制在企业可以承受的范围内。

2. 强调股东的首要地位，并强调企业与股东之间的协调关系。

3. 强调对代理人（企业经营者）的监督和控制，建立有效的激励机制以便企业战略目标的顺利实施。

4. 关心本企业普通职工的利益，创造优美和谐的工作环境并提供合理恰当的福利待遇，培养职工长期努力为企业工作。

5. 不断加强与债权人的关系，培养可靠的资金供应者。

6. 关心客户的长期利益，以便保持销售收入的长期稳定增长。

7. 加强与供应商的协作，共同面对市场竞争，并注重企业形象的宣传，遵守承诺，讲究信誉。

8. 保持与政府部门的良好关系。

以相关者利益最大化为财务管理目标，具有以下优点：

1. 有利于企业长期稳定发展。这一目标注重企业在发展过程中考虑并满足各利益相关者的利益关系。在追求长期稳定发展的过程中，站在企业的角度上进行投资研究，避免了只站在股东的角度进行投资可能导致的一系列问题。

2. 体现了合作共赢的价值理念，有利于实现企业经济效益和社会效益的统一。由于兼顾了企业、股东、政府、客户等的利益，因此企业不仅是一个单纯谋利的组织，还承担了一定的社会责任。

3. 这一目标本身是一个多元化、多层次的目标体系，较好地兼顾了各利益主体的利益。这一目标可使企业各利益主体相互作用、相互协调，并在使企业利益、股东利益达到最大化的同时，使其他利益相关者利益达到最大化。

4. 体现了前瞻性和现实性的统一。不同的利益相关者有各自的指标，只要合理合法、互利互惠、相互协调，就可以实现所有相关者利益最大化。

（五）各种财务管理目标之间的关系

上述各种财务管理目标，都以股东财富最大化为基础。因为，企业是市场经济的主要参与者，企业的创立和发展都必须以股东的投入为基础，离开了股东的投入，企业就不复存在；并且，在企业的日常经营过程中，作为所有者的股东在企业中承担着最大的义务和风险，相应也需享有最高的报酬，即股东财富最大化，否则就难以为市场经济的持续发展提供动力。

当然，以股东财富最大化为核心和基础，还应该考虑利益相关者的利益。各国公司法都规定，股东权益是剩余权益，只有满足了其他方面的利益之后才会有股东的利益。企业必须缴税、给职工发工资、给顾客提供他们满意的产品和服务，然后才能获得税后收益。可见，其他利益相关者的要求先于股东被满足，因此这种满足必须是有限度的。如果对其他利益相关者的要求不加限制，股东就不会有"剩余"了。除非股东确信投资会带来满意的回报，否则股东不会出资。没有股东财富最大化的目标，利润最大化、企业价值最大化以及相关者利益最大化的目标也就无法实现。因此，在强调公司承担应尽的社会责任的前提下，应当允许企业以股东财富最大化为目标。

二、相关者利益冲突与协调

与企业相关的主要利益相关者有股东、债权人、供应商、客户、员工、政府等，各利益相关者与公司之间既存在共同利益关系，也有冲突。而协调相关者的利益冲突，要把握的原则是：尽可能地使企业相关者的利益分配在数量上和时间上达到动态的协调平衡。而在所有的利益冲突协调中，所有者与经营者、股东与债权人的利益冲突与协调至关重要。

（一）所有者和经营者的利益冲突与协调

在现代企业中，经营者一般不拥有占支配地位的股权，他们只是所有者的代理人。所有者期望经营者代表他们的利益工作，实现所有者财富最大化；经营者则希望在创造财富的同时，能够获取更多的报酬、更多的享受，并且尽可能地避免风险。二者的目标经常会不一致。

因此，经营者有可能为了自身的利益而背离股东的利益，这种背离主要表现在两个方面。

1. 道德风险

道德风险指的是经营者为了自己的目标，而不尽最大努力去实现企业财务管理的目标，因为股价上涨的好处将归于股东。但是，若失败，他们的"身份"将下跌。他们不做错事，只是不十分卖力，以增加自己的闲暇时间。这种行为只是道德问题，不构成法律问题，股东很难追究他们的责任。

2. 逆向选择

逆向选择是指经营者为了自己的目标而背离股东的目标。例如，装修豪华的办公室、购置高档汽车、过高的在职消费等，这些行为都损害了股东的利益。

为了协调这两个方面的利益冲突，防止经营者背离自身的目标，股东通常采取以下方式解决。

1. 解聘

这是一种通过所有者来约束经营者的办法。所有者对经营者予以监督，如果经营者绩效不佳，就解聘经营者；经营者为了不被解聘就需要努力工作，为实现财务管理目标服务。

2. 接收

这是一种通过市场来约束经营者的办法。如果经营者决策失效、经营不力、绩效不佳，该企业就可能被其他企业强行接收或吞并，相应经营者也会被解聘。经营者为了避免这种接收，就必须努力实现财务管理目标。

3. 激励

激励就是将经营者的报酬与其绩效直接挂钩,以使经营者自觉采取能提高所有者财富的措施。激励通常有两种方式:

(1)股票期权。它是允许经营者以预先确定的条件来购买本企业一定数量股份的权利,当股票的市场价格高于约定价格时,经营者就会因此获取收益。经营者为了获得更大的股票涨价益处,就必然主动采取能够提高股价的行动,从而增加所有者财富。

(2)绩效股。它是企业运用每股收益、资产收益率等指标来评价经营者绩效,并视其绩效大小给予经营者数量不等的股票来作为报酬。如果经营者绩效未能达到规定目标,经营者将丧失原先持有的部分绩效股。这种方式不仅会使经营者为了多得绩效股而不断采取措施来提高经营绩效,也会使经营者采取各种措施来使股票市价稳定上升,从而使每股市价最大化,增加所有者财富。即使由于客观原因股价并未提高,经营者也会因为获取绩效股而获利。

(二)股东和债权人的利益冲突与协调

股东的目标可能与债权人期望实现的目标相矛盾。股东与债权人利益冲突的表现有:一是股东未经债权人同意,要求经营者投资于比债权人预计风险高的项目。这会增大偿债风险,债权人的负债价值也必然会降低,进而造成债权人风险与收益的不对等。因为高风险的项目一旦成功,额外的利润就会被所有者独享;若失败,债权人却要与所有者共同负担由此造成的损失。二是未经现有债权人同意,举借新债,致使原有债权的价值降低。原有债权价值下降的原因是发行新债后公司负债比率加大,公司破产的可能性增加。如果公司破产,那么原债权人和新债权人要共同分配破产后的财产,使原有债权的风险增加,价值下降。

为了防止利益被股东损害,债权人可以通过以下方式解决。

1. 限制性借债

债权人通过事先规定借债用途限制、借债担保条款和借债信用条件,使所有者不能通过以上两种方式来削弱债权人的债权价值。

2. 收回借款或停止借款

当债权人发现企业有侵蚀其债权价值的意图时,采取收回债权或不再给予新的借款的措施,从而保护自身权益。

三、企业的社会责任

企业的社会责任是指企业在谋求所有者或股东权益最大化之外所负有的维护和增进社会利益的义务。具体来说,企业社会责任主要包括以下内容。

(一)对员工的责任

企业除了向员工支付报酬的法律责任外,还负有为员工提供安全工作环境、职业教育等保障员工利益的责任。按《中华人民共和国公司法》（以下简称《公司法》）的规定，企业对员工承担的社会责任有：按时足额发放劳动报酬，并根据社会发展逐步提高工资水平；提供安全健康的工作环境，加强劳动保护，实现安全生产，积极预防职业病；建立公司职工的职业教育和岗位培训制度，不断提高职工的素质和能力；完善工会、职工董事和职工监事制度，培育良好的企业文化。

（二）对债权人的责任

债权人是企业的重要利益相关者，企业应依据合同的约定以及法律的规定对债权人承担相应的义务，保障债权人合法权益。这种义务既是公司的民事义务，也可视为公司应承担的社会责任。公司对债权人承担的社会责任主要有：按照法律、法规和公司章程的规定，真实、准确、完整、及时地披露公司信息；诚实守信，不滥用公司人格；主动偿债，不无故拖欠；确保交易安全，切实履行合法订立的合同。

（三）对消费者的责任

公司的价值实现，很大程度上取决于消费者的选择，企业理应重视对消费者承担的社会责任。企业对消费者承担的社会责任主要有：确保产品质量，保障消费安全；诚实守信，确保消费者的知情权；提供完善的售后服务，及时为消费者排忧解难。

（四）对社会公益的责任

企业对社会公益的责任主要涉及慈善、社区等。企业对慈善事业的社会责任是指承担扶贫济困和发展慈善事业的责任，表现为企业对不确定的社会群体（尤其指弱势群体）进行帮助。捐赠是其最主要的表现形式，受捐赠的对象主要有社会福利院、医疗服务机构、教育事业、贫困地区、特殊困难人群等。此外，还包括招聘残疾人、生活困难的人、缺乏就业竞争力的人到企业工作，以及举办与公司营业范围有关的各种公益性的社会教育宣传活动等。

（五）对环境和资源的责任

企业对环境和资源的社会责任可以概括为两大方面：一是承担可持续发展与节约资源的责任；二是承担保护环境和维护自然和谐的责任。

此外，企业还有义务和责任遵从政府的管理、接受政府的监督。企业要在政府的指引下合法经营、自觉履行法律规定的义务，同时尽可能地为政府献计献策、分担社会压力、支持政府的各项事业。

一般而言，对一个利润或投资报酬率处于较低水平的公司，在激烈竞争环境下，是难以承担额外增加其成本的社会责任的。而对于那些利润超常的公司，它们可以适当地承担且有的也确已承担一定的社会责任。因为对利润超常的公司来说，适当地从事一些社会公益活动，有助于提高公司的知名度，促进其业务活动的开展，进而使股价升高。但不管怎样，任何企业都无法长期单独地负担因承担社会责任而增加的成本。过分地强调社会责任而使企业价值减少，就可能导致整个社会资金运用的次优化，从而使社会经济发展步伐减缓。事实上，大多数社会责任都必须通过立法以强制的方式让每一个企业平均负担。然而，企业是社会的经济细胞，理应关注并自觉改善自身的生态环境，重视履行对员工、消费者、环境、社区等利益相关方的责任，重视其生产行为可能对未来环境的影响，特别是在员工健康与安全、废弃物处理、污染等方面应尽早采取相应的措施，以减少企业在这些方面可能会遭遇的各种困扰，从而有助于企业的可持续发展。

第三节 财务管理环节与原则

财务管理环节是企业财务管理的工作步骤与一般工作程序。一般而言，企业的财务管理包括以下内容。

一、财务管理环节

（一）计划与预算

1. 财务预测

财务预测是根据企业财务活动的历史资料，考虑现实的要求和条件，对企业未来的财务活动做出较为具体的预计和测算的过程。财务预测可以测算各项生产经营方案的经济效益，为决策提供可靠的依据；可以预计财务收支的发展变化情况，以确定经营目标；可以测算各项定额和标准，为编制计划、分解计划指标服务。

财务预测的方法主要有定性预测和定量预测两类。定性预测法，主要是利用直观材料，依靠个人的主观判断和综合分析能力，对事物未来的状况和趋势做出预测；定量预测法，主要是根据变量之间存在的数量关系建立数学模型来进行预测。

2. 财务计划

财务计划是根据企业整体战略目标和规划，结合财务预测的结果，对财务活动进行规划，并以指标形式落实到每一计划期间的过程。财务计划主要通过指标和表格，以货币形式反映在一定的计划期内企业生产经营活动所需要的资金及其来源、财务收入和支出、财务成果及其分配的情况。

确定财务计划指标的方法一般有平衡法、因素法、比例法和定额法等。

3. 财务预算

财务预算是根据财务战略、财务计划和各种预测信息，确定预算期内各种预算指标的过程。它是财务战略的具体化，是财务计划的分解和落实。

财务预算的编制方法通常包括固定预算与弹性预算、增量预算与零基预算及定期预算与滚动预算等。

（二）决策与控制

1. 财务决策

财务决策是指按照财务战略目标的总体要求，利用专门的方法对各种备选方案进行比较和分析，从中选出最佳方案的过程。财务决策是财务管理的核心，决策的成功与否直接关系着企业的兴衰成败。

财务决策的方法主要有两类：一类是经验判断法，是根据决策者的经验来判断选择，常用的方法有淘汰法、排队法和归类法等；另一类是定量分析方法，常用的方法有优选对比法、数学微分法、线性规划法和概率决策法等。

2. 财务控制

财务控制是指利用有关信息和特定手段，对企业的财务活动施加影响或调节，以便实现计划所规定的财务目标的过程。

财务控制的方法通常有前馈控制、过程控制和反馈控制，财务控制措施一般包括预算控制、运营分析控制和绩效考评控制等。

（三）分析与考核

1. 财务分析

财务分析是指根据企业财务报表等信息资料，采用专门方法，系统分析和评价企业财务状况、经营成果以及未来趋势的过程。

财务分析的方法通常有比较分析法、比率分析法和因素分析法等。

2. 财务考核

财务考核是指将报告期实际完成数与规定的考核指标进行对比，确定有关责任单位和个人完成任务的过程。财务考核与奖惩紧密联系，既是贯彻责任制原则的要求，也是构建激励与约束机制的关键环节。

财务考核的形式多种多样，既可以用绝对指标、相对指标、完成百分比考核，也可采用多种财务指标进行综合评价考核。

二、财务管理的原则

（一）风险与收益权衡原则

风险与收益权衡原则是指风险和收益之间存在一个权衡关系。投资人必须对收益和风险做出权衡，为追求较高的收益而承担较大风险，或者为减少风险而接受较低的报酬。所谓"权衡"，是指高收益的投资机会必然伴随巨大的风险，风险小的投资机会必然只有较低的收益。

人们普遍倾向于高报酬低风险，但现实中人们通常不可能在低风险的同时获取高报酬，因为这是每个人都想得到的。即使有人最先发现了这样的机会并率先行动，别人也会迅速跟进，竞争会使报酬率降低至与风险相当的水平。因此，现实的市场中只有高风险同时高报酬和低风险同时低报酬的投资机会。市场上虽然有偏好高风险、高收益的投资者，也有偏好低风险、低收益的投资者，但他们都要求风险与报酬对等，不会去冒没有价值的风险。

（二）资本市场有效原则

资本市场是指证券买卖的市场。资本市场有效原则是指在资本市场上频繁交易的金融资产的市场价格反映了所有可获得的信息，而且面对新信息完全能迅速做出调整。

资本市场有效原则要求企业管理人重视市场对企业的股价。资本市场既是企业的一面镜子，又是企业行为的矫正器。股价可以综合反映公司的业绩，弄虚作假、人为改变会计方法对企业价值的提高毫无用处。一些公司把不少精力和智慧放在报告信息的粉饰上，通过"寻机会计处理"来提高报告利润，企图用财务报表给使用人制造假象，这在有效市场中是无济于事的。当市场对公司的评价降低时，应分析公司的行为是否出了偏差并设法改进，而不应设法欺骗市场。妄图欺骗市场的人，终将被市场抛弃。

市场有效性原则要求企业管理人慎重使用金融工具投资。实业公司的管理者责任应是管理好自己的公司，利用竞争优势在产品或服务市场上赚取净利润。因此，实业公司管理者只有很少的时间和精力研究金融市场，属于金融产品的"业余投资者"。他们不太可能拥有关于股价的特别信息，仅靠公开信息很难从金融投机中获得超额收益。此外，实业公司在资本市场上的角色主要是筹资者，而非投资者，即使从事利率、外汇等期货交易，目的也应当是套期保值、锁定其价格、降低金融风险，而非指望通过金融投机获利。

（三）净增收益原则

净增收益原则是指财务决策建立在净增效益的基础上，一项决策的价值取决于它和替代方案相比所增加的净收益。

一项决策的优劣，是与其他可替代方案（包括维持现状而不采取行动）相比较而言的。如果一个方案的净收益大于替代方案，那么它是一个比替代方案更好的决策，其价值是增加的净收益。在财务决策中，净收益通常用现金流量计量，一个方案的净收益是指该方案现金流入减去现金流出的差额，也称为现金流量净额。

净增收益原则的应用之一是差额分析法，也就是在分析投资方案时只分析它们有区别的部分，而省略其相同的部分。

净增收益原则的另一个应用是沉没成本概念。沉没成本是指已经发生、不会被以后的决策改变的成本，沉没成本与将要采纳的决策无关。因此，在分析决策方案时应将其排除。

（四）资金的时间价值原则

货币的时间价值是指货币在经过一定时间的投资和再投资后增加的价值。货币投入市场后其数额会随时间的延续而不断增加，这是一种普遍的客观经济现象。因此，在进行财务计量时要考虑货币时间价值因素。货币时间价值主要有两方面的应用。

第一，现值概念。由于现在的 1 元钱比将来的 1 元钱经济价值大，因此不同时间的货币价值不能直接相加,而是需要"折现",即把不同时间的货币价值折算到同一时点,再进行比较运算。在财务估值中,广泛应用现值的概念。

第二,"早收晚付"观念。对于不附带利息的货币收支,与其晚收不如早收,与其早付不如晚付。货币在自己手里可以立即用于投资、消费、支付而不用等待。因此,早收晚付在经济上是有利的。

第四节 财务管理环境

财务管理环境是指对企业财务活动和财务管理产生影响作用的企业内外各种条件的统称。环境构成了企业财务活动的客观条件,企业财务活动是在一定的环境下进行的,必然受到环境的影响。而财务管理的环境涉及的范围很广,如国家的政治、经济形势,国家经济法规的完善程度,企业面临的市场状况,企业的生产条件等。本节主要讨论企业的几种重要环境,包括社会文化环境、技术环境、经济环境、金融环境和法律环境等。

一、社会文化环境

社会文化环境是指人们在特定的社会环境中形成的习俗观念、价值观念、行为准则和教育程度以及人们对经济、财务的传统看法等。

社会文化环境包括教育、科学、文学、艺术、新闻出版、广播电视、卫生体育、世界观、习俗,以及同社会制度相适应的权利义务观念、道德观念、组织纪律观念、价值观念和劳动态度等。与人类社会生产活动不同,社会文化构成人类的精神活动。作为人类的一项社会活动,社会文化的各个方面必然会对企业的财务活动产生影响。

二、技术环境

技术环境是指财务管理得以实现的技术手段和技术条件,它决定着财务管理的效率和效果。目前,我国进行财务管理所依据的会计信息是通过会计系统提供的,占企业经济信息总量的60%~70%。在企业内部,会计信息主要是提供给管理层决策使用;而在企业外部,会计信息主要是为企业的投资者、债权人等提供服务。

目前,我国正全面推进会计信息化工作。全力打造会计信息化人才队伍,基本实现大型企事业单位会计信息化与经营管理信息化的融合,进一步提升企事业单位的管理水平和风险防范能力,做到资源共享,便于不同信息使用者获取、分析和利用,进行投资和相关决策;基本实现大型会计师事务所采用信息化手段对客户的财务报告和内部控制进行审计,进一步提升社会审计质量和效率;基本实现政府会计管理和会计监督的信息化,进一步提升会计管理水平和监管效能。全面推进会计信息化工作使我国的会计信息化达到或接近世界先进水平。我国企业会计信息化的全面推进，必将促使企业财务管理的技术环境进一步完善和优化。

三、经济环境

在影响财务管理的各种外部环境中，经济环境是最为重要的。

经济环境内容十分广泛，包括经济体制、经济周期、经济发展水平、宏观经济政策及通货膨胀水平等。

（一）经济体制

在计划经济体制下，国家统筹企业资本、统一投资、统负盈亏，企业利润统一上缴、亏损全部由国家补贴，企业虽然是一个独立的核算单位，但无独立的理财权利。财务管理活动的内容比较单一，财务管理方法比较简单。在市场经济体制下，企业成为"自主经营、自负盈亏"的经济实体，有独立的经营权，同时有独立的理财权。企业可以从自身需要出发，合理确定资本需要量，然后到市场上筹集资本，再把筹集到的资本投放到高效益的项目上以获取更大的收益，最后将收益根据需要和可能进行分配，保证企业财务活动自始至终根据自身条件和外部环境做出各种财务管理决策并组织实施。因此，财务管理活动的内容比较丰富，方法也复杂多样。

（二）经济周期

市场经济条件下，经济发展与运行带有一定的波动性。大体上经历复苏、繁荣、衰退和萧条几个阶段的循环，这种循环叫作经济周期。在经济周期的不同阶段，企业应采用不同的财务管理战略。西方财务学者探讨了经济周期中不同阶段的财务管理战略，现择其要点归纳，如表7-1所示。

表7-1 经济周期中不同阶段的财务管理战略

复苏	繁荣	衰退	萧条
1.增加厂房设备	1.扩充厂房设备	1.停止扩张	1.建立投资标准
2.实行长期租赁	2.继续建立存货	2.出售多余设备	2.保持市场份额
3.建立存货储备	3.提高产品价格	3.停产不利产品	3.压缩管理费用
4.开发新产品	4.开展营销规划	4.停止长期采购	4.放弃次要利益
5.增加劳动力	5.增加劳动力	5.削减存货	5.削减存货
		6.停止扩招雇员	6.裁减雇员

（三）经济发展水平

财务管理的发展水平是和经济发展水平密切相关的，经济发展水平越高，财务管理水平也越高。财务管理水平的提高，将推动企业降低成本、改进效率、提高效益，从而促进经济发展水平的提高；而经济发展水平的提高，将改变企业的财务战略、财务理念、财务管理模式和财务管理的方法手段，从而促进企业财务管理水平的提高。财务管理应当以经济发展水平为基础，以宏观经济发展目标为导向，从业务工作角度来保证企业经营目标和经营战略的实现。

（四）宏观经济政策

不同的宏观经济政策，对企业财务管理的影响不同。金融政策中的货币发行量、信贷规模会影响企业投资的资金来源和投资的预期收益；财税政策会影响企业的资金结构和投资项目的选择等；价格政策会影响资金的投向和投资的回收期及预期收益；会计制度的改革会影响会计要素的确认和计量，进而对企业财务活动的事前预测、决策及事后评价产生影响等。

（五）通货膨胀水平

通货膨胀对企业财务活动的影响是多方面的，主要表现在：

1. 使资金占用大量增加，从而增加了企业的资金需求。
2. 使企业利润虚增，造成企业资金由于利润分配而流失。
3. 使利率上升，加大了企业筹资成本。
4. 使有价证券价格下降，增加了企业的筹资难度。
5. 使资金供应紧张，增加了企业的筹资难度。

为了减轻通货膨胀对企业造成的不利影响，企业应当采取措施予以防范。在通货膨胀初期，货币面临着贬值的风险，这时企业进行投资可以避免风险，实现资本保值；与客户应签订长期购货合同，以减少物价上涨造成的损失；取得长期负债，保持资本成本的稳定。在通货膨胀持续期，企业可以采用比较严格的信用条件，减少企业债权；调整财务政策，防止和减少企业资本流失等。

四、金融环境

（一）金融市场的含义与构成要素

金融市场是指资金融通的场所，它有广义和狭义之分。广义的金融市场泛指一切金融性交易，包括货币借贷、票据承兑和贴现、有价证券的买卖、黄金和外汇的买卖等。狭义的金融市场一般指有价证券的买卖市场。企业资金的取得与投资都与金融市场密不可分，金融市场发挥着金融中介、调节资金余缺的功能。熟悉金融市场的各种类型以及管理规则，可以让企业财务人员有效地组织资金的筹措和资本投资活动。

1. 金融市场与企业财务管理

金融市场是与企业财务管理最具有密切关系的环境，主要表现在以下几个方面：

（1）金融市场是企业筹资和投资的场所。金融市场上存在多种多样方便灵活的筹资方式，企业需要资金时，可以到金融市场上选择合适的筹资方式来筹集所需要的资金，以保证生产经营的顺利进行；而当公司有闲置资金时，又可以到金融市场选择灵活多样的投资方式，为资金的使用寻找出路，如银行存款、投资债券或购买股票等。

（2）企业可以通过金融市场实现资本的灵活转换。通过金融市场中复杂多样的筹资活动，企业可以实现资本在时间长短、空间区域和资本数量大小等不同形式上的转换。例如，企业持有的可上市流通债券可以随时转手变现，成为短期资金；远期票据可以通过贴现变为现金；大额可转让定期存单，也可以在金融市场卖出，成为短期资金。

（3）金融市场可以为企业财务管理提供有价值的信息。金融市场的利率变动反映了资金的供求状况，有价证券的市价波动反映了投资者对企业的经营状况和盈利水平的客观评价。因此，它们是企业经营和投资、筹资的重要依据。

2. 金融市场的构成要素

金融市场的构成要素主要有以下几个：

（1）金融市场主体

金融市场主体是指金融交易活动的参与者，一般有个人、企业法人、金融机构及政府等。

金融中介机构有银行和非银行金融机构，是连接筹资者和投资者的纽带。我国的银行体系包括中国人民银行、政策性银行和商业银行。中国人民银行是我国的中央银行，主要负责货币政策的制定、经营国库业务及相关职能。政策性银行是由政府设立，以贯彻国家产业政策、区域发展政策为目的，而不以盈利为目的的金融机构。商业银行是以经营存款、贷款、办理转账结算为主要业务，以盈利为主要经营目标的金融企业。非银行金融机构包括保险公司、信托投资公司、证券机构、财务公司和金融租赁公司等。

（2）金融市场客体

金融市场客体即金融工具，金融工具是金融市场的交易对象。金融工具按发行和流通场所，划分为货币市场证券和资本市场证券。

①货币市场证券。货币市场证券属于短期债务，到期日通常为一年或更短的时间，主要是政府、银行及工商业企业发行的短期信用工具，具有期限短、流动性强和风险小的特点。货币市场证券包括商业本票、银行承兑汇票和短期债券等。

②资本市场证券。资本市场证券是公司或政府发行的长期证券。其到期期限超过1年，实质上是1年期以上的中长期资本市场证券。资本市场证券包括普通股、优先股、长期公司债券、国债和衍生金融工具等。

（3）金融市场的组织形式和管理方式

金融市场的组织形式主要有交易所交易和场外交易两种。交易的方式主要是现货交易、期货交易、期权交易和信用交易，其主要由上述管理机构和国家法律来管理和规范。

（4）金融市场的利息率机制

利息率简称利率，是衡量资金增值量的基本单位，即资金的增值同投入资金的价值之比。从资金流通的借贷关系来看，利率是特定时期运用资金这一资源的交易价格。即资金作为一种特殊商品，在资金市场上的买卖，是以利率为价格标准的，资金的融通实质上是资金资源通过利率这个价格体系在市场机制作用下进行再分配。因此，利率在资金的分配及个人和企业做出财务决策的过程中起着重要作用。但应该怎么测算特定条件下未来的利率水平呢？这就需要分析利率的构成。一般而言，利率由纯利率、通货膨胀溢价和风险溢价三部分构成。其中，风险溢价又分为违约风险溢价、流动性风险溢价和期限风险溢价三种。利率可以用以下公式表示，即

K=K0+IP+DP+LP+MP

式中，K 表示利率（名义利率），K0 表示纯利率，IP 表示通货膨胀溢价，DP 表示违约风险溢价，LP 表示流动性风险溢价，MP 表示期限风险溢价。

①纯利率。纯利率是指无通货膨胀和无风险情况下的社会平均利润率。影响纯利率的主要因素有资金的供求关系、社会的平均利润率和国家的货币政策。通常，假设在没有通货膨胀时，将短期国库券利率视作纯利率。

②通货膨胀溢价。通货膨胀溢价又称通货膨胀补偿，是由于持续的通货膨胀会不断降低货币的实际购买力，为补偿其购买力损失而要求提高的溢价或补偿。所以，无风险证券的利率，除纯利率之外还应加上通货膨胀因素，以补偿通货膨胀所遭受的损失。一般认为，政府发行的短期国库券利率是由纯利率和通货膨胀溢价两部分组成的，其表达式为：

RF=K0+IP

短期无风险证券利率＝纯利率＋通货膨胀溢价

式中，计入利率的通货膨胀溢价不是过去实际达到的通货膨胀水平，而是对未来通货膨胀的预期。

③违约风险溢价。违约风险是指借款人无法按时支付利息或偿还本金而给投资人带来的风险。违约风险反映了借款人按期支付本金、利息的信用程度。借款人如经常不能按期支付本息，则说明该借款人的违约风险高。为了弥补违约风险，必须提高利率；否则，借款人就无法借到资金，投资人也不会进行投资。国库券由政府发行，可以视为没有违约风险，其利率一般较低。企业债券的违约风险则要根据企业的信用程度来定，企业的信用程度可分为若干等级。企业的信用等级越高，信用越好，违约风险越小，利率水平越低；信用较差，则违约风险大，利率水平高。一般将国库券与拥有相同到期日、变现力和其他特性的公司债券二者之间的利率差距作为违约风险溢价。

④流动性风险溢价。流动性是指某项资产迅速转化为现金的可能性。如果一项资产能迅速转化为现金，则说明其变现能力强、流动性好、流动性风险小；反之，则说明其变现能力弱、流动性不好、流动性风险大。政府债券、知名上市公司的股票与债券由于信用好、变现能力强，因此流动性风险小；而一些不知名的中小企业发行的证券，则流动性风险较大。一般而言，在其他因素均相同的情况下，流动性风险小和流动性风险大的证券利率差距介于1%～2%，这就是流动性风险溢价。

⑤期限风险溢价。一项负债到期日越长，债权人承受的不确定因素就越多，承担的风险也越大。为弥补这种风险而增加的利率水平叫作期限风险溢价。例如，同时发行的国库券，5 年期的利率比 3 年期的利率高，银行存贷款利率原理相同。因此，长期利率一般要

高于短期利率，这就是期限风险溢价。当然，在利率剧烈波动的情况下，也会出现短期利率高于长期利率的情况，但这种偶然情况并不影响上述结论。

【例1】 已知短期国库券利率为5%，纯利率为4%，市场利率为8%，则通货膨胀溢价为多少？风险溢价为多少？

短期国库券利率＝纯利率＋通货膨胀溢价

通货膨胀溢价＝5% — 4%=1%

市场利率＝纯利率＋通货膨胀溢价＋风险溢价

风险溢价＝8% — 5%=3%

（二）金融市场的分类

金融市场可以按照不同的标准进行分类。

1. 货币市场和资本市场

以期限为标准，金融市场可分为货币市场和资本市场。货币市场又称短期金融市场，是指以期限在1年以内的金融工具为媒介，进行短期资金融通的市场，包括同业拆借市场、票据市场、大额定期存单市场和短期债券市场等；资本市场又称长期金融市场，是指以期限在1年以上的金融工具为媒介，进行长期资金交易活动的市场，包括股票市场、债券市场和融资租赁市场等。

2. 发行市场和流通市场

以功能为标准，金融市场可分为发行市场和流通市场。发行市场又称为一级市场，它主要处理金融工具的发行与最初购买者之间的交易，它是证券和票据等金融工具的买卖市场；流通市场又称为二级市场，是各种证券发行后在不同投资者之间买卖流通所形成的市场，也称为次级市场。

发行市场和流通市场有密切关系。发行市场是流通市场的基础，没有发行市场就不会有流通市场。流通市场是发行市场存在和发展的重要条件之一。某公司证券在流通市场上的价格，决定了该公司在发行市场上新发行证券的价格。因为在发行市场的购买者只愿意向发行公司支付其认为流通市场可接受的价格。因此，与企业理财关系更紧密的是流通市场。本书所述及的证券价格，除特别指明外，均指流通市场价格。

3. 资本市场、外汇市场和黄金市场

以融资对象为标准，金融市场可分为资本市场、外汇市场和黄金市场。资本市场以货币和资本为交易对象，如同业拆借市场、国债市场、企业债券市场和股票市场等；外汇市场以各种外汇金融工具为交易对象；黄金市场则是集中进行黄金买卖和金币兑换的交易市场。

4. 基础性金融市场和金融衍生品市场

按所交易金融工具的属性，金融市场可分为基础性金融市场与金融衍生品市场。基础性金融市场是指以基础性金融产品为交易对象的金融市场，如商业票据、企业债券和企业股票的交易市场；金融衍生品交易市场是指以金融衍生产品为交易对象的金融市场，如远期、期货、掉期（互换）、期权的交易市场，以及具有远期、期货、掉期（互换）、期权中一种或多种特征的结构化金融工具的交易市场。

5.地方性金融市场、全国性金融市场和国际性金融市场

以地理范围为标准，金融市场可分为地方性金融市场、全国性金融市场和国际性金融市场。

五、法律环境

（一）法律环境的范畴

法律环境是指企业与外部发生经济关系时应遵守的有关法律、法规和规章（简称法规），主要包括《公司法》、《中华人民共和国证券法》（以下简称《证券法》）、《中华人民共和国金融法》（以下简称《金融法》）、《中华人民共和国证券交易法》（以下简称《证券交易法》）、《中华人民共和国经济合同法》（以下简称《经济合同法》）、《税法》、《企业财务通则》、《企业内部控制基本规范》等。市场经济是法制经济，企业的经济活动总是在一定法律规范内进行的。法律既约束企业的非法经济行为，也为企业从事各种合法经济活动提供保护。

国家相关法律、法规按照对财务管理内容的影响情况可以分以下几类：

1.影响企业筹资的各种法规，主要有《公司法》《证券法》《金融法》《证券交易法》和《合同法》等。这些法规可以从不同方面规范或制约企业的筹资活动。

2.影响企业投资的各种法规，主要有《证券交易法》《公司法》《企业财务通则》等。这些法规可以从不同角度规范企业的投资活动。

3.影响企业收益分配的各种法规，主要有《税法》《公司法》《企业财务通则》等。这些法规从不同方面对企业收益分配进行规范。

（二）企业组织形式

企业组织必须依法设立。企业设立的组织形式不同，其依照的法律规范也不同。一般来说，企业可分为独资企业、合伙企业和公司制企业，不同的企业组织形式对财务管理有不同的影响。

1.独资企业。个人独资企业是由一个自然人投资，全部资产为投资人个人所有，全部债务由投资者个人承担的经营实体。个人独资企业具有创立容易、经营管理灵活自由、不需要交纳企业所得税等优点。

但对于个人独资企业业主而言，需要业主对企业债务承担无限责任，当企业的损失超过业主最初对企业的投资时，需要用业主个人的其他财产偿债；难以从外部获得大量资金用于经营；个人独资企业所有权的转移比较困难；企业的生命有限，将随着业主的死亡而自动消亡。

2.合伙企业。合伙企业通常是由两个或两个以上的自然人（有时也包括法人或其他组织）合伙经营的企业。合伙企业是由各合伙人遵循自愿、平等、公平、诚实信用原则订立合伙协议，共同出资、合伙经营、共享收益、共担风险的营利性组织。合伙企业分为普通合伙企业和有限合伙企业。

普通合伙企业由普通合伙人组成，合伙人对合伙企业债务承担无限连带责任。依照《中华人民共和国合伙企业法》（以下简称《合伙企业法》）的规定，国有独资公司、国有企业、上市公司以及公益性的事业单位、社会团体不得成为普通合伙人。以专业知识和专门技能为客户提供有偿服务的专业服务机构，可以设立为特殊的普通合伙企业。一个合伙人或者数个合伙人在执业活动中因故意或者重大过失造成合伙企业债务的，应当承担无限责任或者无限连带责任，其他合伙人以其在合伙企业中的财产份额为限承担责任。合伙人在执业活动中非因故意或者重大过失造成的合伙企业债务以及合伙企业的其他债务，由全体合伙人承担无限连带责任。合伙人执业活动中因故意或者重大过失造成的合伙企业债务，以合伙企业财产对外承担责任后，该合伙人应当按照合伙协议的约定对给合伙企业造成的损失承担赔偿责任。

有限合伙企业由普通合伙人和有限合伙人组成，普通合伙人对合伙企业债务承担无限连带责任，有限合伙人以其认缴的出资额为限对合伙企业债务承担责任。有限合伙企业至少应当有一个普通合伙人，由普通合伙人执行合伙事务。有限合伙人不执行合伙事务，不得对外代表有限合伙企业。有限合伙人的下列行为，不视为执行合伙事务：参与决定普通合伙人入伙、退伙；对企业的经营管理提出建议；参与选择承办有限合伙企业审计业务的会计师事务所；获取经审计的有限合伙企业财务会计报告；对涉及自身利益的情况，查阅有限合伙企业财务会计账簿等财务资料；在有限合伙企业中的利益受到侵害时，向有责任的合伙人主张权利或者提起诉讼；执行事务合伙人怠于行使权利时，督促其行使权利或者为了本企业的利益以自己的名义提起诉讼；依法为本企业提供担保。有限合伙人转变为普通合伙人的，对其作为有限合伙人期间有限合伙企业发生的债务承担无限连带责任。普通合伙人转变为有限合伙人的，对其作为普通合伙人期间合伙企业发生的债务承担无限连带责任。

由于合伙企业与个人独资企业存在着共同缺陷，因此一些企业尽管在刚成立时以独资或合伙的形式出现，但是在发展到某一阶段后都将转换成公司的形式。

3.公司制企业。公司制企业（以下简称公司）是由两个以上的股东共同出资，每个股东以其认缴的出资额或认购的股份对公司承担有限责任，公司以其全部资产对公司债务承担有限责任的法人企业。公司包括有限责任公司和股份有限公司两种形式。

有限责任公司简称有限公司，是指股东以其认缴的出资额为限对公司承担责任，公司以其全部财产为限对公司的债务承担责任的企业法人。根据《公司法》的规定，必须在公司名称中标明"有限责任公司"或者"有限公司"字样。

股份有限公司简称股份公司，是指其全部资本分为等额股份，股东以其所持股份为限对公司承担责任，公司以其全部财产对公司的债务承担责任的企业法人。

公司制企业的优点：容易转让所有权，公司的所有者权益被划分为若干股权份额，每个份额可以单独转让；有限债务责任，公司债务是法人的债务，不是所有者的债务。所有者对公司承担的责任以其出资额为限。当公司资产不足以偿还其所欠债务时，股东无须承担连带清偿责任；公司制企业可以无限存续，一个公司在最初的所有者和经营者退出后仍然可以继续存在；公司制企业的融资渠道较多，更容易筹集所需资金。

公司制企业的缺点：（1）组建公司的成本高。公司法对于设立公司的要求比设立独资或合伙企业复杂，并且需要提交一系列法律文件，花费的时间较长。公司成立后，政府对其监管比较严格，需要定期提交各种报告。（2）存在代理问题。所有者和经营者分开以后，所有者成为委托人，经营者成为代理人，代理人可能为了自身利益而损害委托人利益。（3）双重课税。公司作为独立的法人，其利润需交纳企业所得税，企业利润分配给股东后，股东还需交纳个人所得税。

在以上三种形式的企业组织中，个人独资企业占企业总数的比重很大，但是绝大部分的商业资金是由公司控制的。因此，财务管理通常把公司理财作为讨论的重点。

（三）法律环境对企业财务管理的影响

法律环境对企业财务活动的影响主要体现在国家制定的各项法规上。法律环境对企业的影响是多方面的，影响范围包括企业组织形式、公司治理结构、投融资活动、日常经营和收益分配等。例如，《公司法》规定，企业可以采用独资、合伙和公司制等企业组织形式。企业组织形式不同，业主（股东）权利责任、企业投融资、收益分配、纳税和信息披露等不同，公司治理结构也不同。例如，税收法律、法规对企业财务活动的影响主要表现为影响企业的投融资决策、现金流、利润和利润的分配。因此，企业的财务决策应适应税收政策的导向。企业应合理安排资本的投放以追求更大的经济效益。再如，财务法规。财务法规是规范企业财务活动、协调企业财务关系的行为准则。目前，我国的企业财务法规主要由《企业财务通则》、行业财务制度及企业内部财务制度构成。《企业财务通则》是财务法规体系的基础，规范了在我国境内设立的各类企业进行财务活动必须遵循的基本原则和规范；行业财务制度则是对各类行业进行财务活动所必须遵循的原则和一般要求所做的规范；企业内部财务制度是企业自身用来规范其内部财务活动行为、处理内部财务关系的具体规范。

第八章　财务管理的体制与环境

案例引入

万科化管理模式

经过数年的调整和自我变革，万科在组织结构、专业能力、客户忠诚度、经营效率、资本市场信用、多元化融资渠道等方面，都已经积累了相当的优势。在组织结构上，万科正式从以往总部、一线公司的两级管理架构，过渡到战略总部、专业区域、执行一线的三级管理架构，将过去总部负责的设计、工程、销售等专业管理职能逐步下放到区域中心，以打造更为高效的组织平台。

万科从成立以来的实践中摸索出：企业要搞专业化，不要分散资源，并且得出"专业化＋规范化＋透明化＝万科化管理模式"的概念。反对黑箱操作，提倡信息资源共享，沟通顺畅。

做专业化的住宅产品，是万科在总结经验教训以后探索出来的一条"低风险、高收益"的适合中国房地产企业发展的道路。万科的产品线也是从多种经营向住宅产品集中：1993年万科房地产开发项目中有75%是写字楼，25%是住宅楼。而到了1997年，调整到住宅楼为75%，写字楼为25%。这基本上确定了万科以住宅楼开发为主的产品开发定位模式。

万科的制度建设有两大特色：

一是规范化。规范化被万科称为"企业的生命线"，是万科的基石。万科管理体系的建立，是通过多年的摸索并不断地加以创新、实践，同时引入国内外先进的管理思路和管理系统，最终形成了现在的制度管理体系。

万科的内部网站上有一个制度规范库，其制度主要是工作指引型的，告诉职员遇见各种状况应该如何操作，而无须层层请示。万科规范的制度体系使万科内部很少出现繁琐的请示汇报，提高了工作效率，降低了内部交易成本。同时职员可以将主要精力放在工作上，而无须将过多的精力花费在与上级的沟通上。万科之所以取得骄人的业绩，有注重品牌建设的因素，也有制度建设规范化的因素。

二是流程优先。在制定每一项新制度之前，首先考虑流程的规范。在流程中充分考虑总部与地区公司、公司各部门之间的对接；考虑最直接、有效的渠道，打破上下级之间、各部门之间的职能刚性束缚。万科的制度建设强调简洁、规范，是中国较早采用ISO9000管理体系的企业。每一项制度首页就是流程图，非常明晰。各业务指导程序就是工作指引和工作表格，易于执行。流程管理是万科内部管理的一大特色，从合同审批到项目决策，均可按照流程执行。员工有流程做指导，工作起来得心应手，而不会无所适从。

万科管理的具体操作模式为：设定工作目标，形成工作网络；在工作实施过程中以流程为指导，不受层级和职能的限制，流程规定需要由哪个部门或公司负责，就由其完成。在万科的内部管理中，没有"职能型"和"矩阵型"之争，只有流程。强调做流程型企业，强调各职能部门、各层级和各专业线服务于流程。

通过上述引例，可以让你对企业财务管理体制有一个初步的认识和了解，结合本章的内容，让你对财务管理体制与财务管理环境有更深刻的认识和理解。

第一节 财务管理体制

一、财务管理体制概述

企业在不同的发展阶段，在不同的环境下，会选择不一样的财务管理模式；不同的经营管理团队，不同的财务管理理念，会形成不一样的财务管理风格。在外部环境及内部管理的共同要求下，企业会形成一套适合自身发展的财务管理体制。

（一）财务管理体制的概念

财务管理体制，是指企业明确其内部各层级财务权限、分清各层级财务责任以及相关的权利和义务的约束机制。财务管理体制实质上是企业内部具有一定约束力的调节机制，其关键是各层级财务管理权限的合理配置，企业所采用的财务管理体制决定了其财务管理执行的效果、运行的模式等。因此，科学配置各层级财务管理权限，是明确各层级财务管理人员权利和义务、实现资源优化配置的前提条件。

（二）财务管理体制的模式

不同的企业因为内部管理的需求不同，其采用的财务管理体制的模式（以下简称财务管理模式）是不一样的；同一个企业在不同的发展阶段，其采用的财务管理模式也是不一样的。企业采用的财务管理模式应当能满足其实现企业目标的需要。一般来说，企业财务管理体制的模式包括三种：集权模式的财务管理体制、分权模式的财务管理体制以及混合模式的财务管理体制。

1. 集权模式的财务管理体制

集权模式的财务管理体制，是指企业对其管辖的子公司、分支机构等一切财务活动及财务关系的决策都进行高度集中，其管辖的子公司、分支机构等都没有财务决策权限的管理体制。在集权模式下，企业总部的财务部门具有高度的财务决策权限，不但可以指导其管辖的子公司、分支机构等决策，必要的时候还可以参与其管辖的子公司、分支机构等决策的执行。在集权模式的财务管理体制中，总部财务管理部门采用高度的集权手段，控制其管辖的子公司、分支机构等。

（1）集权模式的财务管理体制的特点。在集权模式的财务管理体制下，企业主要的财务管理权限集中于企业总部财务部门，其管辖的子公司、分支机构等没有财务决策权限。企业总部财务部门负责所有的财务决策，其管辖的子公司、分支机构等只需要按照总部的财务决策执行即可。

（2）集权模式的财务管理体制的优点。企业的各项财务决策均由企业总部财务部门负责，包括制定财务管理制度、财务预算、资金使用等。在集权模式的财务管理体制下，企业由总部统一协调控制，可以充分发挥一体化管理模式的长处，有利于充分调动企业内部的人才、智力、信息资源，有效降低成本、风险损失；有利于统一调度有限的资源，实现资源优化配置；有利于企业整体的税收筹划、实现企业的发展战略。

（3）集权模式的财务管理体制的缺点。企业的所有财务决策权限均集中在企业总部财务部门，其管辖的子公司、分支机构等没有任何的财务决策权限，不利于其管辖的子公司、分支机构等根据实际情况制定财务制度和财务预算，不能根据环境的变化及时调整财务管理手段；高度集权不利于其管辖的子公司、分支机构等发挥集体智慧的结晶，财务管理人员缺乏主动性、积极性、创新性；不利于其管辖的子公司、分支机构等财务管理人才的成长，团队丧失活力，复杂的财务程序降低了其管辖的子公司、分支机构的办事效率，面对瞬息万变的市场，缺乏财务弹性，容易丧失市场机会。

（4）集权模式的财务管理体制在企业中的应用。在现实的企业管理中，采用集权模式的财务管理体制可以最大限度地聚合资源优势，减少分歧，有利于贯彻实施企业发展战略和经营目标。但是，企业采用集权模式的财务管理体制，除了要求企业管理高层必须具备较高的素质能力外，还要求企业必须有一个能及时、准确地传递各种信息的网络信息平台，并通过信息传递过程的严格控制以保障信息质量。如果一个企业能够达到以上这些严格要求，集权模式的财务管理体制就能充分发挥其优势，实现集团集权管理的高效率。但是，在强调发挥集权模式优势的同时，也应当看到信息传递及过程控制的成本问题，随着企业规模的扩大，信息的传递及过程控制成本会大幅度增加。如果成本过高，集权模式的财务管理体制就不能满足成本效益的原则。另外，随着集权程度的提高，集权模式的财务管理体制的优势可能会不断强化，但企业管辖的子公司、分支机构等的积极性、创造性与应变能力却可能在不断削弱，不利于团队的培养和进步。

2. 分权模式的财务管理体制

分权模式的财务管理体制，是指企业将财务决策权与管理权完全下放到其管辖的子公司、分支机构等，其管辖的子公司、分支机构等只需对一些财务决策结果向企业总部财务部门备案即可的管理体制。在分权模式下，企业总部财务部门不对其管辖的子公司、分支机构等进行干预，只关注其管辖的子公司、分支机构等财务决策与管理的结果。

（1）分权模式的财务管理体制的特点。在分权模式的财务管理体制下，企业的财务决策和管理权限分散在其管辖的子公司、分支机构等，其管辖的子公司、分支机构等在人事、财务、资产、供应、生产、销售等方面均有决定权。企业的财务决策权和管理权完全下放到其管辖的子公司、分支机构等，企业总部财务部门对其管辖的子公司、分支机构等不进行干预。

（2）分权模式的财务管理体制的优点。企业管辖的子公司、分支机构等不受企业总部财务部门的干预，可以根据自身面临的环境、生产经营管理的特点以及预期经营成果等因素制定财务制度和财务决策，在执行过程中，可以根据实际情况及时调整和控制，有利于针对自身存在的问题及时做出有效决策。可以根据自身的情况因地制宜地搞好各项业务，也有利于分散经营风险，促进财务人员的成长。

（3）分权模式的财务管理体制的缺点。企业管辖的子公司、分支机构等各自为营、各自为战，缺乏统一的部署和发展战略，容易引发企业资源的内耗和无效配置，不利于其管辖的子公司、分支机构等树立全局观念和整体意识；不利于资金的集中管理，不能发挥有限资源集中配置的优势；容易出现资金成本增大、费用失控、利润分配无序等不良情况。

（4）分权模式的财务管理体制在企业中的应用。分权模式的财务管理体制实质上是企业把决策权限、管理权限在不同程度上下放给比较接近信息源的子公司、分支机构等，通过就近原则以及从实际出发的原则及时处理企业的业务，这样便可以大大缩短信息传递的时间与流程，减小信息传递过程中的控制问题，节约信息传递失真及过程控制的成本，提高信息的传递质量与效率；加快企业的决策进程，提高决策的效率与管理的效果。但是，如果过度放权，会导致权力过度分散，产生企业管理目标换位问题，这是采用分权模式的财务管理体制无法完全避免的代价。因此，企业采用分权模式的财务管理体制，应当规范企业的管理制度、明确责任人的权责、避免企业管理目标换位等问题。

3.混合模式的财务管理体制

混合模式的财务管理体制（集权与分权相结合模式的财务管理体制），是指企业执行集权下的分权，即企业对其管辖的子公司、分支机构等在所有重大问题的决策与处理上实行高度集权，企业管辖的子公司、分支机构等则对日常经营活动具有较大的自主决策和管理权限的管理体制。混合模式的财务管理体制既有集权又有分权，在重大问题上实行集权，在日常管理中实行分权，是现代企业普遍采用的财务管理体制。

（1）混合模式的财务管理体制的特点。在混合模式的财务管理体制下，企业以发展战略和经营目标为核心，将重大决策权集中于企业总部，由企业总部高度集权。在日常管理中，企业管辖的子公司、分支机构等具有较大的决策权限；在制度建设方面，企业应制定统一的管理制度，明确各层级财务权限及收益分配方案，企业管辖的子公司、分支机构等应当严格遵照执行，并根据自身的情况进行补充；在管理方面，可以充分利用企业总部的各项资源优势，对部分权限集中管理；在经营方面，应当充分调动企业管辖的子公司、分支机构等的生产经营积极性。企业管辖的子公司、分支机构等应当围绕企业发展战略和经营目标，在遵守企业统一制度的前提下，可自主制定生产经营的各项决策。

（2）混合模式的财务管理体制的优点。混合模式的财务管理体制实质上是将集权模式与分权模式进行有效组合,在重大问题上由企业总部实行高度集权,统一调配资源,充分发挥企业总部的资源优势,实现企业的战略目标和经营目标;在日常管理上,给予企业管辖的子公司、分支机构等较大的决策权限,充分调动企业管辖的子公司、分支机构等的积极性。混合模式的财务管理体制既可以避免所有问题统一决策带来的"水土不服"效应,又可以避免各自为战、各自决策带来的"利益冲突"问题。

(3)混合模式的财务管理体制在企业中的应用。选择集中模式还是分权模式的财务管理体制来进行财务决策,是要根据企业的内外环境综合考虑的,至今都没有固定的思路或者现成模式。财务管理体制的集权模式与分权模式,需要考虑企业与其管辖的子公司、分支机构等之间的资本关系和业务关系的具体特点以及集权与分权的"成本与利益"综合判断。作为实体企业,企业与其管辖的子公司、分支机构等之间往往具有某种业务上的联系,特别是那些实施纵向一体化战略的企业,要求管辖的子公司、分支机构等保持密切的业务联系。企业与其管辖的子公司、分支机构等之间的业务联系越密切,就越有必要采用集权模式的财务管理体制;反之,则采用分权模式的财务管理体制。

在企业的实际管理中,选择集权模式的财务管理体制还是分权模式的财务管理体制,还应当判断集权与分权的"成本与效益"。集权的"成本"主要是企业所管辖的子公司、分支机构等的积极性损失和财务决策效率的下降,分权的"成本"主要是可能发生企业所管辖的子公司、分支机构等财务决策目标及财务行为与企业整体财务目标的背离以及财务资源利用效率的下降。集权的"利益"主要是容易使企业财务目标协调和提高财务资源的利用效率;分权的"利益"主要是提高财务决策效率和调动各所属单位的积极性。另外,集权与分权应该考虑的因素还包括环境、规模和管理者的管理水平。由管理者的素质、管理水平与方法和管理手段等因素所决定的企业及各所属单位的管理水平,对财权的集中和分散也具有重要影响。较高的管理水平,有助于企业更多地集中财权;否则,财权过于集中,只会导致决策效率的低下。

在实际工作中,很少有企业单纯采用集权模式或分权模式,而是根据企业的具体情况以及面临的内外环境综合考虑,一般采用混合模式的财务管理体制。在管理上,混合模式的财务管理体制更能发挥管理上的弹性,需要集权的时候能够集权,需要分权的时候可以分权,管理比较灵活,信息传递及过程控制能够及时反馈和调整,满足成本效益的原则。因此,混合模式的财务管理体制在企业中得到了普遍的应用。

二、企业财务管理体制的设计

不同的企业因为内部管理的需求不同,其采用的财务管理体制是不一样的;同一个企业在不同的发展阶段,其采用的财务管理体制也是不一样的。企业如何选择财务管理体制,在不同的发展阶段如何更新财务管理体制,是企业管理活动的重要决策。一般来说,企业财务管理体制的选择或更新应当考虑以下四个方面的因素:

（一）与现代企业管理制度相适应

现代企业管理制度也称产权管理制度，是指以企业的产权作为依托，对各种经济主体在产权关系中的权利、责任进行合理有效的组织、调节、控制的制度。现代企业管理制度具有以下四个方面的特点：

1. 产权清晰

现代企业是一种所有权和经营权相分离的企业组织形式。企业的所有权归企业的投资者所有，企业的投资者可以通过产权委托方式，将企业委托给职业经理人（管理人）团队管理，由企业的职业经理人团队负责经营。因此，企业内部相互间关系的处理应以产权制度安排为基本依据。企业作为各所属单位的股东，根据产权关系享有作为终极股东的基本权利，特别是对所属单位的收益权、管理者的选择权、重大事项的决策权等。

2. 责任明确

现代企业是以产权关系作为依据的企业组织形式，通过建立完善的制度来明确相关责任人的责任，做到责任明确，事事有人负责。在现代企业管理中，更多的是通过完善的制度来处理企业的各项业务，约束经办人员和相关领导，明确各自的权限，在授权范围内开展业务，处理相关事项。

3. 政企分开

现代企业是顺应市场经济发展产生的，在市场经济下，企业是独立的主体，是自负盈亏的企业法人。政府是监管部门，负责监管市场、调控经济，为企业做好各项服务，但不得干预企业的正常生产活动。政企分开，是现代企业形成的前提条件。

4. 管理科学

按照现代企业制度的要求，企业财务管理体制必须以产权管理为核心，以财务管理为主线，以财务制度为依据，体现现代企业制度特别是现代企业产权制度管理的思想。

（二）决策权、执行权与监督权三权分立

现代企业是以产权关系作为依据的企业组织形式，应当执行科学管理，即企业的决策权、执行权、监督权三权分立，做到相互制约、相互促进。一般来说，企业的决策权是由股东会或董事会来行使，执行权由经理人团队行使，监督权由监事会行使。实现三权分立，才能更好地管理企业，促进企业规范化、良性发展。

（三）财务综合管理和分层管理思想

1. 现代企业管理制度是一种综合性、战略性的管理

企业财务管理不能简单地认为是企业总部财务部门的财务管理，也不能简单地认为是企业管辖的子公司、分支机构等财务部门的财务管理，它实质上是一种综合性、战略性的管理。另外，财务管理也是一种分层管理，不同层级的财务管理内容及手段是不一样的。

2. 现代企业财务管理要求企业做到以下四点

（1）从企业整体角度对企业的财务战略进行定位。

（2）对企业的财务管理行为进行统一规范，做到高层的决策结果能被低层战略经营单位完全执行。

（3）以制度管理代替个人的行为管理，从而保证企业管理的连续性。

（4）以现代企业财务分层管理思想指导具体的管理实践。

（四）与企业组织体制相对应

企业组织体制大体上有 U 型组织、H 型组织和 M 型组织三种形式。其中，U 型组织仅存在于产品简单、规模较小的企业，实行财务管理层级的集中控制；H 型组织实质上是企业集团的组织形式，子公司具有法人资格，分公司则是相对独立的利润核算中心；M 型组织由三个相互关联的层次组成，这三个层次分别是由董事会和职业经理人团队组成的最高决策层，由职能和支持部门、服务部门组成的战略研究和执行层，由围绕企业主导或核心业务组成的开发推广和信息反馈层。M 型组织是目前国际上大集团管理体制的主流形式。

三、混合模式的财务管理体制的基本内容

集权模式与分权模式相结合的财务管理体制是现代企业普遍使用的，其关键是企业总部必须做到制度统一规范、资金集中管理、信息集成传输和人员委派制度。如果企业总部实现不了制度统一规范、资金集中管理、信息集成传输和人员委派制度，那么混合模式的财务管理体制就达不到预期的效果。在混合模式的财务管理体制中，应当集权管理的项目包括制度制定权、筹资权、投资权、用资及担保权、固定资产购置权、财务机构设置权、收益分配权，分权管理的项目包括经营自主权、人员招聘及管理权、业务定价权、费用开支审批权。

（一）集权管理的项目

1. 制度制定权

企业总部根据国家法律、法规和其他相关规定，结合企业自身的发展战略、内部经营管理的需要，制定统一规范的财务管理制度，在企业总部及其管辖的子公司、分支机构等统一执行。需要注意的是，企业管辖的子公司、分支机构等只有制度执行权，但其可以根据自身的实际情况制定实施细则和补充规定。

2. 筹资权

筹资是指企业按照投资和日常经营活动等的需要，采用一系列的手段和方式筹措一定数额资金的活动。在集团企业中，为了使企业筹资风险最小、筹资成本最低，应当由企业总部统一部署、统一筹集资金。如企业管辖的子公司、分支机构等需要贷款，应当由企业总部集中统一联系金融机构办理贷款总额，企业管辖的子公司、分支机构等再分别办理贷

款手续，按合同规定自行支付利息；如企业管辖的子公司、分支机构等需要发行短期商业票据，企业总部应当充分考虑，综合分析企业资金的占用情况，并保证到期时银行账户有足额的资金贴现，不能因为票据到期不能兑现而影响企业信誉。企业总部对管辖的子公司、分支机构等进行追踪，审查现金使用状况，合理调配内部资金，提高资金使用效率。

3. 投资权

投资是一项风险性的经济活动，企业对外投资应当遵守成本效益性、分散风险性、安全性、整体性的原则。无论是企业总部还是其管辖的子公司、分支机构等的对外投资，都必须经过可行性分析、研究论证、决策等的过程。另外，必须有财务人员参加投资决策的过程，财务人员应当会同有关专业人员，通过仔细调查了解，开展可行性分析，预测今后若干年内的市场变化趋势及可能发生风险的概率、投资该项目的建设期、投资回收期、投资回报率等，写出财务报告，提出建议，报送领导参考决策。

为了保证投资效益，分散投资风险，企业对外投资应当执行限额管理，超过限额的投资，其决策权归属企业总部。被投资项目一经批准确立，财务部门应协助有关部门对项目进行跟踪管理，对于出现的偏差，应及时和有关责任部门对接，并予以纠正。对投资收益不能达到预期目标的项目，应及时清理解决，并追究有关负责人员的经济管理责任。同时应完善投资管理，企业应当根据自身特点建立一套具有可操作性的财务分析指标体系，规避有可能出现的财务风险。

4. 用资及担保权

企业总部应加强资金使用的安全性管理，对大额资金的拨付要严格跟踪监督，建立完善的审批手续，并严格执行财务制度。因为企业管辖的子公司、分支机构等财务状况的好坏直接关系着企业所投入资本的保值和增值问题，同时因为资金受阻导致获利能力下降，会降低企业的投资报酬率。

企业担保不慎，会引起信用风险和违约责任。企业内部的对外担保权应归企业总部集中管理，未经企业总部批准，企业管辖的子公司、分支机构等不得为其他企业提供担保，同时企业总部为其管辖的子公司、分支机构等提供担保应制定相应的审批程序。对过去的逾期未收货款，指定专人，统一步调，积极清理，谁经手，谁批准，由谁去收回货款，做到责任明确。

5. 固定资产购置权

固定资产具有占用金额大、使用期限长、难以变现等特点。因此，企业管辖的子公司、分支机构等需要购置大额固定资产，必须说明理由，提出申请，报企业总部审批，经批准后方可购置。企业管辖的子公司、分支机构等的资金不得自行用于资本性支出，进行资本性支出，必须经过企业总部审批。

6. 财务机构设置权

企业管辖的子公司、分支机构等的财务机构设置必须报企业总部批准，财务人员由企业总部统一招聘和调整，财务负责人或财务主管人员由企业总部统一委派。企业管辖的子公司、分支机构等的财务部门直接对企业总部负责，在企业总部的统一部署下开展财务工作。

7. 收益分配权

企业内部应统一收益分配制度，企业管辖的子公司、分支机构等应客观、真实、及时地反映其财务状况和经营成果。企业管辖的子公司、分支机构等的收益分配，属于法律、法规明确规定的，按规定分配，剩余部分由企业总部本着长远利益与现实利益相结合的原则，确定分配以及留存的比例。企业管辖的子公司、分支机构等留存的收益，原则上可自行分配，但应报企业总部备案。

（二）分权管理的项目

1. 自主经营权

企业管辖的子公司、分支机构等负责人主持本企业的生产经营管理工作，组织实施年度经营计划，决定生产和销售，研究和考虑市场周围的环境，了解和关注同行业的经营情况和战略措施，按规定时间向企业总部汇报生产经营管理工作的情况。对于突发的重大事件，要及时向企业总部汇报。

2. 人员招聘及管理权

企业管辖的子公司、分支机构等的负责人有权任免下属管理人员，有权决定员工的聘用与辞退，企业总部原则上不应干预，但其财务人员的任免应报经企业总部批准或由企业总部统一委派。

3. 业务定价权

企业管辖的子公司、分支机构等所经营的业务均不相同，因此，业务的定价应由各经营部门自行拟订，但必须遵守加速资金流转、保证经营质量、提高经济效益的原则。

4. 费用开支审批权

企业管辖的子公司、分支机构等在经营管理中必然发生各种费用，企业总部没必要进行集中管理，各所属单位在遵守财务制度的原则下，由其负责人批准各种合理的用于企业经营管理的费用开支。

第二节　财务管理的环境

企业在一定的社会经济环境中生存和发展，受到所在环境的综合影响；同时，企业属于经济社会的个体，是构成经济社会的重要组成部分。企业的财务活动是经济社会活动中不可缺少的部分，没有企业的财务活动，经济社会就不会完整，更不会持续发展。企业在经济社会中生存和发展，必然会受各种环境的影响和约束，在这些环境的共同作用下开展生产经营活动，谋求发展；在这些环境的共同作用下，企业的财务活动，必然要遵循一定的原则和规律，否则就会导致企业财务管理的失败，引发财务困境、经营困境，甚至破产。使企业受到影响的环境主要包括经济环境、金融环境、法律环境、技术环境。

一、经济环境

经济环境，是指企业生存和发展所面临的外部经济因素，主要包括宏观经济政策、经济周期、通货膨胀、经济体制和市场发育程度等。经济环境是企业在组织财务活动、处理财务关系时面临的重要环境，会直接或间接地影响企业的财务活动及财务效果。

（一）宏观经济政策

宏观经济政策，是指国家在一定时期内为了达到调控宏观经济效果而制定的一系列经济方面的政策，主要包括产业政策、财政政策、金融政策、税收政策、市场约束政策等。宏观经济政策是国家在一定时期内进行宏观经济调控的重要手段，是调节宏观经济良性运行的法宝。国家制定的宏观经济政策对企业的筹资活动、投资活动、营运活动以及利润分配活动都有重大的影响。例如，积极的财政政策刺激市场，市场需求增加，有利于企业的发展；消极的财政政策压制市场行情，市场需求减少，不利于企业发展；中央银行规定的货币发行量、执行的行业信贷规模等都会影响企业的资本结构、筹资活动和投资活动等；行业价格政策会影响资本的投向、投资回收期和预期收益等。

宏观经济政策代表一定时期国家的经济调控方向和力度，企业顺着国家的经济政策发展，会得到政策的扶持和补贴，促进企业发展；企业逆着国家的经济政策开拓业务，必然受到政策的调节或制裁，不利于企业发展。因此，企业应当组织财务人员积极研究国家的各项经济政策，把握国家经济政策的走向对行业的影响，并及时制定应对措施，响应国家的经济政策，争取获得政策扶持。例如，当大多数投资者还没有将注意力转移到国家经济政策上时，如果某个企业及时地领会某项经济政策，把握住投资机会，就会得到国家政策的扶持或享受优惠条件。国家的宏观经济政策是一种风向标，代表国家在一定时期内的工作重点，对企业的影响往往是长期的。

（二）经济周期

在市场经济条件下，经济的发展会呈现出有规律的变化，是不以人的意志为转移的，不管国家采用什么样的调控手段，都不可能完全避免出现过强或过弱的市场波动，如经济危机。经济周期是一种由繁荣、衰退、萧条、复苏再到繁荣的周期性变化。在西方经济体系中，国民生产总值、企业利润和失业率是衡量经济周期的三个重要标准，这三个指标总体上反映一国或地区所处的经济周期。其中，高国民生产总值、高企业利润和低失业率是一国或地区经济繁荣的标志；国民生产总值和企业利润的不断下降以及失业率的不断提高，表明一国或地区经济发展由繁荣逐渐走向衰退；持续的衰退必然会造成经济的全面萧条；在经济复苏时期，国民生产总值与企业利润逐渐增加，失业率也开始下降并趋于稳定。

经济的周期性波动对企业财务管理有着非常重要的影响。在不同的发展时期，企业的生产规模、销售业绩、获利能力、资本需求以及投资规模等都会出现明显的差异。例如，在经济萧条阶段，由于整个市场经济不景气，企业很可能处于紧缩状态之中，产量和销量大幅度下降，投资锐减；在经济繁荣阶段，市场需求量增大，销售业绩大幅度上升，企业为扩大生产，就要增加投资，增添机器设备、存货和劳动力，这就要求财务人员迅速地筹集所需资金。总之，面对经济的周期性波动，财务人员必须有预见性地估计经济变化情况，适当调整财务策略。在复苏期和繁荣期，应该增加厂房、建立存货、引入新产品、增加劳动力、实行长期租赁，为负债经营提供条件；在衰退期和萧条期，应该停止扩张、出售多余设备、停产不利产品、停止长期采购、削减存货、裁减多余的员工。同时，为了维护基本的财务信誉，应该采用比较稳健的负债经营策略，避免高负债带来的财务风险。

（三）通货膨胀

通货膨胀，是指一国或地区的货币流通量供大于求，导致市场上物品或劳务的价格持续上涨的现象。自从有了市场经济，通货膨胀就不断地出现在公众的视野，始终伴随着现代经济的发展。通货膨胀是一种经济现象，只要在合理的范围内，对企业影响不大；如果通货膨胀超过一定的幅度，就会对企业产生很大的负面影响，甚至会引发很多企业破产。因为大幅度的通货膨胀会引起资本占用额度的迅速增加，加剧企业对资金的需求量，引发利率的大幅度上升、有价证券价格的不断下降，增加企业的筹资难度和筹资成本。另外，通货膨胀会引发企业虚增利润和资产，造成企业高估资产和收益，引发企业多缴税，最后导致资本流失。

企业应当重视通货膨胀，做好相关的准备工作，将通货膨胀引发的损失降到最低度。一般在通货膨胀初期，货币面临着贬值的风险，这时企业进行投资可以避免贬值风险，实现资本保值；与供应商应签订长期购货合同，以减少物价上涨造成的损失；从债权人处获取长期负债，保持资金成本的稳定。在通货膨胀持续期，企业可以采用比较严格的信用条件，减少企业的应收款项；调整财务政策，防止和减少企业资本流失等。

（四）经济体制

经济体制，是指一国或地区所执行的关于经济运行与管理方面的方针政策，经济体制包括计划经济体制和市场经济体制。目前，我国执行的是市场经济体制。在计划经济体制下，国家统一安排企业资本规模、业务范围，统一投资、共享利润、共担亏损，企业实现利润统一上缴、企业发生亏损全部由国家补贴，企业无须单独筹资、投资、规划产品和服务。在计划经济体制下，企业财务管理活动的内容、方法等都非常简单。在市场经济体制下，国家没有统一筹资、投资，由企业自己筹资、投资、规划产品和服务等，执行企业自负盈亏的经济模式。企业有独立的经营权、筹资权、投资理财权等，企业可以根据自身的实际情况，估算一定时期内资本的需要量，寻求合适的资本来源，筹集所需资本；根据企业的发展战略和经营目标，经过分析研究，将资本投放到可行性强的项目上获取收益；根据企业的具体情况制定合适的利润分配方案，给予企业投资者投资回报。在企业管理中，财务管理活动的内容、方法等都具有多样化的特点，在财务管理上，面临的内外环境更加复杂，对财务人员的素质要求更高。因此，在市场经济体制下，企业应当与时俱进、审时度势、勇于开拓创新，做好财务管理工作。

（五）市场发育程度

不同地区、不同行业的市场发育程度是不同的，在发育程度不同的市场上，所面临的竞争、市场门槛、产品和服务质量等都是不一样的。企业应当根据市场发育程度，制定科学、合理、有效的财务管理方案，优化资源。企业所处的市场发育程度通常包括以下四种：完全垄断市场、完全竞争市场、不完全竞争市场和寡头垄断市场。不同的市场环境对财务管理有不同的影响，对企业的财务决策有重大的影响。如处于完全垄断市场的企业，销售业绩非常好，价格波动不大且高于行业平均水平，利润稳中有升，可以获取垄断利润，经营风险较小，企业可利用较多的债务资本，获得杠杆效应；处于完全竞争市场的企业，竞争非常激烈，销售量不稳定，销售价格完全由市场来决定，利润随价格和销量的波动而波动，经营风险较大，企业不宜过多地采用负债方式去筹集资本，避免陷入债务困境；处于不完全竞争市场和寡头垄断市场的企业，关键是要让企业的产品和服务具有优势、具有特色、具有品牌效应，这就要求在研究与开发上投入大量资本，研制出新的优质产品，并搞好售后服务，给予优惠的信用条件。

二、金融环境

金融环境就是金融市场环境。企业从事生产经营活动，需要开展筹资、投资、营运和利润分配活动，都涉及金融市场。金融市场不仅为企业筹资、投资等活动提供场所，还促进资本的合理流动和资源优化配置，是企业财务管理的直接环境。

（一）金融市场概述

金融市场，是指实现货币借贷与资本融通、办理各种票据和有价证券交易活动的总称，包括广义的金融市场和狭义的金融市场。其中，广义的金融市场泛指一切金融交易，包括金融机构与客户之间、金融机构与金融机构之间、客户与客户之间所有的以资本为交易对象的金融活动；狭义的金融市场是指以票据和有价证券为交易对象的金融活动。本书所讲的金融市场是狭义的金融市场。

金融市场的构成要素主要包括四个：

1. 参与者

参与者，是指参与金融交易活动的所有单位和个人，凡是参与金融交易活动的单位和个人都属于参与者。金融市场最初的参与者主要是资本不足或资本盈余的单位、个人以及金融中介机构。随着金融市场的不断发展，现代金融市场的参与者几乎已经扩大到社会经济生活的各个方面，包括企业、个人、政府机构、中央银行、商业银行、证券公司、保险公司等。按照进入金融市场时的身份不同，可以将金融市场的参与者划分为资本提供者、资本需求者、金融中介机构和管理者。

由于市场经济的不断深入发展，金融市场越来越发达，提供了越来越多的金融交易或金融服务。根据市场发展的规律，推动金融交易活动的力量源于两个方面：

（1）参与者对利润的追求。资本提供者提供资本是为了获取稳定的利息或股利；资本需求者筹措资本，是为了获取超过筹资成本的利润；中介机构提供服务，是为了获取手续费或赚取差价收入。参与者对利润的追求推动着资本的流通。

（2）参与者之间的相互竞争。资本需求者与资本提供者的竞争，使资本需求者试图以最小的资金成本取得资本，而资本需求者之间的竞争又使资金成本不会太低；资本提供者与资本需求者的竞争，使资本提供者试图以最高的收益转让资本，而资本提供者之间的竞争又使这种收益不会过高。这种参与者之间的互相竞争引导着资本的流向和流量，使资本从效益低的部门流向效益高的部门，从而实现资本的优化配置。

2. 金融工具

金融工具，是指金融市场的交易对象。资本提供者与资本需求者对借贷资本数量、期限和利率的多样化要求，决定了金融市场上金融工具的多样化，而多样化的金融工具不仅满足了资本提供者与资本需求者的不同需要，也由此形成了金融市场的细分市场。

3. 组织形式和管理方式

金融市场的组织形式主要有交易所交易和柜台交易两种，交易方式主要有现货交易、期货交易、期权交易、信用交易。金融市场的管理方式主要包括管理机构的日常管理、中央银行的间接管理以及国家的法律管理。

4. 内在调节机制

金融市场交易活动的正常进行还必须有健全的内在调节机制。内在调节机制，是指具有一个能够根据市场资本供应情况灵活调节利率高低的体系。在金融市场上，利率是资本商品的"价格"。利率的高低取决于社会平均利润率和资本供求关系，但是，利率又会对资本供求和资本流向起到重要的调节和引导作用。当资本供不应求时，利率上升，既加大了资本供应，又减少了资本需求；当资本供过于求时，利率下降，既减少了资本供应，又扩大了资本需求。因此，利率是金融市场上调节资本供求、引导资本合理流动的主杠杆。

（二）金融市场的种类

金融市场是由许多功能不同的具体市场构成的，对金融市场可以按不同的标准进行分类。

1. 按期限分类

金融市场按期限分为短期资本市场和长期资本市场。

（1）短期资本市场又称货币市场，是指融资期限在一年以内的资本市场，包括同业拆借市场、票据市场、大额定期存单市场和短期债券市场。

（2）长期资本市场又称为资本市场，是指融资期限在一年以上的资本市场，包括股票市场和债券市场。

2. 按功能分类

金融市场按功能分为发行市场和流通市场。

（1）发行市场又称为一级市场，它主要处理信用工具的发行与最初购买者之间的交易。

（2）流通市场又称为二级市场，它主要处理现有信用工具所有权转移和变现的交易。

3. 按融资对象分类

金融市场按融资对象分为资本市场、外汇市场和黄金市场。

（1）资本市场以货币和资本为交易对象。

（2）外汇市场以各种外汇信用工具为交易对象。

（3）黄金市场则是集中进行黄金买卖和金币兑换的交易市场。

4. 按地域范围分类

金融市场按地域范围分为地方性金融市场、全国性金融市场和国际性金融市场。

下面详细介绍两种金融市场。

1. 短期资本市场

短期资本市场，是指融资期限在一年以内的资本市场，其主要功能是调节短期资本融通。短期资本市场主要有同业拆借市场、票据市场、大额定期存单市场和短期债券市场等。

（1）同业拆借市场

同业拆借市场，是指银行等金融机构进行同业之间短期性资本的借贷活动。这种交易一般没有固定的交易场所，主要通过电讯、网络、移动支付等手段成交，期限按日计算，一般不超过1个月。

（2）票据市场

票据市场包括票据承兑市场和票据贴现市场。票据承兑市场是票据流通转让的基础，票据贴现市场是对未到期票据进行贴现，为客户提供短期资本融通。贴现市场包括贴现、再贴现和转贴现三种。其中，贴现，是指客户持未到期票据向商业银行或其他金融机构兑取现款以获得资金的融资行为；再贴现，是指商业银行将其贴现收进来的未到期票据向中央银行再办理贴现的融资行为；转贴现，是指商业银行将贴现收进来的未到期票据向其他商业银行或贴现机构进行贴现的融资行为。贴现、再贴现、转贴现，实质上是债权的转移或资本的买卖，并非形式上的票据转移。

（3）大额定期存单市场

大额定期存单市场，是指买卖银行发行的一种可转让大额定期存单的交易市场。大额定期存单的买卖活动，集中了银行活期存款和定期存款的优点。对于银行而言，它是定期存款；对于投资者而言，它既有较高的利息收入，又能及时变现，方式灵活，时间不固定，是一种很好的短期投资活动。

（4）短期债券市场

短期债券市场，是指主要买卖一年期以内的短期企业债券和政府债券的交易市场。短期债券的转让可以通过贴现或买卖的方式进行。短期债券以其信誉好、期限短、利率优惠等优点,成为短期资本市场中的重要金融工具之一。

2.长期资本市场

长期资本市场,是指融资期限在一年以上的资本市场,在西方国家称为资本市场,其主要功能是引导长期资本投资。

(1)长期资本市场上的交易活动

长期资本市场上的交易活动由发行市场和流通市场构成。其中,发行市场,又称为一级市场,其活动围绕着有价证券的发行而展开。参与者主要是发行人和认购人,中介人作为受托人参与活动。有价证券的发行是一项复杂的金融活动,一般要经过以下几个重要环节:

①证券种类的选择。对发行人而言,要从适用范围、融资性质、筹资成本、提供的权利等方面选择发行证券的种类;对认购人而言,要从安全性、流动性和营利性等方面选择认购证券的种类。

②偿还期限的确定。对债券来说,发行人要依据资本投向、未来利率、发行的难易程度,确定债券的偿还期。

③发售方式的选择。发行人要做两种选择:一是选择认购人,以决定是私募还是公募;二是选择销售人,以决定是自销还是代销。

(2)长期资本市场上的交易组织形式

长期资本市场上的交易组织形式主要有证券交易所和柜台交易两种。

①证券交易所,是指专门的、有组织的证券集中交易的场所。证券交易所本身不买卖证券,只是为买卖双方提供交易场所和各种服务。

②柜台交易,是指通过证券商所设立的专门柜台进行证券买卖,故又称店头市场。投资者可以直接通过柜台进行买卖,也可以委托经纪人代理买卖。在这里交易的证券主要是不具备上市条件或不愿意上市的证券。柜台交易在各证券公司分散进行,是一种松散的市场交易组织形式。我国目前的证券交易主要以交易所交易为主,柜台交易很少。

(3)长期资本市场上的交易方式

长期资本市场上的交易方式包括现货交易、期货交易、期权交易和信用交易四种。

①现货交易,是指成交约定2~3天内实现钱货两清的交易方式,即卖者交出证券,收回现款;买者交付现款,收到证券。

②期货交易,是指证券买卖双方成交以后,按契约中规定的价格、数量,过一定时期后才进行交割的交易方式。其显著特点是:成交和交割不同步;交割时可以按清算方式相互轧抵,只需交割差额;交易中既有投资者又有投机者。

③期权交易,是指买卖双方按约定的价格在约定的时间,就是否买进或卖出证券而达成的契约交易。在这个过程中,交易双方买卖的只是一种权利。

④信用交易,是指投资者购买有价证券时只付一部分价款,其余的由经纪人垫付,经纪人从中收取利息。

（三）金融市场对财务管理的影响

金融市场是商品经济和信用形式多样化发展到一定程度的必然产物。它在财务管理中具有重要的作用：

1. 为企业筹资、投资提供场所

金融市场可以为资本所有者提供多种投资渠道和投资方式，可以为资本需求者提供多种筹资渠道和筹资方式。在实务中，资本所有者在投资时，一般关注投资的安全性、流动性和获利性；而资本需求者在筹资时，一般关注资金成本的高低、资金在数量和时间上的安排。因此，为了满足资本所有者和资本需求者的共同需求，人们提供了一个理想的、实用的交易场所，而金融市场上有多种融资形式和金融工具均可供双方选择。资本所有者和资本需求者都能通过金融市场的多样化融资形式和融资工具实现各自的预期目标。

2. 企业资本灵活多样化

金融市场上多样化的金融交易活动频繁交错，形成了一张巨大的交易网。通过融资活动可以实现不同类型的资本之间的相互转换。例如，长期资本与短期资本的相互转换，不同区域的资本之间相互转换，大额资本与小额资本之间相互转换。在实务中，股票、债券的发行能够将储蓄资本转换为生产资本，将短期资本转换为长期资本，将不同地区的资本转换为某一地区的资本等，这多种方式的相互转换能够调节资本供求，促进资本流通。

3. 引导资本流向和流量，提高资本效率

金融市场通过利率的上下波动和人们投资收益的变化，能够引导资本流向，使资本流到最需要的地方，从利润率低的部门流到利润率高的部门，从而实现资本在各地区、各部门、各单位的合理流动，实现社会资源的优化配置。

4. 为企业树立财务形象

金融市场是企业树立财务形象的最好场所。企业有良好的经营业绩和财务状况，股票价格就会稳定增长，这是对企业财务形象最客观的评价。

5. 为财务管理提供有用的信息

企业进行筹资、投资决策时，可以利用金融市场提供的有关信息。从宏观方面看，股市行情反映了国家的总体经济状况和政策情况；从微观方面看，反映了企业的经营状况、盈利水平和发展前景，有利于投资者对企业财务状况作出基本评价。此外，利率的变动也反映了资本的供求状况等。

三、法律环境

法律环境，是指法律意识形态及其与之相适应的法律规范、法律制度、法律组织机构、法律设施所形成的有机整体。市场经济是以法律规范和市场规则为特征的经济制度。法律为企业经营活动规定了活动空间，也为企业在相应空间内自主经营管理提供了法律上的保护。

（一）企业组织法规

企业是市场经济的主体，不同组织形式的企业所适用的法律是不同的。企业可以划分为个人独资企业、合伙企业和公司制企业。

1. 个人独资企业

个人独资企业，是指由业主个人出资经营、归个人所有和控制、由个人承担经营风险和享有全部经营收益的企业。个人独资企业的出资人既是所有者，也是经营管理者。个人独资企业具有设立和解散容易、经营方式灵活多样、收益归业主、不具有法律地位、对企业的债务承担无限责任的特点。个人独资企业财务管理的内容十分简单，其资本的投放和回收都由业主自行决定，方便灵活。

（1）个人独资企业具有以下几个方面的优点：

①企业资产所有权、控制权、经营权、收益权高度统一。这有利于保守与企业经营和发展有关的秘密，有利于业主个人创业精神的发扬。

②企业业主自负盈亏和对企业的债务负无限责任成为强硬的预算约束。企业经营的好坏同业主个人的经济利益乃至身家性命紧密相连，因而，业主会尽心竭力地把企业经营好。

③企业的外部法律法规等对企业的经营管理、决策、进入与退出、设立与破产的制约较小。

（2）个人独资企业具有以下几个方面的缺点：

①筹集资金困难。因为一个人的资金终归有限，以个人名义借贷款难度也较大。因此，独资企业限制了企业的扩展和大规模经营。

②投资者风险较大。业主对企业负无限责任，在强化了企业预算约束的同时，也带来了业主承担风险较大的问题，从而限制了业主向风险较大的部门或领域进行投资的活动。

③企业可持续性差。企业所有权和经营权高度统一的产权结构，虽然使企业拥有充分的自主权，但这也意味着企业是自然人的企业，业主的病、死，他个人及家属知识和能力的缺乏，都可能导致企业破产。

2. 合伙企业

合伙企业，是指由两个或两个以上的投资人共同出资成立、共同经营、共负盈亏的企业组织。合伙企业通过合伙协议来明确合伙企业的具体事项，包括合伙企业的存续时间、合伙企业的管理、利益的分配、责任的分担等。合伙协议是合伙企业最具有约束力的文件。合伙企业的合伙人对合伙企业的债务承担无限连带责任。合伙企业具有以下几个方面的特点：

（1）合伙企业期限短。合伙企业比较容易设立和解散。合伙人签订了合伙协议，就宣告合伙企业成立；新合伙人申请加入、旧合伙人的退伙、死亡、自愿清算、破产清算等均可造成原合伙企业的解散以及新合伙企业的成立。因此，合伙企业存续的时间一般比较短。

（2）无限连带责任。合伙企业作为一个整体对债权人承担无限责任。普通合伙人对合伙企业的债务承担无限连带责任。如甲、乙、丙三人成立的合伙企业破产时，当甲、乙已无个人资产抵偿企业所欠债务时，虽然丙已依约还清应分摊的债务，但仍有义务用其个人财产为甲、乙两人付清所欠的应分摊的合伙债务，当然此时丙对甲、乙拥有财产追索权。

（3）相互委托、相互代理。合伙企业的生产经营活动，由合伙人共同决定，合伙人有执行和监督的权利。合伙人可以推举负责人。合伙企业的负责人和其他人员的经营活动，由全体合伙人共同承担民事责任。

（4）财产共有。合伙人投入的财产，由合伙人统一管理和使用，不经其他合伙人同意，任何一位合伙人不得将合伙财产移为他用。

（5）利益共享。合伙企业在生产经营活动中形成的资产，归合伙人共有。如有亏损，则亦由合伙人共同承担。损益分配的比例，应在合伙协议中明确规定；未经规定的，可按合伙人出资比例分摊，或平均分摊。

3. 公司制企业

公司是指由两个或两个以上的股东出资设立的，以营利为目的企业法人组织。公司的设立必须符合《公司法》的有关规定，公司的每个股东以其认缴的出资额或认购的股份对公司承担有限责任，公司以其全部资产对其债务承担有限责任。我国的公司制企业主要包括有限责任公司和股份有限公司。

（1）有限责任公司的特点是：公司资本不分为等额份额；公司向股东签发出资证明书而不发行股票；公司股份的转让有严格的限制；股东人数受到限制；股东以其出资额比例享受权利、承担义务。

（2）股份有限公司的特点是：公司资本平均分为金额相等的份额；经批准后，其股票可以向社会公开发行，股票可以交易或转让；股东人数没有上限限制；股东按其持有的股份享受权利、承担义务；股份公司要定期公布经注册会计师审查验证的财务报告。

（二）税收法规

税法是税收法律制度的总称，是调整税收征纳关系的法律规范。税收既有调节社会总供给与总需求、经济结构、维护国家主权和利益等宏观经济作用，又有保护企业经济实体地位、促进公平竞争、改善经营管理和提高经济效益等微观作用。税收对企业的经营活动具有重要的影响，对财务管理的影响尤其明显。

税收对财务管理的影响具体表现为以下几点：

1. 影响企业融资决策

按照我国现行所得税制度，企业借款利息不高于金融机构同类同期贷款利息的部分，可在所得税前予以扣除，从而减少了企业的应纳税所得额。其他融资方式则无此优势，如发行股票筹集的资本，股利支出不得抵扣所得税。

2. 影响企业投资决策

企业的投资活动，包括对外投资、对内投资和企业设立分公司、子公司的投资。企业投资成立的企业形式不同、规模不同、投资行业不同、投资区域不同等，都会面临不同的税收政策。

（1）对企业设立的地点和行业的影响。在我国现行的企业所得税制度中，均规定了对于投资于特定地区（如经济特区、技术经济开发区、老少边穷地区等）和特定行业（如高新技术产业、第三产业、"三废"综合治理企业等）以及劳动就业服务、福利生产企业等的优惠政策，在企业设立之初可以考虑依照国家政策导向，获得税收优惠。

（2）对企业兼营业务的影响。按照我国现行增值税制度规定，增值税纳税人兼营不同税率的货物或应税劳务，应分别核算；未分别核算的，从高适用税率。因此，企业必须建立健全财务管理制度，分别核算不同增值税率的货物和不同税种的销售额。

（3）对企业分支机构设立形式的影响。分公司不具有独立法人资格，所得税与总公司合并缴纳；而子公司因为具有独立的法人资格，其各项税收的计算、缴纳均独立于母公司，并可单独享受税收优惠。如果预计分支机构效益为负，则应设立分公司，以其亏损抵减总公司的应税所得额。

3.影响企业现金流量

税收有强制性、无偿性和固定性三个特征，企业向税务机关纳税是其应尽的义务，并且要按税法的有关规定及时上缴。缴纳税费必然增加企业现金流出量，这要求企业在进行财务管理时做好税收筹划，合理地筹集所需要的资金，保证资金供给充足，通过合理的筹划税收，调整纳税时间，延缓纳税，可减少现金流量过度集中流出，降低企业的财务负担。

4.影响企业利润

税收体现着国家与企业对利润的分配关系。税率的变动与利润的变动呈反比关系，在一定时期内企业承担的税负增加，则利润必然减少。税率的变更对利润有直接影响，税率的上升或下降会使企业利润减少或增加。因此，财务人员应当加强研究，充分掌握企业面临的各项税费，对税率变动带来的影响做好预测和准备。

5.影响企业利润分配

公司制企业的股利分配政策不仅影响股东的个人所得，而且影响公司的现金流量，股东获得的现金股利需缴纳个人所得税。如果公司将盈利留在企业作为内部留存收益，股东可以不缴纳个人所得税，减少股东的税负。股利留存在企业，通过后续股价上涨可获得资本利得，从而实现合理避税的目标。

（三）财务法规

企业财务法规制度是规范企业财务活动，调整企业财务关系的行为准则。企业财务法规有利于规范企业的生产经营活动。

我国现行的企业财务管理法规制度，包括以下三个层次：

1.企业财务通则

企业财务通则（以下简称财务通则）是指在我国境内设立的各类企业在财务活动中必

须遵循的基本原则和规范，是财务规范体系中的基本法规。在财务法规制度体系中起着主导作用。财务通则的制定与实施是我国市场经济发展的需要，也是我国财务制度与国际通行财务制度相衔接的需要。

财务通则是制定行业财务制度和企业财务制度的根据。各行业财务制度和企业内部财务制度都是在财务通则确定的共同原则与规范的基础上，结合行业与企业特点而制定的，从而保证了财务制度的科学性和逻辑性。

2. 行业财务制度

行业财务制度，是指根据财务通则的规定和要求，结合行业的实际情况，充分体现行业的特点和管理要求而制定的财务制度。行业财务制度是财务通则的原则规定与各行业财务活动的特点相结合的产物，它在整个财务法规制度体系中起基础作用。

行业财务制度是以行业的划分为标准的。根据我国实际情况，国民经济行业可划分为工业、运输、邮电、流通、服务、金融、建筑、农业、对外经济合作九个行业，行业财务制度也分别按这九个行业制定。由于财务通则的制定权在财政部，行业财务制度也应由财政部制定，以便于保持财务通则与行业财务制度的一致性。

3. 企业内部财务制度

企业内部财务制度是由企业管理当局制定的用来规范企业内部财务行为、处理企业内部财务关系的具体规则，它在财务法规制度体系中起着补充作用。

企业内部财务制度的制定要符合以下原则：

（1）符合企业财务通则和行业财务制度的原则和规定；

（2）体现本企业的生产技术和经营管理的特点；

（3）考虑企业内部财务管理体制的方式和内容。

四、技术环境

技术环境是指财务管理得以实现的技术手段和技术条件，它决定着财务管理的效率和效果。目前，我国进行财务管理所依据的会计信息是通过会计系统提供的，占企业经济信息总量的70%~80%。在企业内部，会计信息主要是提供给管理层决策使用的；而在企业外部，会计信息则主要是为企业的投资者、债权人等提供服务的。

目前，我国正全面推进会计信息化工作，力争通过5~10年的努力，建立健全会计信息化法规体系和会计信息化标准体系，全力打造会计信息化人才队伍，基本实现大型企事业单位会计信息化与经营管理信息化的融合。进一步提升企事业单位的管理水平和风险防范能力，做到数出一门、资源共享，便于不同信息使用者获取、分析和利用，进行投资和相关决策；基本实现大型会计师事务所采用信息化手段对客户的财务报告和内部控制进行审计的目标，进一步提升审计质量和效率；基本实现政府会计管理和会计监督的信息化，进一步提升会计管理水平和监管效能。通过全面推进会计信息化工作，使我国的会计信息化达到或接近世界先进水平。我国企业会计信息化的全面推进，必将促使企业财务管理的技术环境进一步完善和优化。

随着"互联网+财务"的模式、人工智能的不断深入发展，财务管理应用的计算平台不断更新，财务管理的手段和效果得到前所未有的提高，将财务管理人员从繁琐的数据中解放出来，使他们将精力投放到内部管理以及企业财务战略上。

第九章 财务管理的价值观

韦教授的选择

韦教授是行业顶尖级专家,一日接到 A 上市公司的邀请函,邀请他作为公司的顾问,指导企业的经营管理活动。邀请函的具体条件如下:

1. 每个月来公司指导工作 4 天;
2. 每年薪金 10 万元;
3. 赠送公司在 B 市的住房一套,价值 50 万元;
4. 在公司至少工作 6 年。

韦教授对以上工作待遇很感兴趣,对公司的经营管理也很有研究,决定应聘。但他不想接受住房,因为每月工作 4 天,只需要住公司招待所就可以了,而且住房没有专人照顾,因此他向公司提出,能否将住房改为住房补贴。公司研究了韦教授的请求,决定可以在今后 6 年里每年年初给韦教授支付 15 万元住房补贴。收到公司通知后,韦教授又犹豫起来,因为如果向公司要住房,期满后可以将其出售,扣除售价 5% 的契税和手续费后,考虑到住房升值因素,预计可以获得 70 万元,而若接受房贴,则每年年初可获得 15 万元。假设每年存款利率为 4%,则韦教授应该如何选择?

通过上述引例,可以让你对资金时间价值有一个初步的认识和了解,结合本章内容,让你进一步掌握资金时间价值以及风险报酬的理念。

第一节 资金时间价值

一、资金时间价值概述

在日常工作中,经常会遇到这样的现象,一定量的资金在不同时点上具有不同的价值,现在的 1 元钱比将来的 1 元钱更值钱。如我们现在有 10 000 元,存入银行,银行的年利率为 2%,1 年后可得到 10 200 元,于是现在的 10 000 元与 1 年后的 10 200 元相等。因为这 10 000 元经过 1 年的时间,增值了 200 元,这增值的 200 元就是资金经过 1 年的时间价值。同样,企业的资金投到生产经营中,经过生产过程的不断运行、资金的不断运动,随着时间的推移会形成新的价值,使资金得以增值。因此,一定量的资金投入生产流通环节,会取得一定的利润和利息，从而产生资金的时间价值。

（一）资金时间价值的概念

资金时间价值也称为货币时间价值，是指一定数额的资金在不同时点上所体现的价值差额，即资金在流通过程中会随着时间的推移而发生价值增值。纵观企业的发展，资金在投入、运用和收回的环节，相同数额的资金在不同时点上的价值是不同的，形成了资金的价值差额，表现为资金时间价值。

（二）资金时间价值产生的原因

1. 资金时间价值体现货币资源的稀缺性

经济和社会的发展要消耗社会资源，现有的社会资源构成现存的社会财富，利用这些社会资源创造出来的物质和文化产品构成了将来的社会财富，由于社会资源具有稀缺性，又能够带来更多社会产品，所以现在物品的效用要高于未来物品的效用。在货币经济条件下，货币是商品的价值体现，现在的货币用于支配现在的商品，将来的货币用于支配将来的商品，所以现在货币的价值自然高于未来货币的价值。市场利息率是对平均经济增长和社会资源稀缺性的反映，也是衡量货币时间价值的标准。

2. 货币时间价值是流通货币固有的特征

在目前的信用货币制度下，流通中的货币是由中央银行基础货币和商业银行体系派生存款共同构成的，由于信用货币有增加的趋势，所以货币贬值、通货膨胀成为一种普遍现象，现有货币也总是在价值上高于未来货币。市场利息率是可贷资金状况和通货膨胀水平的反映，反映了货币价值随时间的推移而不断降低的程度。

3. 货币时间价值是人们认知心理的反映

由于认识上的局限性，人们总是对现存事物的感知能力较强，而对未来事物的认识较模糊，结果人们存在一种普遍的心理，就是比较重视现在而忽视未来，现在的货币能够支配现在的商品和服务，满足人们现实的需要，而将来的货币只能支配将来的商品和服务，满足人们将来不确定的需要，所以现在单位货币的价值要高于未来单位货币的价值，为使人们放弃现在的货币及其价值，必须付出一定的代价，利息率便是这一代价。

4. 资金时间价值产生的条件是借贷关系

市场经济的高度发展和借贷关系的普遍存在，使资金的使用权与所有权分离，资金的所有者把资金使用权转让给使用者，使用者必须把资金增值的一部分支付给资金的所有者作为报酬，资金占用的金额越大、使用的时间越长，所有者所要求的报酬就越高。而资金在周转过程中的价值增值是资金时间价值产生的根本源泉。

二、资金时间价值的计算

资金时间价值可用绝对数（利息）和相对数（利息率）两种形式表示，在实务中，一般用相对数表示。资金时间价值实际上是在没有风险和没有通货膨胀条件下的社会平均资金利润率，是企业资金利润率的最低限度，也是使用资金的最低成本率。

由于资金在不同时点上具有不同的价值，不同时点上的资金就不能直接比较，必须换算到相同的时点上才能比较。因此，掌握资金时间价值的计算就很重要。资金时间价值的计算包括一次性收付款项和非一次性收付款项（年金）的终值、现值。

（一）一次性收付款项的终值和现值

一次性收付款项，是指在某一特定时点上一次性支出或收入，经过一段时间后再一次性收回或支出的款项。如现在将10 000元现金存入银行，3年后一次性取出本利和。资金时间价值包括现值的计算和终值的计算。其中，现值又称本金，是指未来某一时点上的一定数额的现金折算到现在的价值；终值又称未来价值或本利和，是指现在一定量的现金在将来某一时点上的价值。

1. 单利的现值和终值

单利，是指只对本金计算利息，利息部分不再计息，通常用P表示现值，F表示终值，i表示利率（贴现率、折现率），n表示计算利息的期数，I表示利息。

单利计息的现值计算公式为：

P=F÷（1+i×n）

单利计息的终值计算公式为：

F=P×（1+i×n）

其中，I=P×i×n。

例题【1】

2017年1月1日，韦老师希望5年后获得10 000元本利和，银行利率为5%，请问韦老师现在需存入银行多少资金？

解：

P=F÷（1+i×n）

=10 000÷（1+5%×5）=8 000(元）

例题【2】

2017年1月1日，韦老师将一笔50 000元的现金存入银行，银行存款的利率为5%(单利计息)，不考虑其他因素，2018年1月1日、2019年1月1日该存款的终值与利息分别是多少？

解：

I1=P×i×n=50 000×5%×1=2 500(元）

I2=P×i×n=50 000×5%×2=5 000(元）

F1=P×（1+i×n）=50 000×（1+5%×1）=52 500(元）

F2=P×（1+i×n）=50 000×（1+5%×2）=55 000(元）

注意：在单利计息条件下，只对本金计算利息，不对利息再计算利息，由例题【2】

可以得到验证。另外，如果无特殊说明，本书给出的利率均为年利率。

2.复利的现值和终值

复利，是指在利息计算中，不仅要对本金计算利息，还要对本金所生的利息再计算利息，俗称"利滚利"或"滚雪球"。

（1）复利的终值，是指一定数额的本金按照复利计算，经过若干年后的本金与利息之和。复利终值的计算公式如下：

$F=P\times(1+i)^n$

上述公式中$(1+i)^n$称为"复利终值系数"或"1元复利终值系数"，用符号（F/P，i，n）表示，复利终值系数的对应数值可以通过查阅1元复利终值表获得。

例题【3】

2017年1月1日，韦老师将50 000元存入银行，假设银行存款利率为5%（复利计息），不考虑其他因素。

要求：

计算2018年1月1日，韦老师存款的本金与利息之和；计算2019年1月1日，韦老师存款的本金与利息之和。

解：

2018年1月1日的本金与利息之和的计算为：

$F=P\times(1+i)^1$

$=50\ 000\times(F/P,5\%,1)$

$=50\ 000\times1.05=52\ 500$（元）

2019年1月1日的本金与利息之和的计算为：

$F=P\times(1+i)^2$

$=50\ 000\times(F/P,5\%,2)$

$=50\ 000\times1.102\ 5=55\ 125$（元）

注意：以上计算中（F/P，5%，2）表示年利率为5%，期限为2年的复利终值系数，在复利终值表上，我们可以从横行中找到利息5%，从纵列中找到期数2年，在纵横相交处，可查到（F/P，5%，2）的数值为1.102 5。该系数表明，在年利率为5%的条件下，现在的1元与2年后的1.102 5元相等。

通过将相同数额的本金存入银行，把在单利计息条件下的终值与复利计息条件下的终值做比较，得出的结论是：在第一年，单利计息条件下的终值和复利计息条件下的终值是相等的；在第二年，单利计息条件下的终值和复利计息条件下的终值就不相等，两者相差55 125–55 000=125(元)，这是因为第一年本金所生的利息在第二年也要计算利息，即2 500×5%=125(元)。因此，同样的本金，在复利计息条件下，从第二次计息时间开始，其终值要比同样条件下的单利计息终值高，原因是利息再计算利息。

（2）复利现值，是指在未来某一特定时间取得或支出一定数额的资金，按复利的条件折算到现在的金额。

复利现值的计算公式为：

$P = F \times (1+i)^n = F \times (1+i)^{-n}$

上述公式中的$(1+i)^{-n}$称为"复利现值系数"或"1元复利现值系数"，用符号$(P/F, i, n)$表示，复利现值系数的对应数值可以通过查阅1元复利现值表获得。

例题【4】

韦老师希望5年后获得100 000元的本金和利息，假设银行利率为5%（复利计息）。要求：计算韦老师现在应该存多少资金到银行？

解：其中，$(P/F, 5\%, 5)$表示年利率为5%，期限为5年的复利现值系数。在复利现值表上，从横行中找到利率5%，从纵列中找到期限5年，在两者相交处可查到$(P/F, 5\%, 5)$的数值为0.783 5。该系数表明，在利率为5%的条件下，5年后的1元与现在的0.783 5元相等。

$P = F \times (1+i)^{-n}$

$= F \times (P/F, 5\%, 5)$

$= 100\ 000 \times 0.783\ 5$

$= 78\ 350(元)$

（3）复利利息，是指在复利计息条件下计算一定会计期间取得或支出一定数额的资金所对应的利息数额。

复利计息条件下的利息计算公式为：

$I = F - P$

例题【5】

韦老师希望5年后获得100 000元的本金和利息，现在存入银行78 350元，假设银行利率为5%（复利计息）。要求：计算韦老师存入银行资金的利息总额是多少？

解：

$I = F - P$

$= 100\ 000 - 78\ 350 = 21\ 650(元)$

3. 名义利率和实际利率

在实际计算利息的过程中，有些利息是一年计算一次，有些利息是一年计算很多次。在一般的利息计算中，所涉及的利率均假设为年利率，并且每年只复利一次。但是，在特殊业务中，复利的计算期不一定是一年，有的是半年，有的是一个季度，有的是一个月甚至是一天复利一次。因此，在计算利息时，应当区分名义利率和实际利率。

名义利率，是指利息在一年内要复利几次时给出的年利率，用r表示，根据名义利率计算出的每年复利一次的年利率称实际利率，用i表示。

实际利率计算公式为：

$i = (1 + r \div m)^m - 1$

一年内多次复利计息的本金与利息之和的计算为：

第一种方法：先计算实际利率 $i=(1+r\div m)^m-1$；然后直接将实际利率套入复利终值的计算公式 $F=P\times(1+i)^n$，就可以计算出一定数额的资金经过一定会计期间后的本金与利息之和。

第二种方法：直接运用公式 $F=P\times(1+r\div m)^{m\times n}$，计算出一定数额的资金经过一定会计期间后的本金与利息之和。

注意：上述公式中的 m 为每年复利的次数，n 为计息的年数。

例题【6】

韦老师于 2017 年 1 月 1 日在银行存入 100 000 元，假设利率为 5%，每季度复利一次，不考虑其他因素。要求：计算 2019 年 1 月 1 日到期的本金与利息之和。

解：

将名义利率折算成实际利率：

$i =(1+r\div m)^m-1$

$=(1+5\%\div 4)^4-1$

$=5.09\%$

运用复利终值系数公式计算本金与利息之和：

$F =P\times(1+i)^n$

$=100\ 000\times(1+5.09\%)^2$

$=110\ 439.1(元)$

或者

$F =P\times(1+r\div m)^{m\times n}$

$=100\ 000\times(1+5\%\div 4)^{2\times 4}$

$=100\ 000\times(1+0.012\ 5)^8$

$=110\ 448.6(元)$

（二）非一次性收付款项的终值和现值

非一次性收付款项，是指在一定时期内资金不是一次性收到或支付，而是经过多次等额或者不等额收到或支付的款项。其中，在一定时期内，间隔相同的时间长度，收入或支出相同金额的系列款项称为年金。

在企业的实际业务中，经常会出现间隔相同的时间长度，收入或支出相同金额的系列款项的情况，如折旧、租金、等额分期付款、养老金、保险费、零存整取等。年金具有连续性和等额性。连续性要求在一定时间内，间隔相等时间就要发生一次收支业务，中间不得中断，必须形成系列。等额性要求每期收、付款项的金额必须相等。

年金根据每次收付发生的时点不同，可分为普通年金、预付年金、递延年金和永续年金四种。需要注意的是，在财务管理中，年金一般是指普通年金。

1. 普通年金

普通年金，是指在每期的期末，间隔相等时间内收到或支付相等金额的系列款项。每一间隔期，有期初和期末两个时点，由于普通年金是在期末这个时点上发生收付，故又称后付年金。

普通年金终值，是指每期期末收到或支付的相等金额的系列款项，在复利计息的条件下，到最后一期累计的本金与利息。每期期末收到或支付的款项用 A 表示，利率用 i 表示，计算期用 n 表示，那么每期期末收到或支付的款项，折算到第 n 年年末的终值如图 9-1 所示。

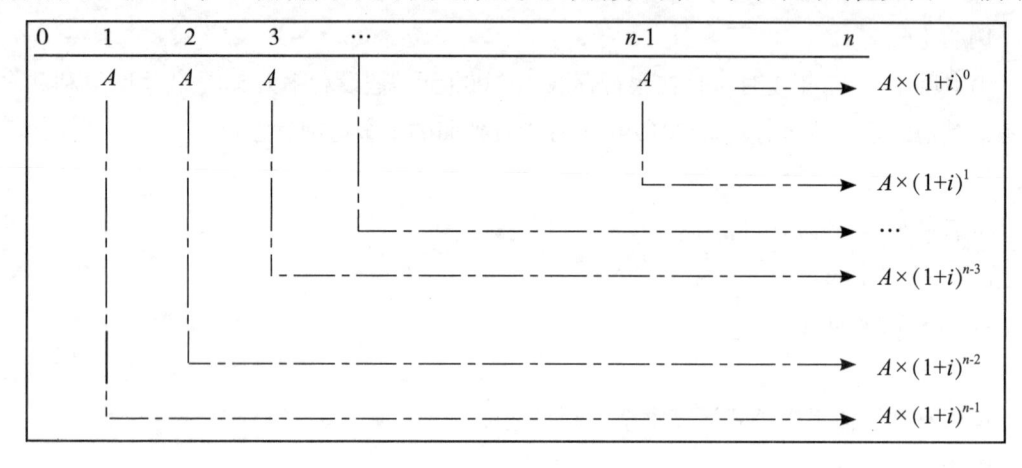

图 9-1 普通年金终值

由图 9-1 可知，第 n 年的年金终值为：

FA=A×(1+i)0+A×(1+i)1+⋯+A×(1+i)n–3+A×(1+i)n–2+A×(1+i)n–1

经过公式推导可得：

FA=A[(1+i)n–1]÷i

其中，[(1+i)n–1]÷i 称为"年金终值系数"，符号为（F/A, i, n）；表示年金为 1 元，利率为 i，经过 n 期的复利后的累计本金和利息是多少，年金终值系数可以查看 1 元年金终值表得到数据。

例题【7】

韦老师连续 5 年每年年末存入银行 100 000 元，利率为 5%（F/A, 5%, 5=5.525 6），不考虑其他因素。要求：计算第 5 年年末的本利和。

解：

FA=A×(F/A, 5%, 5)

=100 000×5.525 6

=552 560（元）

普通年金现值，是指在一定时期内每期期末等额收付款项的复利现值之和。实际上是为了在每期期末取得或支出相等金额的款项，现在需要一次投入或借入多少金额，年金现值用 PA 表示，普通年金现值如图 9-2 所示。

```
    0      1       2       3            n-1      n
            A       A       A             A       A
A×(1+i)⁻¹  ←---
A×(1+i)⁻²  ←------
A×(1+i)⁻¹  ←----------
A×(1+i)⁻⁽ⁿ⁻¹⁾ ←---------------------
A×(1+i)⁻ⁿ  ←------------------------------
```

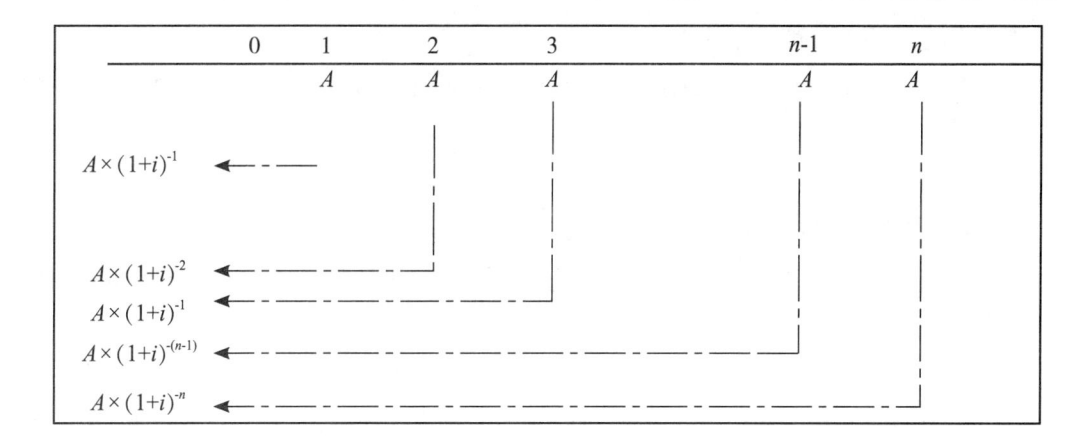

图 9-2 普通年金现值

由图 9-2 可知，n 年的年金现值之和为：

PA=A×(1+i)–1+A×(1+i)–2+A×(1+i)–3+…+A×(1+i)–(n–1)+A×(1+i)–n

PA=A×[1–(1+i)–n]÷i

经过公式推导可得：[1–(1+i)–n]÷i 称为"年金现值系数"或"1元年金现值系数"，记作（P/A，i，n），表示年金1元，利率为i，经过n期的年金现值是多少，可查1元年金现值表得到数据。

例题【8】

韦老师希望每年年末取得100 000元，连续取5年，银行利率为5%（P/A，5%，5=4.329 5），不考虑其他因素。要求：计算第一年年初应一次性存入银行多少钱？

解：

PA=A×(P/A，i，n)

=100 000×(P/A，5%，5)

=100 000×4.329 5

=432 950（元）

2. 预付年金

预付年金，是指每期收入或支付相等金额的款项是发生在每期的期初，而不是期末，也称先付年金或即付年金。预付年金与普通年金的区别在于收付款的时点不同，因为普通年金在每期的期末收付款项，而预付年金在每期的期初收付款项。

（1）预付年金终值是指每期期初收付款项的复利终值之和。

n期的预付年金与n期的普通年金相比，其收付款项次数是一样的，只是收付款项时点不一样。在计算年金终值时，预付年金比普通年金多计算一年的利息；如计算年金现值，则预付年金要比普通年金少折现一年。因此，在普通年金现值、终值的基础上，乘上(1+i)，便可计算出预付年金的现值与终值。

预付年金的终值，第 n 年的年金终值为：

FA=A×(1+i)1+A×(1+i)2+A×(1+i)3+⋯+A×(1+i)n–3+A×(1+i)n–2+A×(1+i)n–1+A×(1+i)n

经过公式推导可得：

FA=A×[(1+i)n–1]×(1+i)=A×{[(1+i)n+1–1]÷i–1}

其中，{[(1+i)n+1–1]÷i–1} 称"预付年金系数"，记作 [(F/A, i, n+1)–1]，可利用普通年金终值表查得（n+1）期的终值，然后减去 1，就可得到 1 元预付年金终值。

例题【9】

韦老师连续 5 年每年年初存入银行 100 000 元，利率为 5%(F/A, 5%, 6=6.801 9)，不考虑其他因素。要求：计算第 5 年年末的本利和。

解：

FA =A×[(F/A, i, n+1)–1]

=100 000×[(F/A, 5%, 5+1)–1]

=100 000×(6.801 9–1)

=580 190(元)

（2）预付年金现值是指在一定时期内每期期初等额收付款项的复利现值之和。实际上就是指为了在每期期初取得或支付相等金额的款项，现在需要一次投入或借入多少金额，年金现值用 PA 表示，预付年金现值如下。

n 年的年金现值之和为：

PA=A×(1+i)0+A×(1+i)–1+A×(1+i)–2+⋯+A×(1+i)–(n–2)+A×(1+i)–(n–1)

经过公式推导可得：

PA=A×[1–(1+i)–n]×(1+i)÷i=A×{[1–(1+i)–(n–1)]÷i–1}

其中，{[1–(1+i)–(n–1)]÷i+1} 称"预付年金现值系数"，记作 [(P/A, i, n–1)+1]，可利用普通年金现值表查得（n–1）期的现值，然后加上 1，就可得到 1 元预付年金现值。

例题【10】

韦老师希望每年年初取得 100 000 元，连续取 5 年，银行利率为 5%(P/A, 5%, 4=3.546 0)，不考虑其他因素。要求：计算第一年年初应一次性存入银行多少钱？

解：

PA =A×[(P/A, i, n–1)+1]

=100 000×[(P/A, 5%, 5–1)+1]

=100 000×(3.546 0+1)

=454 600(元)

3. 递延年金

递延年金是指第一次收付款项发生在第二期或第二期以后的年金，它是普通年金的特殊形式。因此，凡是不在第一期开始收付的年金，称为递延年金。

递延年金的第一次年金收付没有发生在第一期,而是隔了m期(这个m期就是递延期),在第(m+1)期的期末才发生第一次收付,并且在以后的n期内,每期期末均发生等额的现金收支。与普通年金相比,尽管期限一样,都是(m+n)期,但普通年金在(m+n)期内,每个期末都要发生收付,而递延年金在(m+n)期内,只在后n期发生收支,前m期无收支发生。

(1)递延年金终值。先不看递延期,年金一共支付了n期。只要将这n期年金折算到期末,即可得到递延年金终值。所以,递延年金终值的大小与递延期无关,只与年金一共支付了多少期有关,它的计算方法与普通年金相同。

例题【11】

WXR公司在2017年年初投资一个种植园项目,估计从第3年开始至第8年,每年年末可得收益1 000万元,利率为5%,不考虑其他因素。要求:计算该种植园项目6年收益的本利和。

解:

FA = A × (F/A, i, n)

= 1 000 × (F/A, 5%, 6)

= 1 000 × 6.801 9

= 6 801.9(万元)

(2)递延年金现值。递延年金的现值可用三种方法来计算:

第一种方法:把递延年金视为n期的普通年金,求出年金在递延期期末m点的现值,再将m点的现值通过复利现值系数计算调整到第一期期初。

第二种方法:先假设递延期也发生收付,则变成一个(m+n)期的普通年金,算出(m+n)期的年金现值,再扣除并未发生年金收支的m期递延期的年金现值,即可求得递延年金现值。

第三种方法:先算出递延年金的终值,再将终值通过复利现值系数折算到第一期期初,即可求得递延年金的现值。

例题【12】

KL公司2017年年初投资一个高级户外运动训练基地项目,预计从第5年开始每年年末取得100万元收益,投资期限为10年,利率为5%,不考虑其他因素。要求:计算KL公司2017年年初应投资多少钱?

解:

方法一:

PA = A × (P/A, i, n) × (P/F, i, m)

= 100 × (P/A, 5%, 6) × (P/F, 5%, 4)

= 100 × 5.075 7 × 0.822 7

= 417.6(万元)

方法二：

PA=A×[(P/A，i，m+n)–(P/A，i，m)]

=100×[(P/A，5%，10)–(P/A，5%，4)]

=100×(7.721 7–3.546 0)

=417.6(万元)

方法三：

PA=A×(F/A，i，n)×(P/F，i，m+n)

=100×(F/A，5%，6)×(P/F，5%，10)

=100×6.801 9×0.613 9

=417.6(万元)

4．永续年金

永续年金是指无限期地收入或支付相等金额的年金，也称永久年金，它是普通年金的一种特殊形式。由于永续年金的期限趋于无限长，没有终止时间，因而永续年金没有终值，只有现值。永续年金的现值计算公式为：

PA=A×[1–(1+i)–n]÷i

当 n→+∞时，

(1+i)–n→0，PA=A÷i

例题【13】

KL 公司计划建立一项永久性希望工程基金，计划每年拿出 500 万元帮助山区贫困儿童，利率为 5%，不考虑其他因素。要求：计算 KL 公司现在应投入多少钱？

解：

PA=A÷i

=500÷5%

=10 000(万元)

第二节　风险与报酬

一、风险的概念

风险是指在特定条件下执行某一项活动具有多种可能，但其结果具有不确定性。风险产生的原因是由于信息缺乏和决策者不能控制未来事物的发展过程而引起的。风险具有多样性和不确定性，对于风险，可以事先估计可能出现的各种结果，以及每种结果出现的可能性概率大小，但无法确定最终结果。

风险是客观的、普遍的，广泛地存在于企业的财务活动中，并影响着企业的财务目标。由于企业的财务活动经常是在有风险的情况下进行的，各种难以预料和无法控制的因素可能使企业面临风险，蒙受损失。在实务中，如果只有损失没有收益，没人愿意去冒风险，企业冒着风险投资的最终目的是得到额外收益。因此，风险不仅带来预期的损失，还可能带来预期的收益。

二、风险的类型

企业面临的风险主要有两种：系统风险和非系统风险。

（一）系统风险

系统风险也称市场风险，是指在一定时期内影响到市场上所有公司的风险。系统风险由公司外部的某一个因素或多个因素引起，单个公司无法通过管理手段控制，无法通过投资组合分散，波及市场上所有的投资对象。常见的系统风险有政局波动、战争、自然灾害、利率的变化、经济周期的变化等，如1997年的亚洲金融危机、2008年美国的次贷危机、2015年我国的股市风暴等。

（二）非系统风险

非系统风险，是指在一定时期内影响到市场上个别公司的风险。非系统风险实际上是因为某个影响因素或事件造成的只影响个别公司的风险，因此又叫企业特有风险。非系统风险是随机发生的，只与个别公司和个别项目决策有关。因此，非系统风险可以通过管理手段、投资组合等进行分散，如技术研发失败、产品开发失败、销售额下降、工人罢工等。非系统风险根据风险形成的原因不同，可以进一步分为经营风险和财务风险。

1. 经营风险

经营风险，是指由于公司所处的生产经营条件发生变化，从而给公司预期收益带来的不确定性。经营风险的产生可能来自公司内部条件的变化，如管理理念改变、决策层思维改变、执行过程的偏差、员工不满导致的道德风险等；也可能来自公司外部条件的变化，如顾客购买意愿发生变化、竞争对手增加、政策变化等。由于公司所处的内外部条件变化，使公司在生产经营上面临不确定性，从而产生收益的不确定性。因此，公司应当加强经营管理，提高预测风险的能力。

2. 财务风险

财务风险，是指由于公司负债经营，从而给公司未来财务成果带来的不确定性。公司负债经营，一方面，可以解决其资金短缺问题，为公司扩张、经营周转等提供资金保障；另一方面，可以获得财务杠杆效应，提高自有资金的获利能力。但是，负债经营改变了公司原有的资金结构，增加了固定的利息负担和还本压力，加剧了公司资金链的压力。另外，负债经营所获得的利润是否大于支付的利息额，具有不确定性。在负债经营中，资产负债率高，公司的负担就重，财务风险就会增加；资产负债率低，公司的负担就轻，财务风险就会降低。因此，必须保持合理的负债，既能提高资金获利能力，又能防止财务风险加大。

三、风险衡量

在市场环境中，风险是客观存在的，时刻伴随着公司而存在。在财务管理中，风险决策是很重要的，既要充分认识到风险的普遍性和客观性，又要尽量地避免风险，降低风险程度。因此，在财务管理中，正确地衡量风险非常重要。在实务中，可以利用概率分布、期望值和标准差来计算与衡量风险的大小。

（一）概率

概率，是指用来反映随机事件发生的可能性大小的数值。如果某一事件可能发生，也可能不发生，可能出现这种结果，也可能出现另外一种结果，这一事件就称为随机事件；如果某一事件一定出现某一种结果，这一事件就称为必然事件；如果某一事件不会出现某一种结果，这一事件就称为不可能事件。假设用 X 表示随机事件，Xi 表示随机事件的第 i 种结果，Pi 表示第 i 种结果出现的概率，那么随机事件的概率在 0~1 之间，即 $0 \leq Pi \leq 1$，Pi 越大，表示该事件发生的可能性越大；反之，Pi 越小，表示该事件发生的可能性越小。所有可能的结果出现的概率之和一定为 1，即必然事件发生的概率为 1，不可能事件发生的概率为 0。

（二）期望值

期望值，是指随机事件可能发生的结果与各自概率乘积的加权平均数。

（三）标准差

标准差，是指用来衡量概率分布中各种可能值对期望值的偏离程度，标准差反映风险的大小，标准差用 σ 表示。标准差越大，风险就越高；标准差越小，风险就越小。

标准差用来反映风险投资方案决策的风险大小，是一个绝对数。在有多个风险投资方案决策的情况下，如果期望值相同，则标准差越大，表明预期结果的不确定性越大，风险就越高；反之，标准差越小，表明预期结果的不确定越小，风险就越低。

（四）标准离差率

标准差可以用来反映期望值在相同条件下的风险大小，但在实际工作中，各种风险投资项目的期望值不一定相同。因此，有必要引入标准离差率来分析期望值不同的风险投资方案。

标准离差率是一个相对数，在期望值不同的条件下应用。实践表明，标准离差率越大，预期结果的不确定性就越大，风险就越高；反之，标准离差率越小，预期结果的不确定性越小，风险也越低。

四、风险报酬

风险报酬，是指决策者冒着风险进行投资而获得的超过货币时间价值的那部分额外报酬，是对决策者冒风险的一种价值补偿，也称风险价值。

如上所述，公司在风险环境中开展财务活动和经营管理活动，在风险项目投资决策中，不同的决策者有不同的出发点，有的决策者力求规避风险，有的决策者敢于冒风险。一般来说，决策者冒着风险投资，是为了获得更高的报酬，冒的风险越大，要求的报酬就越高；反之，要求的报酬就越低。实践证明，风险与报酬之间存在密切的关系，一般来说，高风险的项目会有高的报酬，低风险的项目会有低的报酬。

风险报酬的表现形式有风险报酬额和风险报酬率两种，在实务中，一般用风险报酬率来表示。如果不考虑通货膨胀，决策者投资风险项目所希望得到的投资报酬率是无风险报酬率与风险报酬率之和。

其中，无风险报酬率是在没有风险条件下的资金时间价值，是决策者投资某一项目一定能够实现的报酬，可用政府债券利率或存款利率表示。风险报酬率是决策者进行风险项目投资获得超过资金时间价值的额外报酬。风险报酬率与风险项目的风险程度和风险报酬斜率的大小有关，并成正比。风险报酬斜率可根据历史资料用高低点法、直线回归法或由企业管理人员根据经验确定。

风险报酬率 = 风险报酬斜率 × 风险程度

第十章 财务分析

案例引入

獐子岛事件

獐子岛集团股份有限公司 2006 年于深圳证券交易所（简称深交所）上市，证券代码 002069，注册资本为 71 111 万元，公司主要从事虾夷扇贝、海参、鲍鱼等海珍品育苗、养殖、加工、销售等业务。

獐子岛于 2018 年 1 月 31 日发布临时公告称，公司底播虾夷扇贝存货出现异常，后经存货盘点预计 2017 年亏损金额约 6.29 亿元，而在之前三季报中对 2017 年全年净利润预告为 1 亿元，相隔不长的两次信息披露中净利润差距巨大。由此引发"獐子岛事件"，随即该公司股票价格大跌，下跌幅度 50%。此次事件影响重大，受到广泛关注，证监会多次发文询问，并且立案调查；央视等多家媒体也进行了相关报道，质疑不断。实际上，该公司是有前科的，早在 2014 年，该公司在三季报中称，受自然灾害北黄海冷水团异常的影响，库存底播虾夷扇贝出现大幅减值，公司中报盈利 4 845 万元，而三季报亏损 8.12 亿元，并预计全年亏损达 11.56 亿元，业绩转变金额同样巨大。两次事件，特别是此次事件，一方面，獐子岛未及时对业绩预告进行修正；另一方面，獐子岛并未在后续信息披露中对投资者进行必要的风险提示，造成广大投资者损失巨大。

对投资者而言，如何从公开披露的财务信息中寻找蛛丝马迹，发现财务数据背后隐藏的真相？一方面，有赖于对信息的敏感程度；另一方面，需要投资者具备与财务分析相关的知识。

第一节 财务分析概述

一、财务分析的含义及作用

（一）财务分析的含义

财务分析是以企业的财务会计报告以及相关资料为基础，采用一些专门的分析技术与方法，对企业的财务状况、经营成果和现金流量进行研究和评价，在此基础上分析企业内在的财务能力和财务潜力，预测企业未来的财务趋势和发展前景，评估企业的预期收益和风险，从而为特定信息使用者提供有用财务信息的财务管理活动。因此，财务分析是财务管理的重要方法之一，是对企业一定时期内财务活动的总结，能够为改进财务管理工作和优化经济决策提供重要的财务信息。

（二）财务分析的作用

在实务中，财务分析可以发挥以下重要的作用：

1. 财务分析可以全面地评价企业在一定时期内的各种财务能力。比如，偿债能力、盈利能力、营运能力等。从而分析企业运营中存在的问题，总结财务管理工作的经验教训，提高企业的经营管理水平。

2. 财务分析可以为企业信息使用者提供更加系统、完整的会计信息，方便他们更加深入地了解企业的财务状况、经营成果和现金流量情况，为其经济决策提供重要依据。

3. 财务分析可以检查企业内部各职能部门和单位完成经营计划的情况，考核各部门和单位的经营业绩，有利于企业建立和完善业绩评价体系、协调各种财务关系，确保企业顺利达成财务目标。

二、财务分析的主要资料

财务报表是以货币为主要量度，根据日常核算资料加工、整理而形成的，反映企业财务状况、经营成果、现金流量和股东权益的指标体系。它是财务会计报告的主体和核心，包括资产负债表、利润表、现金流量表、所有者权益变动表及相关附表。

下面主要介绍财务分析涉及的几种财务报表。

（一）资产负债表

资产负债表可以提供企业某一特定日期的负债总额及其结构，以表明企业未来需要多少资产或劳务清偿债务以及清偿时间；可以反映投资者权益的变动情况；可以为财务分析提供基本资料。财务报表使用者可以通过资产负债表了解企业拥有的经济资源及其分布状况，分析企业的资本来源及构成比例，预测企业资本的变现能力、偿债能力和财务弹性，如企业某一特定日期的资产总额及其结构表明企业拥有或控制的经济资源及其分布情况。

我国资产负债表的主体部分采用账户式结构。报表主体分为左右两方：左方列示资产各项目，反映全部资产的分布及存在形态；右方列示负债和所有者权益各项目，反映全部负债和所有者权益的内容及构成情况。资产各项目按其流动性由大到小顺序排列；负债各项目按其到期日的远近顺序排列。资产负债表左右双方平衡，即资产总计等于负债及所有者权益（或股东权益）总计。每个项目又分"年初余额""期末余额"两个栏次。

（二）利润表

利润表可以反映企业在一定期间收入的实现情况、费用耗费情况和生产经营活动的成果（利润或亏损总额），为经济决策提供基本资料。财务报表使用者可以通过分析利润表了解企业一定期间的经营成果信息，分析并预测企业的盈利能力。

利润表正表的格式一般有单步式和多步式两种。单步式利润表是将当期所有收入列在一起，然后将所有的费用列在一起，两项相减得出当期损益；多步式利润表是按利润形成的几个环节分步骤将有关收入与成本费用相减，从而得出净利润。

（三）现金流量表

财务报表使用者通过对现金流量表、资产负债表和利润表进行分析，可以了解企业现金流转的效果，评价企业的支付能力、偿债能力；能够合理预测企业未来现金流量，从而为编制现金流量计划、合理使用现金创造条件；可以从现金流量的角度了解企业净利润的质量，从而为分析和判断企业的财务前景提供依据。

现金流量表中的现金是指企业的库存现金以及可以随时用于支付的存款。它不仅包括"库存现金"账户核算的库存现金，也包括"银行存款"账户核算的存入金融企业、随时可以用于支付的存款，还包括"其他货币资金"账户核算的外埠存款、银行汇票存款、银行本票存款和在途货币资金等其他货币资金。

现金等价物是指企业持有的期限短、流动性强、易于转化为已知金额现金、价值变动风险小的投资。现金等价物虽然不是现金，但其支付能力与现金差别不大，可视为现金。一项资产要被确认为现金等价物，必须同时具备四个条件：期限短；流动性强；易于转化为已知金额现金；价值变动风险小。其中，期限短一般指从购买日起3个月内到期。例如，可在证券市场上流通的3个月内到期的短期债券投资属于现金等价物。

现金流量可以分为三类，即经营活动产生的现金流量、投资活动产生的现金流量和筹资活动产生的现金流量。

1. 经营活动产生的现金流量

经营活动产生的现金流入项目主要有销售商品、提供劳务收到的现金，收到税费返还，收到其他与经营活动有关的现金。经营活动产生的现金流出项目主要有购买商品、接受劳务支付的现金，支付给职工以及为职工支付的现金，支付的各项税费，支付其他与经营活动有关的现金。

2. 投资活动产生的现金流量

投资活动产生的现金流入项目主要有收回投资收到的现金，取得投资收益收到的现金，处置固定资产、无形资产和其他长期资产收回的现金净额，处置子公司及其他营业单位收到的现金净额，收到其他与投资活动有关的现金。投资活动产生的现金流出项目主要有购建固定资产、无形资产和其他长期资产所支付的现金，投资支付的现金，取得子公司及其他营业单位支付的现金净额，支付其他与投资活动有关的现金。

3. 筹资活动产生的现金流量

筹资活动是指导致企业资本及债务规模和构成发生变化的活动。此处的资本既包括实收资本（股本），也包括资本溢价（股本溢价）；此处的债务包括向银行借款、发行债券以及偿还债务等。筹资活动产生的现金流入项目主要有吸收投资收到的现金、取得借款收到的现金、收到其他与筹资活动有关的现金。筹资活动产生的现金流出项目主要有偿还债务所支付的现金，分配股利、利润或偿付利息支付的现金，支付其他与筹资活动有关的现金。

（四）所有者权益变动表

在所有者权益变动表中，当期损益、直接计入所有者权益的利得和损失以及与所有者的资本交易有关的所有者权益的变动要分别列示。

三、财务分析的目的

财务分析的目的取决于人们使用会计信息的目的。尽管财务分析所依据的资料是客观的，但由于不同的人关心的问题不同，因此他们进行财务分析的目的也各不相同。会计信息的使用者主要包括投资者、债权人、管理层和政府部门等。企业投资者更关心企业的盈利能力；债权人侧重于分析企业的偿债能力；企业经营管理层为改善企业的经营必须全面了解企业的生产经营情况和财务状况；政府部门关心的是企业遵纪守法、按期纳税等。

四、财务分析的方法

进行财务分析，首先应采取恰当的方法，选择与分析目的有关的信息，找出这些信息之间的重要联系，研究和揭示企业的经济状况及财务变动趋势，获取高质量的有效财务信息。选用恰当的方法，可获得事半功倍的效果。财务分析的方法主要有比较分析法、比率分析法和因素分析法。

（一）比较分析法

比较分析法是将同一企业不同时期的财务状况或不同企业之间的财务状况进行比较，对两个或几个有关的可比数据进行对比，从而揭示企业财务状况存在差异和矛盾的分析方法。

1. 按比较对象分类

（1）与本企业历史相比，即与同一企业不同时期的指标比较。

（2）与同类企业相比，即与行业平均数或竞争对手比较。

（3）与本企业预算相比，即将实际执行结果与计划指标进行比较。

2. 按比较内容分类

（1）比较会计要素的总量。总量是指财务报表项目的总金额，如资产总额、净利润等。总量比较主要用于趋势分析，以分析发展趋势。有时，总量比较也用于横向比较分析，以分析企业的相对规模和竞争地位。

（2）比较结构百分比。该方法是将资产负债表、利润表和现金流量表转换成百分比报表，以发现有显著问题的项目。

（3）比较财务比率。财务比率表现为相对数，排除了规模的影响，使不同对象间的比较变得可行。

（二）比率分析法

比率分析法是通过计算各种比率指标来确定财务活动变动程度的方法。比率指标主要包括构成比率、效率比率和相关比率三类。

1. 构成比率

构成比率又称结构比率，是某项财务指标的各组成部分数值占总体数值的百分比，反映部分与总体的关系。例如，企业资产中流动资产、固定资产和无形资产占资产总额的百分比（资产构成比率），企业负债中流动负债和长期负债占负债总额的百分比（负债构成比率）。利用构成比率，可以考察总体中某个部分的形成和安排是否合理，以便协调各项财务活动。

2. 效率比率

效率比率是某项财务活动中所费与所得的比率，反映了投入和产出之间的关系，如成本利润率、销售利润率和资产报酬率等。利用效率比率指标，可以进行得失比较，考察经营成果，评价经济效益。

3. 相关比率

相关比率是用某个经济项目和与其有关但又不同的项目加以对比所得的比率，反映有关经济活动的相互关系，如流动比率、速动比率等。利用相关比率指标，可以考察企业相互关联的业务安排是否合理，以保障经营活动顺利进行。

（三）因素分析法

因素分析法是依据分析指标与其影响因素的关系，按照一定的程序和方法，从数量上确定各因素对分析指标的影响方向和影响程度的一种方法。因素分析法主要包括两种方法：连环替代法和差额分析法。

1. 连环替代法

连环替代法是将分析指标分解为各个可以计量的因素，并根据各个因素之间的依存关系，顺次用各因素的比较值（通常为实际值）替代基准值（通常为标准值或计划值），据以测定各因素对分析指标的影响的方法。

连环替代法的分析步骤如下：

（1）确定分析对象和需要分析的财务指标，比较其实际数额和标准数额（如上年实际数额），并计算两者的差额。

（2）确定该财务指标的驱动因素，即根据该财务指标的形成过程，建立财务指标与各驱动因素之间的函数关系模型。

（3）确定驱动因素的替代顺序。

（4）按顺序计算各驱动因素脱离标准的差异对财务指标的影响。

2. 差额分析法

差额分析法是连环替代法的一种简化形式，是利用各个因素的比较值与基准值之间的差额来计算各因素对分析指标的影响的方法。

3. 人们在运用因素分析法时要注意以下几个问题：

（1）构成财务指标的各个因素与财务指标之间在客观上存在因果关系。

（2）确定正确的替代顺序。在实际工作中，一般是先替换数量指标，后替换质量指标；先替换实物指标，后替换价值指标；先替换主要指标，后替换次要指标。

（3）因素替换要按顺序进行，不能从中间替换，已替换的指标要用实际指标，尚未替换的指标要用计划指标或基期指标。

五、财务分析的局限性

财务分析仅仅是发现问题，而没有提供解决问题的答案，具体该如何解决问题取决于财务人员解读财务分析的结果，即取决于财务人员的经验或主观判断。此外，人们运用财务比较分析法时必须注意比较的环境或限定条件，因为只有在限定意义上的比较才具有意义。

第二节　财务能力分析

企业的财务能力主要包括偿债能力、盈利能力和营运能力。对企业财务状况进行分析，离不开对这三个方面的分析。

一、偿债能力分析

偿债能力是指企业偿还自身到期债务的能力。偿债能力高低是衡量企业财务状况好坏的重要标志。分析偿债能力，有利于债权人做出正确的借贷决策，有利于企业经营管理者做出正确的经营决策，有利于投资者做出正确的投资决策。债务一般按到期时间分为短期债务和长期债务，偿债能力分析也因此分为短期偿债能力分析和长期偿债能力分析。

（一）短期偿债能力分析

短期偿债能力是指企业偿还流动负债的能力。一般来说，流动负债需要以流动资产来偿付，因而可以反映企业流动资产的变现能力。评价企业短期偿债能力的财务指标主要有营运资金、流动比率、速动比率和现金比率等。

1. 营运资金

营运资金是指流动资产超过流动负债的部分。其计算公式为：

营运资金 = 流动资产 – 流动负债

【例】某公司 2019 年年末流动资产为 10 000 万元，流动负债为 5 000 万元，计算该公司 2019 年年末营运资金。

解：

2019 年年末营运资金 =10 000–5 000=5 000（万元）

计算营运资金使用的"流动资产"和"流动负债"，通常可以直接取自资产负债表。资产负债表项目区分为流动项目和非流动项目，并且按照流动性强弱排序，方便了计算营运资金和分析流动性。营运资金越多则偿债越有保障。当流动资产大于流动负债时，营运资金为正，说明企业财务状况稳定，不能偿债的风险较小。反之，当流动资产小于流动负债时，营运资金为负，此时，企业部分非流动资产以流动负债为资金来源，企业不能偿债的风险很大。因此，企业必须保持正的营运资金，以避免流动负债的偿付风险。

营运资金是绝对数，不便于不同企业之间的比较。

因此，在实务中直接使用营运资金来作为偿债能力的衡量指标受到局限，偿债能力更多地通过债务的存量比率来评价。

2. 流动比率

流动比率是企业流动资产与流动负债的比率。企业能否偿还流动负债，要看其有多少流动资产，以及有多少可以变现的流动资产。流动资产越多、流动负债越少，则企业的短期偿债能力越强。也就是说，流动比率是指每 1 元的流动负债有多少流动资产作为偿还的保证。其计算公式为：

流动比率 = 流动资产 ÷ 流动负债

式中，流动资产一般是指资产负债表中的期末流动资产总额；流动负债一般是指资产负债表中的期末流动负债总额。

一般情况下，流动比率越高，说明企业的短期偿债能力越强。当前国际上通常认为，流动比率的警戒线为 1，而流动比率等于 2 时较为适当，过高或过低的流动比率都不好。流动比率过高，表明企业流动资产未能有效加以利用，会影响资金的使用效率和筹集资金的成本，进而可能会影响企业的获利能力；流动比率过低，表明企业短期偿债能力弱，对企业经营不利。

3. 速动比率

速动比率是指企业的速动资产与流动负债的比率。它是用来衡量企业速动资产可以立即变现偿付流动负债的能力。速动资产是指从流动资产中扣除变现能力较差且不稳定的存货、预付账款、一年内到期的非流动资产等之后的余额。速动比率与速动资产的计算公式为：

速动比率 = 速动资产 ÷ 流动负债

速动资产＝货币资金＋交易性金融资产＋应收账款＋应收票据
＝流动资产－存货－预付账款－一年内到期的非流动资产

一般情况下，由于剔除了变现能力较差的存货、预付账款及不稳定的一年内到期的非流动资产等项目，故速动比率反映的短期偿债能力更加令人可信，比流动比率更加准确。一般情况下，速动比率越高，表明企业偿还流动负债的能力越强。当前国际上通常认为，速动比率等于1较为适当。

4. 现金比率

现金资产包括货币资金和交易性金融资产等。现金资产与流动负债的比值称为现金比率。其计算公式为现金比率剔除了应收账款对偿债能力的影响，最能反映企业直接偿付流动负债的能力，表明每1元流动负债有多少现金资产作为偿债保障。由于流动负债是在一年内（或一个营业周期内）陆续到期清偿，因此并不需要企业时时保留相当于流动负债金额的现金资产。当前国际上认为，0.2的现金比率就可以接受。而这一比率过高，就意味着企业过多资源占用在盈利能力较低的现金资产上，从而影响了企业盈利能力。

现金比率＝现金资产 ÷ 流动负债

现金资产＝货币资金＋交易性金融资产

在现实中，企业对流动比率、速动比率和现金比率的分析应结合不同行业的特点综合考虑，切不可采用统一的标准。

（二）长期偿债能力分析

长期偿债能力是指企业偿还长期负债的能力。企业要结合长期负债的特点，在明确长期偿债能力的影响因素的基础上，从企业的盈利能力和资产规模两方面对企业偿还长期负债的能力进行计算与分析，说明企业长期偿债能力的基本状况及其变动原因，为进行正确的负债经营指明方向。评价企业长期偿债能力的财务指标主要有资产负债率、产权比率、权益乘数和已获利息倍数。

1. 资产负债率

资产负债率是负债总额除以资产总额的百分比。它反映企业资产总额中有多大比例是通过借债来筹集的，以及企业保护债权人利益的程度。其计算公式为：

资产负债率＝负债总额 ÷ 资产总额 ×100%

一般情况下，资产负债率越低，表明企业长期偿债能力越强。国内的观点认为资产负债率不应高于50%，而国际上通常认为资产负债率等于60%较为适当。在现实中，企业的资产负债率往往高于该比例。

资产负债率越高，表明企业偿还债务的能力越弱，风险较大；反之，企业偿还债务的能力越强。对于债权人来说，总是希望资产负债率越低越好，企业偿债有保障，贷款不会有太大风险。对于股东来说，其关心的主要是投资收益的高低，在资本利润率高于借款利息率时，负债比率越大越好；否则，负债比率越小越好。

由于企业的长期偿债能力受盈利能力的影响很大，因此，实践中通常把长期偿债能力分析与盈利能力分析结合起来。

2. 产权比率

产权比率又称负债股权比率，是负债总额与所有者总额的比率。它表明债权人提供的资金与所有者提供的资金之间的比例，以及单位投资者承担风险的程度。其计算公式为：

产权比率 = 负债总额 ÷ 所有者权益总额 × 100%

产权比率与资产负债率对评价偿债能力的作用基本相同。两者的主要区别是资产负债率侧重于分析债务偿付安全性的物质保障程度，产权比率则侧重于揭示财务结构的稳健程度以及自有资金对偿债风险的承受能力。高产权比率意味着高风险的财务结构。

3. 权益乘数

权益乘数是资产总额与所有者权益总额的比值。权益乘数可以反映出企业财务杠杆作用的大小。权益乘数越大，表明股东投入的资本在资产中所占的比重越小，财务杠杆作用越大。其计算公式为：

权益乘数 = 资产总额 ÷ 所有者权益总额

4. 已获利息倍数

已获利息倍数又称利息保障倍数，是指企业息税前利润总额与利息费用的比率。它可用于衡量单位偿付借款利息的能力。

已获利息倍数不仅反映了企业的盈利能力，还反映了企业支付债务利息的能力。一般情况下，已获利息倍数越高，企业的长期偿债能力越强。国际上通常认为，该指标等于 3 较为适当。从长期来看，该指标至少应该大于 1。若已获利息倍数太低，则说明企业难以按时按量支付债务利息。

已获利息倍数反映支付利息的利润来源（息税前利润总额）与利息支出之间的关系，该比率越高，长期偿债能力越强。从长期看，已获利息倍数至少要大于1（国际公认标准为 3），也就是说，息税前利润总额至少要大于利息费用，企业才具有偿还债务利息的可能性。如果已获利息倍数过低，企业将面临亏损、偿债安全性与稳定性下降的风险。在短期内，已获利息倍数小于 1 也仍然具有利息支付能力，因为计算息税前利润总额时减去的一些折旧和摊销费用并不需要支付现金。但这种支付能力是暂时的，当企业需要重置资产时，势必发生支付困难。因此，在分析时需要比较企业连续多个会计年度（如 5 年）的已获利息倍数，以说明企业付息能力的稳定性。

二、盈利能力分析

企业盈利不仅关系到所有者的利益，还关系到债权人及其他利益相关者的利益。盈利能力是指企业在一定时期内获取利润的能力。反映企业盈利能力的指标很多，通常使用的指标主要有销售毛利率、销售净利率、成本费用利润率、总资产收益率和净资产收益率等。

（一）销售毛利率

销售毛利率又称毛利率，是企业毛利额与销售收入的比率。其中，毛利额是销售收入与销售成本之差。相关计算公式为：

销售毛利率 = 毛利额 ÷ 销售收入 ×100%

毛利额 = 销售收入 – 销售成本

【例】某公司2019年的销售收入为15 000万元，销售成本为7 000万元，试计算销售毛利率。

解：

毛利额 =15 000–7 000=8 000（万元）

销售毛利率 =8 000÷15 000×100%≈53%

销售毛利率表示每1元销售收入扣除销售成本后，有多少资金可用于各项期间费用和形成盈利。毛利额是基础，如果没有足够大的毛利额，企业就不可能盈利。

（二）销售净利率

销售净利率是企业净利润与销售收入净额的比率。其计算公式为：

销售净利率 = 净利润 ÷ 销售收入净额 ×100%

【例】某公司2019年的净利润为5 000万元，销售收入净额为15 000万元，试计算该公司的销售净利率。

解：

销售净利率 =5 000÷15 000×100%≈33%

该指标反映的是每1元销售收入净额带来的净利润。销售净利率越高，反映企业主营业务的市场竞争力越强、发展潜力越大、盈利能力越强。

（三）成本费用利润率

成本费用利润率是企业一定期间利润总额与成本费用总额的比率。相关计算公式为：

成本费用利润率 = 利润总额 ÷ 成本费用总额 ×100%

成本费用总额 = 销售成本 + 营业费用 + 管理费用 + 财务费用

【例】某公司2019年的利润总额为6 000万元，销售成本为12 000万元，营业费用为5 000万元，管理费用为3 000万元，财务费用为2 000万元，试计算该公司的成本费用利润率。

解：

成本费用利润率 =6 000÷（12 000+5 000+3 000+2 000）×100%≈27%

该指标值越高，反映企业为取得利润付出的代价越小、成本费用控制得越好、盈利能力越强。

（四）总资产净利率

总资产净利率又称总资产收益率，是企业一定时期的净利润和资产平均总额的比值，可以用来衡量企业运用全部资产获利的能力，反映企业投入与产出的关系。其计算公式为：

总资产净利率 = 净利润 ÷ 资产平均总额 × 100%

资产平均总额 =（年末资产总额 + 年初资产总额）÷ 2

【例】某公司 2019 年净利润为 5 000 万元，年初资产总额为 20 000 万元，年末资产总额为 25 000 万元，试计算该公司的总资产净利率。

解：

总资产净利率 =5 000 ÷ [（25 000+20 000）÷ 2] × 100%≈22%

（五）净资产收益率

净资产收益率又称所有者权益报酬率，是企业一定时期的净利润与平均净资产总额的比率。净资产收益率可以反映资本经营的盈利能力。净资产收益率越高，企业的盈利能力越强。其计算公式为：

净资产收益率 = 净利润 ÷ 平均净资产总额 × 100%

平均净资产总额 =（年末净资产总额 + 年初净资产总额）÷ 2

【例】某公司 2019 年净利润为 960 万元，年初净资产总额为 12 000 万元，年末净资产总额为 15 000 万元，试计算该公司的净资产收益率。

解：

净资产收益率 =960 ÷ [（15 000+12 000）÷ 2] × 100%≈7%

净资产收益率反映股东权益的收益水平，用以衡量企业运用自有资本的效率。该指标越高，说明投资带来的收益越高。由于该指标的综合性最强，因此是最常用的评价企业盈利能力的指标，在我国上市公司业绩综合排序中，该指标居于首位。

三、营运能力分析

营运能力是指企业经营管理中利用资金运营的能力，主要表现为资产管理，即资产利用的效率。营运能力反映了企业的劳动效率和资金周转情况。人们通过对企业营运能力的分析，可以了解企业的营运状况和经营管理水平。劳动效率高、资金周转状况好，说明企业的经营管理水平高、资金利用效率高。

资产营运能力取决于资产的周转速度，通常用周转率和周转期来表示。周转率是企业在一定时期内资产的周转额与平均余额的比率。它反映企业资产在一定时期的周转次数。周转期是周转次数的倒数与计算期天数的乘积。它反映资产周转一次所需要的天数。

评价企业营运能力的常用财务比率有应收账款周转率、存货周转率、流动资产周转率、固定资产周转率和总资产周转率等。

（一）应收账款周转率

应收账款在流动资产中有着举足轻重的作用。及时收回应收账款不仅可以提高企业的短期偿债能力，还可以反映企业较强的应收账款管理水平。目前，应收账款周转率是评价应收账款流动性的重要财务比率。其计算公式为：

应收账款周转率 = 销售净额 ÷ 平均应收账款余额

平均应收账款余额 =（年初应收账款余额 + 年末应收账款余额）÷ 2

式中，销售净额可以从利润表中取数。

需要指出的是，上述公式中的应收账款包括会计核算中的应收账款和应收票据等全部赊销款项。如果应收账款余额的波动较大，就应当尽可能详细地计算资料，如按每月的应收账款余额来计算其平均占用额。

【例】某公司2019年年末的应收账款为1 500万元，年初的应收账款为500万元，销售净额为3 000万元，试计算该公司的应收账款周转率。

解：

应收账款周转率 =3 000 ÷ [（1 500+500）÷ 2]=3

一般情况下，应收账款周转率越高越好。应收账款周转率高，表明企业收账迅速、账龄较短、资产流动性强、短期偿债能力强，可以减少收账费用和坏账损失。影响该指标正确计算的因素有季节性经营、大量使用分期付款结算方式、大量使用现金结算、年末大量销售或年末销售大幅度下降。这些因素都会对该指标的计算结果产生较大影响。此外，应收账款周转率过高，可能是奉行了比较严格的信用政策、信用标准和付款条件过于苛刻的结果。这会限制销售量的扩大，从而影响企业的盈利水平。这种情况往往表现为存货周转率同时偏低。如果企业的应收账款周转率过低，就说明企业催收应收账款的效率太低，或者信用政策过于宽松，这样会影响企业资金的利用效率和资金的正常周转。因此，人们在使用该指标进行分析时，应结合该企业前期指标、行业平均水平及其他同类企业的指标来判断该指标的高低，并对该企业做出评价。

应收账款周转天数反映企业从取得应收账款的权利到收回款项，并将其转换为现金所需的时间。应收账款周转天数越短，反映企业的应收账款周转速度越快。其计算公式为：

应收账款周转天数 =360 ÷ 应收账款周转率

（二）存货周转率

在流动资产中，存货所占比重一般较大，存货的流动性对流动资产的流动性影响很大。存货周转分析的目的是找出存货管理中的问题，使存货管理在保证生产经营正常进行的同时尽量节约营运资金，以提高资金的使用效率、增强企业的短期偿债能力，进而促进企业管理水平的提高。存货周转率是评价存货流动性的重要财务比率，反映了存货的周转速度。相关计算公式为：

存货周转率 = 销售成本 ÷ 平均存货余额

平均存货余额=（期初存货余额+期末存货余额）÷2

式中，销售成本可以从利润表中取数。

【例】某公司2019年年末的存货为1 000万元，年初的存货为500万元，销售成本为1 500万元，试计算该公司的存货周转率。

解：

存货周转率=1 500÷[（1 000+500）÷2]=2

存货周转率反映存货的周转速度，可以用来衡量企业的销售能力及其存货水平。一般情况下，存货周转率过高，表明存货变现速度快、周转额较大、资金占用水平较低；存货周转率低，往往表明企业经营管理不善，销售状况不好，造成存货积压。存货周转率并非越高越好。若存货周转率过高，也可能反映企业在存货管理方面存在一些问题，如存货水平太低，或采购次数过于频繁、批量太小等。

财务人员在对存货周转率进行分析时，除应分析批量因素、季节性因素外，还应对存货的结构和影响存货的重要项目进行深入调查和分析，并结合实际情况做出判断。

存货周转天数表示存货周转一次所经历的时间。存货周转天数越短，说明存货周转的速度越快。其计算公式为：

存货周转天数=360÷存货周转率

（三）流动资产周转率

流动资产在企业资产中占有重要地位，因而管理好流动资产对提高企业经济效益、实现财务管理目标有重要的作用。

流动资产周转率是销售净额与全部流动资产的平均余额的比值，是反映全部流动资产的利用效率指标。相关计算公式为：

流动资产周转率=销售净额÷全部流动资产的平均余额

全部流动资产的平均余额=（流动资产期初余额+流动资产期末余额）÷2

【例】某公司2019年年末流动资产为10 000万元，年初流动资产为6 000万元，销售净额为16 000万元，试计算该公司的流动资产周转率。

解：

流动资产周转率=16 000÷[（10 000+6 000）÷2]=2

一般情况下，流动资产周转率越高越好，表明以相同的流动资产完成的周转额越多，流动资产的利用效果越好。流动资产周转速度快，意味着企业相对节约流动资产或相对扩大资产投入，从而可增强企业的盈利能力；流动资产周转速度缓慢，意味着企业需要补充流动资产，从而降低了企业的盈利能力。流动资产周转天数的计算公式为：

流动资产周转天数=360÷流动资产周转率

（四）固定资产周转率

固定资产周转率是销售净额与固定资产平均净值的比率，用于反映企业全部固定资产的周转情况，是衡量固定资产利用效率的一项指标。相关计算公式为：

固定资产周转率 = 销售净额 ÷ 固定资产平均净值

固定资产平均净值 =（期初固定资产净值 + 期末固定资产净值）÷ 2

【例】某公司2019年年末固定资产净值为10 000万元，年初固定资产净值为8 000万元，销售收入净额为15 000万元，试计算该公司的固定资产周转率。

解：

固定资产周转率 =15 000 ÷ [（10 000+8 000）÷ 2]≈1.67

固定资产周转率主要用于分析企业大型固定资产的利用效率。在通常情况下，固定资产周转率高，表明企业固定资产利用充分、固定资产投资得当、固定资产结构合理，能够充分发挥效率。固定资产周转天数的计算公式为：

解：

固定资产周转天数 =360 ÷ 固定资产周转率

（五）总资产周转率

总资产周转率是企业销售净额与企业平均资产总额的比率，用于反映企业全部资产的利用效率。相关计算公式为：

总资产周转率 = 销售净额 ÷ 平均资产总额

平均资产总额 =（期初资产总额 + 期末资产总额）÷ 2

【例】某公司2019年年末资产总额为25 000万元，年初资产总额为25 000万元，销售净额为15 000万元，试计算该公司的总资产周转率。

解：

总资产周转率 =15 000 ÷ [（25 000+25 000）÷ 2]=0.6

通常情况下，总资产周转率越高，表明企业全部资产的使用效率越高、企业的销售能力越强。总资产周转天数的计算公式为：

总资产周转天数 =360 ÷ 总资产周转率

第三节　财务综合分析

利用财务比率进行深入分析，虽然可以了解企业各个方面的财务状况，但无法了解企业各个方面财务状况之间的关系。为了弥补这一不足，分析人员可以将所有指标按其内在联系结合起来，以全面反映企业整体财务状况及经营成果，进而对企业进行总体评价。所谓财务综合分析，就是将各项财务指标作为一个整体，应用一个简洁、明了的分析体系系统、全面、综合地对企业财务状况和经营情况进行剖析、解释和评价，以对企业一定时期复杂的财务状况和经营成果做出最综合和最概括的总体评价。财务综合分析方法有多种，最常用的是杜邦分析法。

杜邦分析法又称杜邦财务分析体系，简称杜邦体系，是利用各主要财务比率指标间的内在联系，对企业财务状况及经济效益进行综合、系统分析评价的方法。该体系以净资产收益率为起点，以总资产净利率和权益乘数为基础，重点揭示企业盈利能力及权益乘数对净资产收益率的影响，以及各相关指标间的相互影响和作用关系。因其最初由美国杜邦企业成功应用而得名。

杜邦分析法将净资产收益率进行了分解。其分析关系式为：

净资产收益率 = 销售净利率 × 总资产周转率 × 权益乘数

式中，销售净利率是利润表的概括，反映企业经营成果；权益乘数是资产负债表的概括，反映企业最基本的财务状况；总资产周转率把利润表和资产负债表联系起来，使权益净利率可以综合分析评价整个企业经营成果和财务状况。

杜邦系统图（一种将总体目标逐一细分的思维导图，能够快速、清晰地确定目标和方法。）主要包括净资产收益率、总资产净利率和权益乘数。杜邦系统图在揭示上述几种比率之间的关系后，再将净利润、总资产层层分解，这样就可以全面、系统地揭示企业的财务状况以及这一系统内部各个因素之间的相互关系。

人们从杜邦系统图中可以了解以下情况：

1. 净资产收益率是一个综合性极强的财务比率。它是杜邦系统图的核心，反映了企业筹资、投资以及资产运用等活动的效率。因此，企业所有者与经营者都非常关心这一财务比率。

2. 销售净利率反映了企业净利润与销售收入净额之间的关系。要提高销售净利率主要有两个途径：一是扩大销售收入净额；二是努力降低成本费用。

3. 总资产周转率是反映企业运用资产以实现销售收入能力的综合指标。人们可以从资产的构成比例是否恰当、资产的使用效率是否正常、资产的运用效果是否理想等方面对总资产周转率进行详细分析。

4. 权益乘数反映所有者权益与总资产的关系。权益乘数越大，企业的负债程度越高，这不仅会给企业带来较大的杠杆利益，还会给企业带来较大的风险。只有合理地确定负债比例，不断优化资本结构，企业才能最终有效地提高净资产收益率。

净资产收益率与企业的销售规模、成本水平、资本运营和资本结构等有着密切的联系。这些相关因素构成一个相互依存的系统。只有将这个系统内的各相关因素协调好，才能使净资产收益率最大。

第十一章　财务决策管理

第一节　财务决策

一、财务决策的概念

财务决策是选择和决定财务计划和政策的过程。财务决策的目的是确定最令人满意的财务计划。只有确定有效可行的方案，财务活动才能实现良好效益，实现财务管理目标，实现企业价值最大化。因此，财务决策是整个财务管理的核心。财务预测是财务决策的基础和前提，财务决策是财务预测结果的分析和选择。财务决策是一种多标准的综合决策，决定了该方案的选择。它具有货币化和可衡量的经济标准及非货币化的非经济标准。因此，决策方案一般是很多因素相平衡得出的结果。

二、财务决策的类型

（一）按照能否程序化分类

它可以分为程序性财务决策和非程序性财务决策。

程序性财务决策是指经常性日常财务活动的决策；非程序性财务决策是指经常性和独特的非常规财务活动的决策。

（二）按照决策所涉及的时间长短分类

它分为长期财务决策和短期财务决策。前者是指涉及一年以上的财务决策；后者是指涉及不到一年的财务决策。

（三）按照决策所处的条件分类

它分为确定性财务决策、风险性财务决策和非确定性财务决策。

确定性财务决策是指对未来情况有充分把握的事件的决策，每个方案只有一个结果；风险性财务决策是指对未来情况不完全掌握的事件的决策以及每个方案的若干结果，但可以通过概率确定；非确定性财务决策是指完全无视未来情况的决策，每个方案都会有几种结果，其结果无法确定的决策。

（四）按照决策所涉及的内容分类

它分为投资决策、融资决策和股利分配决策。投资决策是指资本对外投资和内部分配的决策；融资决策是指资金筹集的决策；股利分配决策是指利润分配的决策。

（五）其他分类

财务决策还可以分为生产决策、营销决策等。生产决策是指在生产领域生产什么、生产多少以及如何生产的决策。它包括如何利用剩余产能、如何处理亏损产品、是否进一步加工产品和确定生产批次等。市场营销决策往往涉及两个方面的问题：一是销售价格的确定，即定价决策；二是如何在销售价格和销售量之间取得平衡，以谋求利润最大化。

三、财务决策的目的

所有决策的目的都是使企业目标最优化。例如，营利性企业财务决策的目的是实现利润最大化，而非营利性慈善组织财务决策的目的是最大化一些非量化目标。对于财务决策而言，其影响是短期的，对战略因素的考虑较少。主要关注的是最大化收入，或在不变收入的条件下寻求最低成本。

四、财务决策方法

财务决策的方法可以分为两类：定性决策方法和定量决策方法。定性财务决策是一种通过判断事物特有的各种因素和属性来做出决策的方法。它基于经验判断、逻辑思维和逻辑推理。其主要特征是依靠个人经验和综合分析与比较做出决策。定性决策方法包括专家会议方法、德尔菲法等。定量决策是一种分析因素和属性之间的定量关系的决策方法。其主要特征是建立变量和决策目标之间的数学模型。根据决策条件，运用比较计算决策结果。定量财务决策方法主要包括量本利分析法、线性规划法、差量分析决策法、效用曲线法、培欣决策法、马尔可夫法等，这些方法一般用于确定性决策；还包括小中取大法、大中取大法、大中取小法、后悔值法等，这些方法一般用于非确定性决策。

五、财务决策依据

在做出决策之前，管理者必须权衡和比较备选方案，列出每种备选方案的正面和负面影响（包括定量和定性因素），确定每种备选方案的净收益，然后比较每种备选方案的净收益。选择净收益最好的方案实施，这就是决策。在财务决策过程中，成本效益分析贯穿始终，成本效益分析的结果就成为选择决策方案的依据。效益最大或成本最低的备选方案就是管理人员应采取的方案。

六、财务决策的步骤

进行财务决策需经如下步骤：

1. 确定决策目标。确定决策所要解决的问题和达到的目的。
2. 进行财务预测。通过财务预测，取得财务决策所需的业经科学处理的预测结果。
3. 方案评价与选优。它是指根据预测结果建立几种备选方案，利用决策方法并根据决策标准对各种方案进行分析和论证，做出综合评价，选择最满意的方案。
4. 判断决策正误，修正方案。在决策过程结束时，有必要制订具体的计划，组织实施，控制执行过程，收集执行结果的信息反馈，以判断决策的正确性，在第一时间纠正计划，并确保实现决策目标。

第二节　财务管理法制化

企业财务管理法制建设包括加强企业财务管理法律队伍建设，完善企业财务管理法律法规，完善企业财务管理法律监督体系，确保财务管理规范运行，以求精益求精和科学化发展。企业财务管理合法化有利于提高企业应对各种安全威胁，完成多样化任务的能力。完善企业财务管理法制化是提高资金使用效益的实际需要。完善企业财务管理合法化应着眼于提高资金使用效率。为提高企业财务管理的质量和效率，要依法行政、依法监督、依法管理财务、依法治理财务。

一、企业财务管理法制化的重要意义

根据现行财务管理制度，企业财务法制监督的职责主要由审计部门、纪检部门承担，但受组织体制等因素的影响，这些部门对本级财务部门所展开的法制监督力度远远不够。一方面，广大群众有积极参与单位财政经济管理和知情权的愿望。另一方面，他们不愿意监督财务法律制度；一些财务执法人员对职业道德和原则不够重视，经常发生非法现象。在企业财务管理实践中，一些部门的领导和财务人员往往重视命令，忽视原则，注重个人感情，依靠个人关系。

因此，要加强财务管理法制化，将企业财务安全纳入经济社会发展体系，建立决策机制、协调机制、动员机制和监督机制，依靠国民经济体制进行财务动员、财务规划、财力筹集、资金管理和财政资源分配。充分发挥经济资源的整合效应，提高规模经济资源的整体利用效率，形成依法决策、依法指导、依法运作的良好局面，促进社会和谐发展。

二、企业财务管理法制化建设的建议

（一）完善企业财务法规体系

企业立法机关和权力机关应当审查情况，修改现行财务规定，废除过时的法律法规，建立明确、结构合理、系统有序的企业财务规章制度，确保各种金融法规的权威性和稳定性，以使它们全部有效，财务管理工作在企业财务监管体系中找到相应的依据，为企业财务活动合法性创造有利条件。加强企业货币资金管理，科学规范财务管理流程，逐步实施财务规定。无论是预付资金申请、审计和报销费用，还是汇编报表和文件，都应该根据财务规定一一落实。制定严格的现金使用规则，严格管理企业账户和严格管理账单使用。

（二）健全企业财务法制监督体系

为了实现企业财务管理全过程监管的目标，我们应该把过去强调事后监管的方法改为对事前、事中和事后监督给予同等重视。制定具有广泛覆盖、指挥和综合性的企业财务法律监督法规，行使监督权的部门或者个人必须在法律规定的职权范围内，依照法定程序监督法律对象。只有坚持依法监督，才能使监督具有权威和法律效力，有效地进行财务法律监督。

（三）改革企业财务执法体制

一是要加快企业财务执法程序体系建设；二是建立企业财务执法责任制；三是建立具体、明确、可行的企业财务执法激励机制。根据政治学家威尔逊和犯罪学家凯琳提出的"破窗理论"，如果一所房子有窗户破了，没有人会修理它们，很快，其他窗户将被莫名其妙地打破。"破窗理论"要求各级企业的管理者树立严格执行惩罚制度的思想。一个不公平的执法，第二次违规不能受到惩罚，看似微不足道，实际上是一个危险而破碎的"窗口"，如果没有及时修复，将会让更多人来破坏而形成"破窗"。

（四）突出财务人员绩效评价体系

"以人为本"的管理以高素质的财务人员为中心，将管理体制的强制执行转变为财务人员的自觉遵守和实施，将财务人员自身价值的实现与企业的发展目标相结合。全面提高队伍的政治素质和职业道德。应积极进行岗前培训，要求学员对财务法规和财务制度进行充分了解和掌握，以使财务管理人员的法律意识和财务管理能力在培训中得到有效提高。

第三节　财务运营管理

一、财务运营管理的概念

财务运营管理是一项组织企业活动和处理财务关系的经济管理工作。要做好财务运营管理，必须完成两项任务：一是组织企业的财务活动；二是处理企业与其他相关方之间的财务关系。

二、财务运营管理的内容

依据财务运营管理实践，企业财务运营管理至少要做好以下三方面的决策。

（一）融资决策

在高度发达的西方商品经济社会中，如果企业要从事生产经营，就必须先筹集一定数量的资金。筹集资金是财务运营和管理最基本的功能之一。

如果企业的财务经理预测其现金流出大于其现金流入，并且银行存款无法完全弥补差额，则必须以某种方式筹集资金。在资本市场非常发达的西方社会，企业所需的资金可以从不同的来源采取不同的方式筹集。各种来源和不同筹集资金的方式都有不同的成本，其使用时间、抵押条款和其他附加条件也不同，从而给企业带来不同的风险。企业财务人员必须正确地判断风险和成本对股票价格的影响，采用最适合于企业的融资方式来筹集资金。

（二）投资决策

企业筹集资金的目的是把资金用于生产经营，进而取得盈利。西方财务运营管理中的投资概念含义很广泛，一般来说，凡把资金投入将来能获利的生产经营中去，都叫投资。财务经理在把资金投入各种不同的资产上时，必须以企业的财务目标股东财富最大为标准。

企业的投资按使用时间的长短可分为短期投资和长期投资两种，现分述如下：

1. 短期投资

短期投资主要是指用于现金、短期有价证券、应收账款和存货等流动资产上的投资。短期投资具有流动性，对于提高公司的变现能力和偿债能力很有好处，所以能减少风险。

2. 长期投资

长期投资是指用于固定资产和长期有价证券等资产上的投资，主要指固定资产投资。

（三）股利分配决策

股利分配决策主要研究如何分配收益、支付股息多少以及保留收益多少。在分配过程中，我们不仅要考虑股东短期利益的要求，定期支付一定的红利，还要考虑企业的长远发展，留下一定的利润作为留存盈余，以便推动股价上涨，使股东获益更多。最理想的股利分配政策是使股东财富最大化的政策。

综上所述，构成财务运营管理基本内容的三种财务决策，是通过影响企业的报酬和风险来影响股票市场价格的，报酬和风险之间做适当的平衡，可以使股票市场价格最大。这种平衡叫作风险报酬的平衡。任何财务决策都必须保证风险与报酬的平衡。

三、财务运营管理的目标

（一）企业财务运营管理目标确立要求

市场经济是一种基于市场资源配置的竞争经济。建立企业的财务运作和管理目标必须考虑以下关系：

1. 财务运营管理目标应当按照企业管理的最高目标来制定

财务运营管理在企业管理系统中属于子系统，财务运营管理的目标应与企业管理的最高目标一致，通过财务运营管理促进企业管理的最高目标的实现。在制定现代企业财务运营管理目标时，首先要把促进企业可持续发展作为首要考虑因素。

2. 财务运营管理目标应该将经济性目标与社会性目标相结合

经济目标强调企业的经济责任，寻求经济效益的最大化，这取决于经济管理的性质。社会目标强调企业的社会责任，追求社会利益的优化，这是由市场主体所处的社会环境决定的。财务运营管理目标不仅要突出经济，还要不局限于经济，必须帮助企业积极履行社会责任，使社会效益和经济效益同时进行优化。

3. 财务运营管理目标要将战略性目标与战术性目标进行统一

战略目标着眼于企业的长远利益，寻求行业的长期稳定发展；战术目标强调企业的短期利益和既得利益的增长。长期利益与短期利益之间的对立统一决定了在许多情况下，企业必须放弃一些直接利益才能获得长期利益。为了实现企业的战略目标，他们必须进行战术调整甚至让步。在战略发展思想指导下制定不同时期的经营战术，在确保长远利益基础上最大限度地获取短期利益，实现战略性目标与战术性目标的有机结合，这是确立财务运营管理目标的正确思路。

4. 财务运营管理目标要能很好地兼顾所有者利益与其他主体利益

在市场经济中，除了所有者外，还有债权人、雇员、供应商、消费者和政府。各利益相关者之间的关系是"伙伴关系"，强调"双赢"。无论采取何种财务政策，我们都必须合理考虑企业所有者和其他主体的利益，我们绝不能区别对待，更不用说忽略任何一方。只有这样，才能妥善处理好各种经济关系，保持财政分配政策的动态平衡，赢得各利益相关方的信任和支持，确保企业正常运转，实现可持续稳定发展。

总之，现代企业财务运营管理的目标是最大化企业价值，以满足各方利益，促进现代企业制度的建立，帮助企业实现可持续发展的目标。

（二）"企业价值最大化"的体现

从财务运营管理角度出发，"企业价值最大化"目标具体体现在以下几个方面。

1. 市场竞争能力

人们普遍认为，由营业额、市场份额、技术水平和客户需求实现程度等构成的综合竞争力是企业成败的重要因素。如果决策行为追求竞争力，即使现在略微盈利或亏损，也有利于企业的长远发展，随着竞争力的增强，发展潜力将越来越大。

因此，我们认为企业价值最大化目标的主要内容是市场竞争力。

2. 获利能力和增值能力

投资回报率、经营利润率和成本利润率反映的盈利能力是衡量和评估企业可持续发展能力的另一个重要因素。利润是市场经济条件下企业生存和发展的基础，也是开展财务运营管理工作的基本目的，任何企业都必须坚定不移地追求利润，实现合法利润最大化。但我们不能将利润最大化等同于企业价值最大化，否则我们将回归利润最大化的旧方式。

3. 偿债能力与信用水平

偿债能力与企业的可持续发展能力是分不开的，具有较强偿债能力的企业普遍具有良好的发展势头或潜力，但由于资产负债率、流动性比率、快速流动比率等指标反映了偿债能力，企业如果不能将这种能力主动转化为行为，及时全额偿还债务，将失去债权人的支持与合作，也将影响其可持续发展能力。因此，当我们将偿付能力作为企业价值最大化的支撑因素时，我们也必须关注有关企业的信用水平和财务形象。只有强大的偿付能力和良好的财务形象有机结合才能最大化企业的可持续发展能力。

4. 资本营运能力

应收账款周转率、存货周转率等指标用于衡量企业财务资源的使用效率。一般来说，这两个周转率都很快，表明企业处于良好的经营状态，供应强劲，产销转换能力强，处于正常发展状态。相反，它表明企业的销售渠道不畅通，资金回收缓慢，供给、生产和营销转换周期长。在这种情况下，企业很难实现持续稳定的发展。

5. 抵御风险能力

市场经济复杂多变，奖励和风险并存。一般来说，奖励越大，风险越大；奖励越高，风险越高；奖励越高，企业的可持续发展能力越强；风险越高，可持续发展能力越弱，甚至丧失。因此，要衡量可持续发展能力是否达到最大，我们不仅要分析回报率（盈利能力），还要考察企业抵御风险的能力。只有当奖励和风险处于最佳组合点时，企业的可持续发展能力才能最大化。

(三)"企业价值最大化"的实现

1. 选择合适的企业财务运营管理体制

如果企业规模不大,那么选择企业财务运营管理系统没有问题。为了实现规模效应,许多企业需要考虑此时应采用何种企业财务运营管理系统。人们普遍认为,核心企业应采用集中财务制度,对紧密层企业采用分散财务制度,即集团总部做出的重大财务决策,紧密层企业做出的小额财务决策,以及紧密层实施的总部决策。半紧密层企业即一般企业应采用企业控制和分散的金融体系。各部门通过内部系统间接影响或控制其下属企业的财务决策,而松散和协作的企业则采用完全分散的财务体系。

2. 充分利用现代技术收集决策所需信息

财务决策需要收集大量数据,如历史数据、市场动态以及政策和法规的前瞻性信息。手动收集、整理和分析这些信息显然是耗时且费力的,并且很容易出错。因此,必须使用计算机技术来建立相应的数学模型,以提高准确性和效率。

3. 有效利用企业各种资源

在财务运营管理中不能就资金论资金,不能只注重质量和成本的管理,而应从更大范围上着手,如应做好人力资源的管理、企业品牌的管理等。

企业需建立吸引、培养、留住人才的报酬机制,在注重有形资产管理的同时,注重无形资产的创建和管理。以品牌为导向,在优秀人才的努力下,通过优质的服务,发展具有企业特色的目标市场和消费群体,可以从根本上解决企业长期生存和发展的问题。

4. 将财务监管应用于企业经营全过程

企业应配备高素质人才,建立相应的内部控制制度,对企业经营的全过程进行财务监督。例如,资本结构、长期外资增加或减少、资金投入、对外担保、关键设备抵押、年度财务预算、工资和利润分配方案及运作、绩效考核与奖励、成本计划与控制、价格确定与调整、贷款回收政策、货物购买计划等均为全方位的财务监督,确保企业资产的价值保值与增值。

第四节　从卓越运营到卓越管理

一、打造与众不同的企业

许多企业不仅拥有完善的业务流程,如"订单到现金""购买到付款""投资到淘汰"或"开发到发布",还投入了大量资源。重组业务流程或实施企业资源计划(ERP)、客户关系管理、供应链管理和其他业务管理系统,以便企业中的每位成员都可以清楚地了解业务流程并确保业务流程可靠、统一且可预测。

但是管理流程怎么样?当我们向世界各地的客户和读者询问这一点时,我们要么保持沉默，要么认为它只是预算编制、财务报表准备、资源管理和差异分析。人们在描述管理流程时最接近的是 PDCA 循环（计划—执行—检查—调整）。

管理流程不像业务流程定义得那么清楚，这令人担忧，因为企业越来越依赖于管理流程而非业务流程来获得竞争优势。大多数企业在降低流程成本的同时，也都在优化它们所提供的产品和服务的质量，并且做得很出色。但问题是，很多企业在这方面都做得很好，这就导致卓越运营不再是某家企业的独特优势（或差异化因素），而是成为一个必备条件。在新的环境中，要想做到与众不同，企业必须是智能、敏捷和协调一致的。

（一）智能

企业不缺市场或内部运营数据。问题是如何让每个人都可以访问相同的数据以及如何解释和使用数据。

（二）敏捷

许多文章或报告都以"现在业务变得越来越复杂"或"现在业务正以惊人的速度加速"开头。虽然是老生常谈，但确实如此。在这样的环境中，最有可能成功的企业是敏捷和灵活的企业。

（三）协调一致

麻省理工斯隆管理学院托马斯·马龙教授在《未来的工作》一书中指出，尽管并购活动频繁，但由于外包和专注于核心能力的原因，企业的平均规模却缩小了。为了取得成功，价值链中的所有企业都需要密切协作。此外，今天的大部分创新都来自合作。例如，苹果和耐克公司之间的合作，共同向 iPod 推出慢跑统计数据；在航空业，竞争航空公司组成了寰宇一家、天合联盟或星空联盟等。在这里，战略优势来自关系管理而非流程管理。

智能、敏捷和协调一致不是卓越运营的范畴，而是阐明了我们所说的卓越管理。管理造就不同，而企业绩效管理（EPM）则是造就不同的驱动因素。遗憾的是，传统的 EPM 侧重于管理或 PDCA 循环，这是一种内部到外部的方法。

英国克兰菲尔德大学最近的一项研究表明，大多数公司过于关注内部，并没有使用足够的外部信息或基准测试。这与优秀的管理不同，后者是从外到内、从内到外协调的艺术。加州大学安德森商学院的鲁梅特尔教授指出，为了显著提高绩效，需要首先确定环境的变化，然后快速巧妙地管理它们。换句话说，了解利益相关者的贡献和需求（一致性）、市场动态（敏捷性）以及对数据（智能）的出色解释。战略指导来自外部，它告诉我们计划什么、实施什么、检查什么以及调整什么。这需要更好地理解管理流程，如我们提倡的管理流程，从战略到成功（Strategy to Success，S2S）。

二、从战略到成功

从战略到成功管理流程是波特定义的跨业务流程的价值链概念的扩展。与所有业务流程一样，S2S管理流程包含许多步骤：我们需要了解利益相关方环境，检查市场，制定业务模型战略，管理业务计划，开展业务运营，并通过评估业务成果提供各级反馈。

（一）利益相关者环境

绩效管理并不是一种自上而下的操作，即把战略目标转换为成功因素、关键绩效指标以及最后的改进计划。企业是在不同利益相关者的网络中运作的，每个利益相关者都为企业的绩效做出了贡献。员工工作，股东提供资金，供应商和合作伙伴提供设计、制造和销售产品所需的原材料和服务，客户提供需求，社会提供基础设施，监管机构确保公平竞争。只有确定利益相关者的需求，我们才能充分利用这些贡献。我们需要将这些贡献与需求相互对应，并以此作为绩效管理策略的基础。

未来几年企业绩效管理最重要的发展趋势之一将是编制可持续发展报告——收集、分析和共享企业在经济效益、社会责任和环境效应方面的影响的有关信息。当利益相关者管理成为绩效管理的起点时，企业透明度将不再是问题。

（二）市场模型

我们的外部利益相关者想要的不是我们的预算，而是我们的计划、预测和市场指导。如果企业没有看到影响它的外部趋势并且没有引导它，那将会产生严重的后果。利益相关者将对管理者的管理能力失去信心，股票价格可能会受到影响，最终这些机构将降低对管理者的评级，从而导致资本成本增加。这是一个相当真实的商业情况。了解市场动态是评估战略方案的第一个关键步骤，旨在定义正确的战略目标。新产品和服务推出，新的竞争者进入市场，消费者行为不断变化，并且业务加速运转。大多数企业都将用于预测这些趋势的所有外部数据存储在其竞争情报（CI）职能部门。同时，在广泛的商务智能（BI）系统中可以随时获得有关资源和活动的内部信息。但问题是，CI和BI很少相结合。

（三）业务模型

绩效管理始于一个支持战略决策的原则，所涉及的系统称为决策支持系统（DSS），通常使用现在所谓的OLAP数据库来运行假设分析。企业有许多不同的战略选择可以影响它们的发展，并确定商业模式和商业模式中最好的利益相关者，可以帮助他们取得最大的成功。管理者想推出新产品以实现创新和发展，还是寻求合作伙伴？如果管理者需要缩减生产规模，是否要削减业务部门或降低整个企业的产能？我们应该外包和保留哪些活动？这些问题无法通过计算投资回报来解决，但可以通过协调市场需求来解决。场景分析在20世纪70年代和80年代很流行，这种战略绩效管理计划，在历史舞台上再次出现了。

（四）业务计划

在此阶段，我们探讨更为传统的绩效管理，即使用PDCA循环。企业设定目标并制订计划来实现那些目标。企业要严密监控计划的执行并分析异常。要报告结果，并根据反馈设定新目标。不过，计划不应是以后转变成经营活动的年度财务任务。从本质上讲，它应该更具操作性，市场和利益相关者的需求应与内部资源和活动的能力相平衡，这应该转化为业务模型阶段的（财务）目标。

这是滚动预测如此重要的原因。市场或内部产能的每一个变化都应进行新的运营预测和财务预测。差异分析并不基于预算，而是对企业和其余市场所做的相对比较。

（五）业务运营

在业务运营阶段，每个策略都需要实践来检验。洞察力、策略和计划都必须是可操作的并且要付诸实施，应严密监控执行。但绩效管理所需的并不只是监控单个流程。绩效管理需要涵盖不同的业务领域，并根据因果关系创建见解。例如，如果销售回收周期（DSO）增加并且呼叫中心显示投诉急剧增加，这可能是由于客户服务不良导致客户不满意，也可能是由于为了节约成本而推迟供应商付款造成的。

经济学家情报研究所（EIU）最近的一项研究发现，企业需要更多企业级别的数据，孤岛式信息被认为是绩效管理成功的主要障碍之一。为了进行这种跨域分析，绩效管理的主要趋势之一就是实施主数据管理，确保所有区域都使用相同的产品表、客户表、企业表和其他参考表。许多运营评估都可以实现标准化；自己定义的缺勤或 DSO 无法显示竞争差异，使用标准便于进行卓越运营的基准测试。

（六）业务成果

如果没有反馈，S2S 过程是不完整的，应使用绩效指标来向从战略到成功过程的每一阶段提供反馈。运营管理需要实时信息，业务规划人员需要绩效差异分析，战略专家需要对总体目标进度的反馈以及与整个市场的比较，并了解如何识别贡献以及如何满足需求，使所有利益相关者受益。信息显示板和计分卡并非只适用于高层管理人员，对所有人都是必需的。

EPM 被定位成具有战略意义的管理原则。EPM 应与业务模式联系在一起，它不仅应该是战术管理的实施，还应该支持战略决策。它不仅应提供内部管理信息，还应支持利益相关者管理。它不仅应该以财务为导向，还应成为企业运营的一部分。所有这些都需要协调一致进行。我们能够提出的 EPM 的最短定义是"EPM 与 S2S 协调一致"。

第十二章 投融资管理

第一节 资本思维

对于企业家来说,为了实现更大的资本梦想,特殊的思维能力是必不可少的。培养良好的财富发现视野,从杠杆思维、市值思维和协同思维三个方面构建资本思维,注重理财之道,处理好企业财务,通过集体努力等运作资本,这是从挣钱思维到赚钱思维,最后到资本增值思维的必经之路。

一、杠杆思维

所谓的杠杆思维是用小资本来撬动大量资本以获得更多收入,即负债经营。

有些企业想借但无法达成,使得企业枯萎死亡,也有些企业因债务过重,无法偿还导致现金流破裂。如何平衡负债的运作?当企业的经营利润率高于债务成本时,企业可以增加债务操作的比例。

例如,某项目净利润率可达20%,以自有资本投入1000万元,则能获得200万元的净利润。而假设举债的利息率为10%,借入4000万元,需要支付的利息为400万元,而这4000万元能够产生的收益为800万元,除去利息依然还有400万元收益。因此,如果不依靠债务杠杆,相同的1000万元资金投入只能实现200万元的净利润(20%的利润率),如果运营,则可以用4000万元的债务,实现600万元的净利润(利润率60%)。

这是资本杠杆的影响,因此其增长率将远远高于依靠自有资本的滚动发展。有些企业不仅设法借钱,还试图降低借贷成本,从而获得更多的资本收益。

二、市值思维

所谓市值思维,就是依靠企业的资本价值去促进扩张,这比杠杆思维要进一步。企业的资本价值是多少,这常常是企业家很迷惑的问题。

很多实业企业家认为,自己企业的价值,就是自己企业总资产减去负债以后的资产净值的价值。曾听一位资本顾问向一位实业企业家做普及讲解:"你的企业虽然只有5000万元的净资产,但你的企业绝不是只值5000万元,因为你每年的净利润有1500万元,即使按照 10 倍的市盈率来算，你的企业卖 1.5 亿元一点问题没有。"当然，一些企业主会认为，企业的资本价值是虚的，自己又不可能将企业卖掉。我们来看看做得好的企业家是怎么理解这个问题的。

有一次，某位企业家宴请公司要客，结账之时，这位企业家自掏 2 万元人民币付款。众人不理解他为什么要自掏腰包，他解释道："这顿饭钱如果由公司来出，公司就多了 2 万元费用，相应的净利润就少了 2 万元，按照股市平均 30 倍的市盈率来算，我的企业的市值就少了 60 万元。所以，如果是公司掏钱，一顿饭不是吃掉 2 万元，而是吃掉 60 万元。"

公司的市值在进行对外收购时会发挥重大作用。如果一家价值 8000 万元的企业并购价值 2000 万元的企业，则无须支付 2000 万元现金购买；如果它发行 20% 的股票，就能够实现对另一方的并购。

三、协同思维

所谓的协同思维不是为了分享和交叉销售业务资源，而是为了财务资源分配和内部融资。协同思维比市值思维更进步，这在多业务和多元化企业中很常见。

从理论上讲，只要业务完全不相关，将业务分散到几个不相关的领域就可以消除总现金流量的波动。凭借充足稳定的现金流，我们可以利用部分业务产生的盈余现金流来支持其他业务的发展。

在这种多元化的经营方式中，对顺畅现金流的需求已经成为连接各个业务部门的纽带。成功多元化公司的一个共同特点是：总部可以控制财务资源的内部分配，通过不同的业务组合重新分配现金流和投资，并实现比开放资本市场更高的效率。

例如，美国通用电气公司（GE，以下简称 GE）的运营模式可以概括为"财务高度集中，运营高度分散"，体现在以下几个方面。

1. 控股公司控制所有财务资源，统一分配所有业务，以提高集团的整体资本效率。
2. 通过金融资源的合理配置，平衡不同业务的现金流，以提升集团整体的资信评级。
3. 所有对外融资皆通过控股公司进行，以充分利用外部资本市场对企业整体高评级。
4. 除了战略制定和结果评估外，控股公司还为每个经营实体提供高度自主权，以确保每个实体的专业化运作。

由此可以看出，GE 不会干扰其实体的业务合作，而是由各实体独立决定。GE 重点控制的是金融上的"互补"与"协同"。在这一点上，相较于经营实体，GE 更接近于一个共同投资基金或内部银行。

第二节 资本运作

一、资本运作的概念

经济学中，资本是能够带来利益的一切资源，它可以是有形的，也可以是无形的。在公司中，能够为公司带来经济利益的资源有很多，如投资者投入的资本、厂房、机器设备、专利、技术秘密、知识、金融工具等。公司如何高效地运用这些资本，实现公司价值的保值和增值，是公司资本运作需要解决的问题。在整个公司的资本管理模式中，它主要包括以下几个方面：第一，充分利用闲置资产产生经济效益；第二，在从事产品生产经营的同时，公司投入一定资金从事证券市场交易、产权转让、公司并购等资产增值活动；第三，公司参与资产增值活动，合并和收购可以通过股权转让或资本借贷来进行；第四，通过资本产权的运作，可以实现业务规模的扩大，主要包括兼并、持股、股权参与等发展为大集团的方式。

公司的资本运作不仅仅包括资本增值。事实上，它通常要对公司的资本结构进行调整，目的就在于通过调整公司生产关系使其更加适应当前的生产力水平，从而促进公司生产潜能的发挥，实现公司价值的提高。公司的资本运作更侧重于公司资本账户下的活动。公司利用现有资金通过资本市场重组公司和资产，开展各种活动，改善公司资本结构，实现资本的最大附加值。计划和优化公司可以处置的各种资源和生产要素的配置，改善投资组合结构，增加可控资源，提高资产运营效率，通过资产重组实现资产价值保值和升值、企业兼并和收购、风险投资和融资。

二、公司进行资本运作的原因

从微观角度看，对公司而言，任何成功的公司都是从产品生产、产品经营逐步走向资产经营和资本营运的。资本运作是公司的一个强大的助推器。它可以创造一种混合资本，扩大经营规模，通过上市、并购、战略投资等一系列资本运作手段，帮助公司加强产品运作或干预新兴产业甚至开拓新市场。因此，资本运作可以在促进公司发展方面发挥巨大作用，这是一种手段，可以帮助公司实现做大做强的战略目标。

许多公司未来做大做强，往往持续投入大量人力、物力、财力，但是由于规模经济的限制，这些投入总是难以获得预期的回报，而资本运作却可以帮助公司在短时间内获得大量的资金，为公司规模的迅速扩张提供可能。

从宏观角度看，资本运作是实现资源整合的必然途径。在市场经济下，要实现生产要素在各个经济主体间的合理配置，可以通过公司资本运作来实现。公司通过并购、控股等方式，实现上下游产业的优势互补和强强联合，达到社会资源的有效流动。

总之，资本运作能够通过市场化的途径，帮助中小公司合理优化资产结构，创建组织构架，扩大公司规模，提高市场占有份额，提升公司在国际中的竞争力；帮助市场优化产业结构，整合现实资源，从而有助于国家实现经济增值的宏观经济目标。所以，国家应鼓励公司进行资本运作，为其创造良好的法律环境，提供便捷的政策支持。

三、公司资本运作方式

公司资本运作的方式多种多样，根据不同的标准可以有不同的分类。公司要结合内外部环境的变化，综合考量各种变量，选择适合自身的资本运作方式。

（一）与公司整合有关的资本运作方式

与公司整合有关的资本运作方式主要包括公司兼并与公司收购。公司兼并与公司收购是公司金融决策的重要内容，对于现代企业来说，直接体现了公司的资本运营程度。从微观层面看，公司可以通过兼并与收购消除公司亏损，提高公司要素的使用效率；从宏观层面看，公司的并购重组还可以调节市场产业经济结构。

（二）与资产整合有关的资本运作方式

与资产整合有关的资本运作方式主要包括公司重组、资产置换、资产剥离、资产租赁等。

此外，资产证券化、资产转让也是公司常用的资本运作方式。

（三）与股权有关的资本运作方式

与股权相关的资本运作模式主要体现在上市公司，包括发行股票、债权、配股、增发、转股、增股、回购等。

从某种程度上来讲，资本运作的成功会影响企业的命运，在经济和世界一体化的环境下，资本运作尤为重要。作为企业，要加强资本运作，注重企业资本运作，促进内部资源的合理配置，形成适当的内部运作体系。为了影响和促进其他企业和社会其他领域的发展，我们应该将一般资本转化为优质高效的资本，并将其投资于其他领域。

第三节 融资管理

融资是指企业根据生产经营、外商投资和资本结构调整等需要，通过适当的融资渠道和金融市场获取所需资金的行为。为了开展生产经营活动，任何企业都必须先筹集一定的资金才能开始运营。即使在生产经营过程中，由于季节性和临时性等原因，以及扩大再生产的需要，也同样需要融资。融资是企业资本流动的起点，企业能否筹集资金，稳定资金使用，直接影响着企业的生存和发展。融资活动是企业的基本金融活动，企业财务管理重点之一就是融资管理。

一、融资管理的主要内容

（一）明确具体的财务目标

为了实现企业价值最大化的最终目标，企业必须在具体的经营管理过程中确定具体的财务目标，从而对财务融资管理职能的有效实施起到直接的指导作用。融资及其管理过程要服从财务管理的总目标，即提高企业的市场价值。融资过程中体现的财务目标是获得更多资金，融资成本更低，融资风险更小。

（二）科学预测企业的资金需求量

企业再生产过程的实现是以资金的正常周转为前提的。如果资金不足，则会影响生产经营活动正常、有序地进行；如果资金过剩，则会影响资金的使用效果，造成资金的浪费。为此，筹集资金必须保证企业正常周转的资金需要。

在企业进行资金预测过程中，必须掌握正确的预测数据，采用正确的预测方法，如果预测失误，则可能加大财务风险，进而导致企业经营和投资失败。

（三）选择合适的融资渠道和方式

企业融资渠道众多，获取资金的方式有很多种。但是，无论以什么渠道和方式筹集资金，都要付出一定的代价，我们称之为资金成本。企业从不同渠道、采取不同方式获取的资金，其成本是不同的。如果资金成本太高，不仅会影响融资和投资效益，甚至还会使企业出现亏损。因此，为了降低资金成本，有必要通过比较各种渠道和筹集资金的方式来选择最佳的资金来源结构。

（四）保持资金结构合理

融资结构是指企业在筹集资金时，由不同渠道取得的资金之间的有机构成及其比重关系。如债务资本和权益资本的比例；在资金来源方面，长期资金占短期资金的比例等。融资风险是指融资中各种不确定因素给企业带来损失的可能性，表现为利率波动和债务破产的风险。但是，在市场经济条件下，企业从不同来源、不同方式筹集资金，用于不同的使用时间、融资条件和融资成本。行业带来的风险是不同的，企业结合不同的融资渠道和模式，必须充分考虑企业的实际运作和市场竞争力，适度负债，寻求最佳的资本结构。

二、资金的筹集原则、融资渠道与融资方式

（一）资金的筹集原则

融资的宗旨是满足企业对资金的需求，最终保证企业价值最大化目标的实现。因此，

企业融资时应遵循以下基本原则：

1. 确定资金的实际需用量，控制资金投放时间

合理确定资金的需求量是企业融资活动的依据和前提。资金不足会影响企业的正常生产经营和发展，但资金过剩也会影响资金的使用效益。在审核资金需求时，不仅要关注产品的生产规模，还要关注产品的市场需求，以防止盲目生产和资金积压。同时，要掌握全年投入的资金总额，确定不同月份投入的资金数额，合理安排资金的投入和回收，将融资和使用联系起来。尽可能及时拨款，减少资金占用，加快资金周转。

2. 谨慎选择资金来源和融资方式，降低资金成本

企业融资的渠道和方式均有不同的形式。在资金所有权和使用权分离的情况下，无论采用何种渠道或融资方式，都要付出一定的代价，即资金成本。资金成本因资金来源和融资方式的不同而不同，获取资金的难度也各不相同。在其他条件基本相同的前提下，资本成本水平是选择融资方式和各种融资组合方案的主要标准。企业必须全面考察影响资金成本的各种因素，全面研究各种资金的构成，寻求资金的最优组合，降低资金成本。

3. 合理安排资金结构，努力控制财务风险

企业应当适度负债经营，负债经营必须注意以下问题：

（1）要保证投资利润率高于资金成本。

（2）负债规模要与企业偿债能力相适应。负债过多会发生较大的财务风险，甚至丧失偿债能力而面临破产。

（3）要尽量保持资金结构的稳定合理，保持对企业的控制权。企业不但要利用负债经营提高收益水平，还要维护企业的信誉，减少财务风险。

上述基本原则相互联系又相互制约，在企业进行融资时要综合考虑各原则，并予以平衡，力求找出适合企业的最佳融资方案。

（二）融资渠道与融资方式

融资渠道是指筹集资金的来源和渠道，反映了募集资金的来源和性质。融资方式是指企业获得资金的具体形式。两者既有联系又有区别。同一来源的资金往往可以采用不同的融资方式取得，而同一融资方式又可以从不同的融资渠道获得资金。

因此，要合理确定资金来源的结构就必须分析两者的特点，并合理地加以应用。企业资金周转畅通，企业才能充满活力。资金是企业生产经营的必备条件，所以融资在企业财务管理中显得尤为重要。企业融资有多种渠道和方法，融资时应根据企业实际情况，结合企业实际需求有效地筹措资金。

第四节　投资管理

一、对外投资

对外投资是指企业在符合国家有关政策法规的前提下，以现金、实物、无形资产或购买股票、债券等有价证券方式向其他单位投资。

（一）企业对外投资的主要原因

1. 企业在经营过程中存在闲置资金

为了提高资金的使用效益，企业须积极寻找对外投资的机会，如购买股票等短期投资，最终目的是获得高于银行存款利率的投资收益率。

2. 分散资金投向，降低投资风险

现代企业资本管理的一项重要原则是使资本分散化，以降低、控制风险。

3. 稳定与客户的关系，保证正常的生产经营

企业为获得稳定的原材料来源，必须与原材料供应商保持良好的业务关系，可通过购买有关企业的股票，或向有关企业投入一定量的资金，控制或影响其经营活动。

（二）对外投资的分类

1. 按照对外投资的目的及期限划分

对外投资按其目的和期限的长短不同划分为短期投资和长期投资，这是对外投资最基本的分类。

2. 按照投资的性质及形式划分

对外投资按其性质和形式不同，可分为有价证券投资和其他投资。

3. 按照投资的经济内容划分

对外投资按其经济内容的不同可分为货币资金投资、实物投资、无形资产投资。

（三）对外投资政策

1. 确定投资目标

企业根据经营总目标，结合自身的实际情况，确定投资目标、选择投资客体，即确定向谁投资、投资于何项目等。

2. 选择投资类型

企业根据投资目标，选择进行短期投资还是长期投资；是有价证券投资还是其他投资；是用现金、实物投资还是用无形资产投资等。

3.进行可行性研究,选择最佳方案

企业应围绕投资目标,提出各种可行性方案,并对投资方案的收益、风险等进行全面分析、综合评价,从中选择最优方案。

4.组织投资方案的实施

当投资项目完成或在投资项目执行中,要用科学的方法,对投资业绩进行评价。通过评价,总结经验教训,及时反馈各种信息,为以后投资决策提供依据,并适当调整原有投资对象,以利于实现投资目标。

二、证券投资管理

证券是指票面记载有一定金额,代表资产所有权或债权,可以有偿转让的凭证。证券投资也是有价证券投资,是指把资金用于购买股票、债券等金融资产的投资。证券投资是通过购买金融资产,将资金转移到筹资企业中并投入生产活动,这种投资又叫间接投资。

(一)证券的分类

1.按性质分类

证券按其性质可分为债权性证券、权益性证券和混合性证券。

2.按持有时间分类

证券按其持有时间可分为短期证券和长期证券。

(二)企业证券投资的目的

1.短期证券投资的目的

短期证券投资的目的是为了替代非营利的现金,以获得一定的收益。

2.长期证券投资的目的

(1)为了获取投资报酬。

(2)为了获取控制权。

(三)证券投资的风险与报酬

1.证券投资的风险

进行证券投资,必须承担一定的风险。

证券投资风险可划分为以下四类:

(1)违约风险。

违约风险指证券发行人无法按期还本付息的风险。

(2)利率风险。

股票和债券的价格随市场利率的变化而波动,市场利率上升,证券的价格就会下跌;反之,证券的价格就会上升。

（3）购买力风险。

若出现通货膨胀，货币购买力就会下降。

（4）变现力风险。

证券在短期内是无法按合理价格出售的。

2. 证券投资的报酬

企业证券投资的报酬主要包括两个方面：

（1）证券的利息和股息。

（2）证券买卖的价格收入。

三、债券投资管理

（一）债券投资的特点

债券投资的特点主要如下：

1. 本金的安全性高

债券的利率是固定的，债券本金的偿还和利息的支付有法律保障。债券的发行数量有限，只有高信誉的筹资人才能获准发行债券。

2. 收益稳定

债券可以获得固定的、高于银行存款利率的利息，债券发行人有按时支付利息的义务。

3. 流通性强

债券的流通性仅次于银行存款。当持有者需要资金时，既可以到证券市场上将其卖出，也可以将其作为抵押品而取得一笔抵押贷款。

（二）债券的认购

1. 债券的面值认购

债券的面值认购亦称平价认购，即企业购入债券实际支付的款项等于债券的面值。

2. 债券的溢价认购

债券的溢价认购亦称超价认购，即企业购入债券实际支付的款项高于债券的面值。

3. 债券的折价认购

债券的折价认购亦称低价认购，即企业购入债券实际支付的款项低于债券的面值。

（三）债券投资收益及管理

债券投资收益是指债券到期或卖出时收回的金额与债券购入时的投资额之差。债券投资收益一般由两部分组成：一部分是利息收入，即债券的发行者按债券票面金额的一定比例支付给债券持有者的那部分货币；另一部分是买卖差价，即债券中途买卖时价格往往不一致，当买价低于卖价，卖出者就会获利，相反，卖价低于买价，卖出者就会遭受损失。

债券投资收益率的大小可以用投资收益率指标表示。债券投资收益率是指每期（年）应收利息与投资额的比率。

四、股票投资管理

（一）股票的目的及其特点

企业股票投资的目的是获取股息收入和股票价格差异作为一般证券投资，并通过购买大量股票来控制企业。

股票的主要特点：

（1）持有股票的股东一般有参加股东大会和分配公司盈利的权利。股东权力的大小，取决于股东所掌握的股票数量。

（2）股票变现更容易，持有股票的投资者可以随时出售股票以换取现金。

（3）股票价格由证券收益率与平均利率之间的比较关系决定，也受经济、政治和社会因素的影响。所以，股票价格与票面价值有较大的背离，从而为投机者提供了便利的条件。

（4）购买股票基本上是股东的永久投资，购买后，本金不能退还。股票投资者的收益完全取决于公司的盈利能力。如果公司破产，股东就无法收回本金。

（二）股票投资的优缺点

1. 股票投资的优点：

（1）能获得比较高的报酬。

（2）能适当降低购买力风险。

（3）拥有一定的经营控制权。

2. 股票投资的主要缺点：

（1）普通股对企业资产和盈利的求偿居于其他债权人之后。

（2）普通股的价格受众多因素影响，很不稳定。

（3）普通股收入不稳定。

（三）股票投资损益及其管理

股票投资收益是指投资者购买股票后获得的投资收益，主要包括股息收益和股票价格差异收益。股息收入是投资者从股份制企业的税后利润中获得的投资回报；股票买入价格与股票卖出价格之间的差异，也称为资本收益，是指股票价格买卖之间的差额。若买价高于卖价，为资本损失；若卖价高于买价，则为资本收益。股票投资收益率是反映股票投资收益水平的指标，它是股票投资收益（包括股利和资本收益）与股票投资的比率。

转让股票时，价格（不包括已申报但尚未收回和登记的股利）与其账面价值之间的差额，计入投资收益或投资损失。普通股票投资的潜在回报率高于其他投资，但普通股票投资也是风险最大的证券投资。在控制风险的方法中，最常见的方法是分散投资，即选择一些要匹配的证券，建立投资组合，抵消各种证券的回报和风险，使投资组合保持在特定的回报水平，以尽量减少风险，或将风险限制在愿意承担的特定水平，以尽可能最大化回报。

第五节　财务报表解读

一、财务报表分析的目的

财务报表所列报的信息是进行经济决策的主要依据。阅读和分析财务报表的根本目的是充分利用财务报表披露的信息及其分析结果作为决策依据。由于决策者（财务报表使用者）对财务信息的需求不同，因此其分析的具体目的和重点也不同。

（一）企业投资者的分析目的

在市场经济中，企业资本来自借入资金和自有资金。其中，借入资金由债权人提供，自有资金由企业投资者投入。投资可以为投资者带来一定的经济利益，但也给投资者带来一定的风险。一般来说，投资回报水平和风险程度是他们最关心的。投资回报体现在两个方面：一是从税后净利润中分配的股利；二是从企业集中增值中获得的资本利得。为了保证投资决策的科学性和合理性，投资者主要关注企业的盈利能力、偿付能力、资产管理效率、现金流状况等信息。除上述信息外，还可以通过财务报表和财务报表的分析，进一步分析和评估实现企业预期收益的过程，为投资决策和绩效考核提供依据，包括企业预期收益的实现程度、经营业绩、财务环境、财务风险等。

（二）债权人的分析目的

债权人是提供资金给企业并得到企业在未来一定期限内按时还本付息的人。他们向企业借出资金的目的是在债务人能如期归还借款的前提下取得一定的利息收入。如果债务人到期不能还本付息，则债权人的利益就会受到损害。因此，债权人最关心的是企业的偿债能力、企业资本结构、长短期负债比例以及借出资金的安全性。这些信息都可以通过阅读和分析财务报表来获取。

（三）企业经营管理者的分析目的

对于经营管理者等内部用户，财务报表分析涵盖了最广泛的内容。它不仅涵盖了投资者和债权人的所有分析目的，还评估和考核了企业生产经营计划和财务预算的完成情况，并为企业的可持续发展制定了决策和计划。通过阅读和分析财务报表，企业管理者可以发现经营管理活动中存在的问题，找出问题产生的原因，寻找解决问题的方法和途径，确保有关企业财务管理目标的顺利实现。

（四）政府监管部门的分析目的

具有企业监督职能的主要部门包括工商、税务、财务、审计等。他们进行财务分析，以便定期了解企业的财务状况，判断企业是否依法经营，依法纳税，依法融资，遵守市场秩序，从各个角度规范行为，履行监督职责。因此，在市场经济环境中，为了维持市场竞争的正常秩序，国家将利用财务分析数据监督和检查企业整个生产过程和操作过程是否符合国家制定的各项经济政策、法规和制度。

（五）企业内部员工的分析目的

员工不仅关注企业目前的经营状况和盈利能力，还关注企业未来的发展前景。他们还需要通过财务分析结果获取信息。此外，员工通过财务分析可以了解企业各部门指标完成情况、工资与福利变动的原因，以及企业的稳定性和职业保障程度等，从而进行自己的职业规划。

（六）中介机构的分析目的

与企业相关的重要中介机构包括会计师事务所、税务事务所、律师事务所、资产评估公司、各种投资咨询公司和信用评估公司。这些机构站在第三方的立场，为如股票和债券的发行、股份制改革、合资与企业的合并和清算等经济业务提供独立、客观和公平的服务。这些服务需要充分了解和掌握企业的财务状况，所获得的信息主要来自财务分析的结论。

（七）供应商的分析目的

供应商主要是为企业提供产品、原材料、辅助材料的企业和个人。在向企业提供商品或服务后，他们成为企业的债权人，因此他们必须判断企业是否能够支付其商品或服务的价格。从这个角度来看，供应商对企业的短期偿债能力感兴趣，而具有长期稳定合作关系的供应商则对企业的长期偿债能力感兴趣。

（八）竞争对手的分析目的

在市场经济中，竞争对手无时无刻不在与企业争夺原材料、供应商、客户、市场份额等，他们会千方百计地获取企业的财务信息和商业秘密，借以判断企业的经营战略、投资方向、优劣势乃至于当前困扰企业的瓶颈问题。因此，竞争对手对企业的财务信息、财务状况的各方面都感兴趣。

二、财务报表分析的内容和原则

财务报表分析是企业财务管理的重要组成部分。它是财务预测、财务决策、财务计划和财务控制的基础。因此，在分析财务报表时，必须了解分析的内容，并遵循一定的依据和原则，使分析结论的质量得到保证。

（一）财务报表分析的内容

财务报表是企业财务状况、经营成果和现金流量的结构表达。企业的交易和事件最终通过财务报表呈报，并通过票据披露。一套完整的财务报表应包括至少四份报表和一份说明，即资产负债表、利润表、现金流量表、所有者权益变动表和附注。

财务报表分析的内容主要是揭示和反映企业的生产经营活动的过程和结果，包括企业融资活动、投资活动、经营活动或金融活动的效率。

财务报表阅读和分析的内容如下：

1. 财务报表分析

财务报表提供了最重要的财务信息，但财务分析并未直接使用报表上的数据计算某些比率指标来得出结论，而是首先尝试阅读财务报表及其说明，阐明数据的含义和准备过程，分析每个项目，掌握报告数据的特征和结构。

从应用角度讲，财务报表分析可分为以下三个部分：

（1）财务报表的结构分析。

（2）财务报表的趋势分析。

（3）财务报表的质量分析。

2. 财务比率分析

财务比率是基于财务报表的解释和熟悉企业财务报表中披露的基本信息。根据表格中或项目表之间的相互关系，它计算出一系列反映企业财务能力的指标。财务比率分析是财务报表阅读和分析的核心内容，即根据计算指标，结合科学合理的评价标准进行比较分析，以揭示企业的财务问题，客观评价企业的经济活动，预测企业的发展前景。

财务比率分析主要包括以下五个部分：

（1）偿债能力分析。

（2）盈利能力分析。

（3）营运能力分析。

（4）发展能力分析。

（5）财务综合分析。

（二）财务报表分析的原则和依据

进行财务报表分析时，财务报表使用者必须遵循一定的科学程序和原则，以确保财务分析结论的正确性。

1. 财务报表分析的原则

在财务报表分析中，要遵循以下原则：

（1）相关性原则。

（2）可理解性原则。

（3）定量分析和定性分析相结合的原则。

（4）客观性、全面性、联系性、发展性相结合的原则。

2. 财务报表分析的依据

财务报表分析要形成真实可靠的分析结果，就必须有科学依据。按照规定要求编制的财务报告和取得的其他相关资料是进行财务分析的主要依据。相关资料分别来自企业的内部和外部，以内部资料为主。

财务报表分析的依据主要包括以下几个方面：

（1）财务报告。

（2）其他相关资料。

（3）多渠道收集信息。

三、财务报表分析的程序

财务报表分析的质量决定了财务预测的准确性和财务控制的有效性。因此，在进行财务报表分析时，必须遵循一定的程序，确保财务分析的质量和结论的正确性。财务报表分析工作一般应当按照以下程序进行：

1. 确立分析目的，明确分析内容。

2. 收集资料，对资料进行筛选和甄别核实。

3. 确定分析评价标准。

4. 围绕分析目的，采用适当的分析方法，参考判断标准，分析相关数据，得出结论，并提出相关建议。

5. 编制并提交分析报告。

四、财务报表分析的方法

财务分析的基本方法是一种实用的方法，常用于财务分析的评估、预测、开发和协调。一般来说，有两种财务分析方法：一种是找出问题，另一种是找出原因。也就是比较分析法和因素分析法。

（一）比较分析法

比较分析法是将分析对象的数值与标准数值进行相比较，通过两者之间的差异，找出存在问题。比较分析是财务分析中最基本的方法之一，也是财务分析过程的起点。比较分析包括实际和计划指标的比较、实际和历史指标的比较，以及实际和工业指标的比较。

（二）因素分析法

因素分析方法基于比较分析方法，进一步探讨了比较过程中发现差异的原因。这是一种衡量每个相互关联的因素对财务报表中某个项目差异影响的方法。通过这种方法，我们可以找出每个相关因素对项目的影响程度，有助于区分责任，更有说服力地评估企业经济管理的各个方面。同时，我们可以找出影响企业复杂经济活动的主要因素，从而集中精力解决主要矛盾，解决问题。

第六节　筹资、投资分析

一、筹资分析

（一）企业筹资分析的作用

企业筹资是指从不同筹资渠道筹集和集中资金的活动，以满足生产经营活动的筹资需求。企业筹资是企业经济活动的重要组成部分。在一定程度上，企业筹资的状况决定并影响着资金使用的结果和情况。企业的筹资规模决定着企业的经营规模；企业的筹资结构决定着企业的资金运用结构；企业的筹资成本影响着企业的经营效益等。因此，做好企业筹资分析，确保企业生产经营顺利运行，降低筹资成本和筹资风险，提高企业经济效益，具有十分重要的意义。

（二）企业筹资的渠道与方式

1. 企业筹资的渠道

（1）国家资金。

国家资金是指国家通过财政拨款等方式向企业提供的资金，包括国家对一些新建大型、重点项目或企业的投资；财政贴息；国家及有关部门认购股份制企业股票等。

（2）专业银行信贷资金。

专业银行信贷资金指企业从各专业银行取得的各种信贷资金。它们是企业筹资的重要渠道之一。

（3）非银行金融机构资金。

非银行金融机构主要指信托投资公司、租赁公司、保险公司及信用社等。非金融机构资金是指从上述机构取得的信贷资金。

（4）其他企业单位资金。

其他企业单位资金指企业从国内其他企业单位（除银行及金融机构外）取得的资金。取得方式有入股联营、债券及商业信用等。随着现代企业制度的建立，这种筹资方式将会有较大发展。

（5）企业留存收益。

企业留存收益指企业从税后利润中提取的公积金和未分配利润等。

（6）民间资金。

民间资金指从城乡居民手中筹集的资金，如企业可通过发行股票、债券等方式吸收民间资金。

（7）境外资金。

境外资金指从国外以及我国港、澳、台地区的银行等金融机构、企业等经济组织及个人手中筹集的资金。

2.企业筹资的方式

（1）股票。

股票是股份公司为筹集股本而发行的有价证券，是股东拥有公司股份的入股证明。股票按股东权利的不同，可分为普通股和优先股。

（2）债券。

债券是企业为获取长期债务而发行的有价证券，持有人拥有发行单位债权的证明。

（3）银行借款。

银行借款是指企业从银行和其他金融机构获得的各种短期和长期贷款，包括基本建设贷款、流动性贷款等。

（4）租赁。

租赁是指出租人在一定时间内向承租人提供某一项目以供使用，承租人根据合同分期向租赁人支付一定的租金。租赁根据其性质分为两类：经营租赁和融资租赁。

（5）补偿贸易。

补偿贸易是一种贸易方式，指外国企业首先向国内企业提供机械设备、技术专利等的贸易模式。项目投产后，国内企业按照项目生产的产品或双方约定的其他产品分阶段付清价款。

（6）合资经营。

合资经营包括国内联营和中外合资经营等。

（7）商业信用。

商业信用指在商品交易中，买卖双方采取延期付款或预收货款方式购销商品所形成的借贷关系。

（8）应计费用。

应计费用是指企业已经发生但未支付的各种费用和资金，如应付税款、应付利润、应付工资、预付费等。

（三）企业筹资分析要求

1.筹资合理性

企业筹资合理性包括筹资数量合理性、筹资结构合理性、筹资时间合理性。

（1）筹资数量合理性。

筹资数量合理性要求企业筹资数量应以满足企业最低生产经营为标准。筹资过多会造成浪费；筹资不足则会影响生产经营顺利进行。

（2）筹资结构合理性。

筹资结构合理性意味着筹集资金不仅适合数量上的生产发展，而且适合各种基金结构的生产需要，包括固定资金和流动资金结构、长期资金结构和短期资金结构等。

（3）筹资时间合理性。

筹资时间合理性是指筹资时间与需要时间相衔接，资金过早或过晚进入企业都会影响企业生产经营。

2. 筹资合法性

筹资合法性包括筹资方式合法性、筹资用途合法性和还本资金合法性等。

（1）筹资方式合法性。

筹资方式合法性是指企业各项筹资都必须符合党和国家的各项政策法规。如企业发行债券和股票必须经有关部门批准，临时吸收资金必须符合结算制度规定，不能长期拖欠等。

（2）筹资用途合法性。

筹资用途合法性是指不同的筹资项目有着不同的用途，企业不能随意改变筹资用途。如企业不能将筹集的经营资金用于建设住宅等。

（3）还本资金合法性。

还本资金合法性是指还本资金的来源必须符合国家制度规定，不能将应由税后留利还贷部分改为税前还贷，或列入成本。

3. 筹资效益性

筹资效益性是指企业应以尽可能低的资金成本，取得尽可能高的资金效益。

4. 筹资风险性

筹资风险性是指企业由于筹措资金给财务成果带来的不确定性。

（四）企业筹资分析内容

为充分发挥企业筹资分析的作用，满足筹资分析的要求，企业筹资分析应包括以下三项内容：

1. 企业筹资成本分析

企业筹资成本由于筹资方式不同而有所区别，进行筹资成本分析，就是要在明确各筹资成本计算方法的基础上，分析各筹资成本及综合资金成本升降的原因，研究企业如何以较低的资金成本取得生产经营所需资金。

2. 企业筹资结构分析

企业筹资结构从不同角度可以划分为不同的结构。企业筹资结构分析主要基于资产负债表信息，研究债务结构和所有者权益结构，短期债务和长期债务结构，债务内部结构和所有者权益内部结构，分析债务内部结构和所有者权益的变化，判断企业融资的合理性和安全性。

3.企业筹资风险分析

企业筹资风险是由操作风险和财务风险的共同作用引起的。在操作风险的情况下，当企业使用债务融资时，金融风险将不可避免地出现。企业筹资风险主要是通过分析财务杠杆，研究企业风险与收益的关系，促进财务杠杆的正确运用，提高企业的盈利能力。

二、投资分析

（一）企业投资分析的意义

从经济角度来看，投资是一种与消费相对应的概念。它指的是将收入转化为资产以便在一定时期内在未来产生收入的过程。也可以说，投资是指放弃当前消费而为使未来得到更多产出或收益的过程。从个人的角度来看，投资可以分为生产资料投资和纯粹的金融投资，两者都为投资者提供了货币回报。但是，作为一个整体，纯粹的金融投资只是所有权的转移，并不构成产能的增加。

在现代企业制度下，作为独立的法人企业，投资问题成为企业经营发展中的重要问题。企业生产经营各环节对内对外等各方面都存在投资问题。

投资分析实际上是对各种投资项目可行性的分析。在一定的技术条件下，投资可行性分析的关键是经济可靠性。因此，投资分析通常被视为投资项目效益分析的总称。投资分析可分为三类：项目财务分析、项目经济分析和项目社会分析。项目财务分析是从企业的角度分析投资项目；项目经济分析是从国民经济的角度分析投资效益；项目社会分析是从社会公平的角度分析投资收益。事实上，企业投资分析是企业投资项目的财务分析。

由于企业的投资种类或投资项目不同，其所含的内容和特点不同、投资决策中要考虑的因素不同，以及各投资的效益不同等，因此，开展企业投资分析是非常必要的。这对于确定和选择合理的投资项目，获得更大的投资回报，保证企业的快速健康发展具有非常重要的意义和作用。

（二）企业投资分析的内容

企业投资分析的内容是十分丰富的，从投资的不同角度可得出不同的投资分析内容。站在企业经营者的立场上，可以从对外投资和对内投资两方面进行分析。

1.对外投资分析

对外投资分析主要包括有价证券投资分析和非有价证券投资分析两方面。有价证券投资分析主要包括债券投资分析和股票投资分析。非有价证券投资分析指对企业将货币资金、实物或无形资产投资于其他企业进行联营等所进行的分析。应当指出，随着现代企业制度的建立与完善，企业有价证券投资将成为对外投资的主要形式。因此，有价证券投资分析是企业对外投资分析的重点。

2.对内投资分析

对内投资分析即对企业自身生产经营方面的投资进行分析，包含的内容比较广泛，如基本建设投资、更新改造投资、追加流动资产投资等，但最关键的是固定资产投资。因为固定资产投资规模大、时间长，另外它决定并影响着生产过程中其他投资，如存货等资产的规模直接受固定资产投资规模的影响。所以，我们将着重对固定资产投资进行分析，包括确定性投资决策分析、风险性投资决策分析和投资方案的敏感性分析。

第七节　营运资本管理与商业模式

一、营运资本管理

（一）营运资本

营运资本（Working Capital）是企业进行日常运营的必要资金。一般而言，营运资本包括现金和所有流动资产，如现金和现金证券、应收账款和存货，也称为总营运资本。简而言之，营运资本是流动资产减去流动负债或净营运资本的余额。

通常，会计人员关注的是净营运资本，并用它来衡量公司避免发生流动性问题的程度。公司管理层关注的则是总营运资本，因为在任何时候保持适当数量的流动资产都是至关重要的。因此，我们采用总营运资本的概念。营运资本的管理不仅包括流动资产的管理，还包括流动负债的管理，使营运资本可以维持在必要的水平，以满足企业运营的需要。

（二）营运资本管理的重要性

1. 流动资产在企业总资产中占有较大的比重

通常，大多数企业的流动资产占其总资产的一半左右，销售企业则更高。较高的流动资产水平容易使企业获得的投资回报率较低；流动资产过少，又会因流动资产短缺导致企业经营困难。

2. 企业外部融资的基本方式是流动负债

流动负债是小企业主要的外部融资来源，这是因为这类企业资信水平较低，除了以不动产（如建筑物）获得抵押贷款之外，就很难在长期资本市场上进行融资。即使是大公司，也会由于增长过快而利用流动负债进行融资。因此，财务管理人员日常要花费大量的时间进行现金、有价证券、应收账款、应付账款、各类应计费用以及其他短期融资的管理。

3. 企业的风险与收益受到营运资本管理决策的影响

良好的营运资本管理决策不仅应保持对流动资产的最佳投资水平，还应将短期融资与长期融资相结合，以维持这一流动性水平。理想的营运资本管理决策追求较低水平的流动资产和较高水平的流动负债，以提高公司的盈利能力。短期负债直接成本较低，其在总负债中比例越大，公司的获利能力越强。然而，这种获利能力的提高是以增加公司风险为代价的。因此，公司金融管理必须权衡流动资产水平与融资风险以及获利能力之间的相互关系。

（三）营运资本管理的要点

现金周转期不是一成不变的，在很大程度上取决于公司管理的控制。营运资本是需要进行管理的，对营运资本的各项管理措施会影响现金周转期的长短。例如，应收账款周转期的长短根据公司与客户之间签订的赊销信用条款决定，可以通过更改条款改变绑缚在应收账款上的金额。同样，公司也可以减少在原材料库存上的投资，从而加速存货周转。

对营运资本投资的数量不能是随意的，要进行科学的管理。因为营运资本的投资既有成本又有利益，管理的核心是权衡成本和利益，从而确定合理的营运资本数量。营运资金过多，偿债能力强，但资金的获利能力低；营运资金少，资金的获利能力上升，但偿债能力下降。所以，维持恰当的营运资金水平需要权衡营运资金的获利能力与到期时债务无力偿付的成本之间的关系。

二、商业模式

（一）概述

1. 价值主张是商业模式的核心

它阐述了公司为何种目标市场提供了什么样的利益，以及公司通过何种特定的能力来提供价值。因此，商业模式的本质是公司如何运作自身并产生收益。它是公司关于其与客户进行交易的商品和服务的陈述，以支付交换为结果。

2. 商业模式是当今战略管理中最被低估和未发展完全的部分

诸如戴尔、沃尔玛、谷歌和苹果这样的公司，显示了商业模式这个具有巨大的实际价值的概念。商业模式是相对新的现象，它和公司层面与业务层面的战略规划途径都相关，是一个关于过程的抽象概念。

3. 商业模式的实施需要把商业转化成有形的因素

商业模式演化并发展成通用的战略、可用的资源和所施加的策略之间的概念上的联结。一个完整的商业模式提供了价值主张，为动态能力和资源的结合设置了进入壁垒，并且联合内部的成本结构和外部的收入来源，从而产生可持续的收益。它由关于通用战略、资源和战术的因素的互动、发展和微调构成。

（二）公司战略、资源与策略

1. 公司战略

公司层面的战略为商业模式能否真正利用市场机会提供了背后的原因。公司战略方向使得商业模式保持不断向前，并从整体的角度为所需要的调整提出了反馈。

2. 资源与策略

资源是一家公司可以获得的有形资产和无形资产的集合。每一家公司都会综合其资源和策略，创造独特的能力来发展自身的竞争力，从而支持公司的商业模式并实现公司的目标。对于一个经济上可行的商业模式，资源和策略将会根据其各自的贡献来进行不间断的评估。

（三）商业模式战略、策略与资源

策略使公司能够有效地配置或改装资源的使用，从而顺利地实施公司的战略，并能同时实现公司的竞争优势。一家公司的能力是由其策略形成的。策略合并和调整资源，创造出可以转化为独特过程的动态能力。策略是核心竞争力的源头，它能支持公司的商业模式并使其最终生效。

1. 良性循环

战略、策略和资源之间的互动被定义为良性循环。良性循环是指一个复杂的行为链，它能通过自身的正反馈循环来加强自己。良性循环的结果是有利的，其本质是动态的。公司战略、策略和资源之间的良性循环将为公司提供合适的商业模式。商业模式的核心组成模块是价值主张、收益模式、成本结构和目标市场。良性循环之间的互动通过对公司的战略、策略和资源的最有效配置产生这些模块，从而最终实现公司目标。

2. 价值主张

价值主张把效益、特征、产品体验、风险和客户的需求联系在一起。效益是公司产品或服务的价值主张的本质，公司通过产品特征来确认产品的效益，产品的效益也是源于产品或服务的特征。它们通过解决问题，达到预期效果，或通过购买实现用途，从而满足客户的需求。产品特征包括产品的用途、产品的工作原理、配送方式、开发途径、产品的价格，以及产品与其他产品和服务之间的比较。

3. 风险

由于客户对风险的害怕，愿望和需求的动机就会被减轻。客户的害怕体现在犯错、遗漏、花费过多或过少、转换产品或服务。风险因素会影响到客户潜在的购买欲望，因此，也应当被考虑为价值主张的一部分。

（四）商业模式创新

改变现有商业模式或开发新的商业模式的过程被称为商业模式创新。当公司目前的商业模式在产生收入流中失去效力，或无法满足当前市场的需求或愿望时，公司便认识到了商业模式的重要性。当公司将新的产品或服务投放市场，需要改善或扰乱现有市场，或寻求建立一个新的市场时，公司也需要改变现有的商业模式。公司在发展或调整商业模式时，由于战略计划和组织结构并没有为这一过程做好准备，公司将会面临不少挑战。这一过程是十分耗时的，公司必须做到小心谨慎，防止在缺少必要的目标市场调研和反馈的情况下就采取解决方案。公司应该探索和开发一系列的商业模式选项，从而根据战略目标确定最有效的商业模式。

公司运营的环境会影响商业模式的设计和表现。公司的外部环境可以被看作一个具有创造力的空间，其影响着商业模式的建立和接受。有许多影响加强或限制了这个过程，商业模式的改善受到新客户的需求、新技术和创新的影响。监管趋势、反垄断竞争和法律则限制了商业模式。公司的行为越来越多地受到了日益复杂和动态的市场的影响，理解这些变化并根据外部因素和事件采取商业模式是十分有必要的。对环境清晰的认识能使公司评估不同的机会，开发相应的商业模式，并对未来商业模式的设想提供灵感，对当前商业模式提出创新。

第八节 资本系族

中国资本系族数量较多，如"德隆系""银泰系""中广系""飞天系""农凯系""朝华系""青鸟系""鸿仪系""斯威特系""格林柯尔系""凯地系""成功系""托普系""明伦系""精工系""飞尚系""升汇系""金鹰系""明天系""新湖系"等。

中国资本系族的造系路线：产业与资本。虽然已经出现并且仍然存在的"资本系"数量比较多，但所涉及的产业和资本部门的内部结构也大不相同，从更高层次来看，资本系的"造系路线"实际上围绕"产业"和"资本"之间的关系，并且大概形成了三条主要路径。

第一条路径是以工业自然扩张为主，以工业经营为主，形成产业集群的"资本体系"，主要以"普天系""上实系"和"华润系"为代表。资本只是一个顶级联系，为行业服务。

第二条路径是与金融投资形成产业联系，以资本运营为主要产业，这是典型的"华源系"和"格林柯尔系"。

第三条路径基于第二条路径，随着二级市场的炒作，产业只为资本运作服务。这种资本系的荣誉与股票指数高度相关，其中"德隆系"是典型的代表。不难看出，在产业与资本的关系选择上，决定了一个"资本系"终将走向何方。

在当前新兴产业并购重组浪潮下，新型资本系族经营模式包括改造传统产业、拓展新产业、加快上游和下游产业链融合等积极因素，但仍有很大的风险。一些公司实施了大规模的跨境并购热点行业，并购目标存在一个巨大的估值泡沫。未来的盈利前景是不确定的，或者很难达到盈利预期。纯粹的概念投机很难支撑更高的股价。一旦股价暴跌，它可能对资本链产生影响。一些公司在实施并购后存在整合问题。企业文化、制度和经营的整合存在风险。企业核心人才流失、企业空洞化等问题时有发生。快速的并购也可能导致负面影响。资本系族太广泛、战线太长，一旦后续并购重组难以达到预期，容易造成资本链断裂的问题。

第十三章 财务价值实践

第一节 绩效考核

一、绩效考核的目的

绩效考核，也称为"成就或成果测评"，是指企业使用特定标准和指标对各级管理人员的绩效进行价值判断的过程，这些人员承担生产和运营过程并完成特定任务，由此产生效果，以达到生产和运营的目的。

绩效考核是一项系统工程。它是在既定战略目标下评估员工的工作行为和绩效的过程和方法，并使用评估结果为员工未来的工作行为和绩效提供积极的指导。

通过定义这一概念，我们可以明确界定绩效考核的目的和重点。为了更好地实现这一目标，企业需要分阶段将目标分解为不同的部门，并最终将其传达给每个员工，也就是说，每个人都有一项任务。

二、绩效考核的作用

绩效考核本质上是一个过程管理，而不仅仅是对结果的评估。这是将中长期目标分为年度、季度和月度指标的过程，不断敦促员工实现和完善。有效的绩效考核可以帮助企业实现目标。

绩效考核是制订计划、执行计划和纠正计划的循环，体现在整个绩效管理环节中，包括绩效目标设定、绩效要求实现、绩效实施修正、绩效面谈、绩效改进和重新设定目标。这个过程也是不断发现问题和改善现状的循环。

一般来说，绩效考核具有以下功能：

（一）作为员工的薪酬调整、奖金发放的依据

每位员工都将在绩效考核中获得评估。无论是描述性的还是定量的，这一结论都可以作为员工薪酬调整和奖金支付的重要依据。绩效考核的最终结果向员工本人开放，并应得到员工的认可。

（二）作为员工晋升、解雇和调整岗位的依据

员工的每次绩效考核都将客观、合理地评估员工。通过这种方式，将员工绩效评估与晋升等级联系起来是非常公平的，同时，员工自己和其他员工也会认可。

（三）作为调整人事政策和激励措施的依据，促进上下级的沟通

员工与管理者之间的沟通是绩效考核不可或缺的一部分。在沟通中，管理者和员工将面对面地讨论评估结果，并指出其优点、缺点和需要改进的领域。这种正式的沟通机会不仅可以帮助管理者及时了解员工的实际工作条件和根本原因，使员工了解管理者的管理理念和计划，还可以促进管理者和员工之间的相互理解和信任，提高管理者的渗透率和工作效率。

（四）让员工清楚企业对自己的真实评价和期望

虽然管理者和员工可能经常开会并讨论一些工作计划和任务，但如果没有绩效考核，管理者可能不会告诉员工他们在企业中的地位和角色，这可能会导致员工在不知情的情况下出现错误，无法正确判断自己在企业中的地位，造成一些不必要的麻烦。绩效考核明确规定，管理者必须向员工明确企业的评价，使员工更好地了解自己，减少一些不必要的投诉。

（五）让企业及时准确地获得员工的工作信息，并以此作为潜能开发和教育培训的依据

企业每次绩效考核后，管理者和人力资源部门都能及时准确地获取员工的工作信息。通过对这些数据进行整理和分析，评估企业的招聘制度、激励政策和教育培训体系，及时发现政策中的不足和问题，及时调整。

绩效考核有其独特的目的和作用。作为企业管理者，要想把绩效考核的作用发挥出来，就要全面了解绩效考核对企业的意义和作用，还要多向有先进管理模式的企业学习经验，这样才能让绩效考核更好地发挥作用。

三、绩效考核的内容

完整的绩效考核包括三项内容：业绩评估、能力评估、态度评估。但是在实际运行过程中，由于各企业所处的环境不同，对各个工作人员的要求不同，因此会根据自己的实际情况，重点考核其中的一项或几项。例如，一个部门，它的工作重心更偏向于提高工作效率时，它的绩效考核就会更偏重于业绩评估。如果一个企业需要提拔一些有才干的人员来促进企业的发展，则评估的内容就偏重于能力评估。因此，一个企业的评估内容和评估目的是息息相关的。下面我们来看一下这三项内容。

（一）业绩评估

业绩评估通常称为"考绩"，是对企业人员履行职务工作结果的考察与评价。它可以

衡量组织成员的贡献程度。业绩评估是所有工作关系中最本质的评估，它能直观地体现出员工在企业中的价值。

公司在进行绩效考核时一般从以下三个方面来进行衡量：

1. 任务绩效

任务绩效与员工的具体工作有密切关系，它反映的是员工对自己本职工作的完成情况，主要考核的是个人任务绩效指标的完成度。

2. 管理绩效

管理绩效主要是针对行政管理类人员，考核其对部门或下属人员管理的情况。

3. 周边绩效

周边绩效与组织特征相关联，是对相关部门服务结果的体现。

（二）能力评估

能力评估主要评估的是员工在职务工作中发挥出来的能力。工作能力又分为专业技术能力与综合能力。例如，这一过程会考核员工在工作中判断是否正确，有没有较好的协调能力，工作效率如何等。考核人员将根据标准和要求评估，使评估的职责和能力相匹配。这里所需的能力主要体现在常识、专业知识和其他相关知识、技能、技术、工作经验和身体素质。需要指出的是，企业人员考核中的能力评估和能力测试是不同的。前者与被评估人员从事的工作有关，后者则是根据个人自身的属性评估员工的能力，区分优缺点，强调人的共同特征，而不一定与员工当前的工作有关。

（三）态度评估

态度评估是评估员工在工作中的工作态度，如他是否有动力、热情，忠于职责，服从命令。工作态度评估主要考察员工对工作和工作方式的态度。其评估指标可以从五个方面设定具体的评估标准：工作主动性、责任感、工作纪律、工作协作和出勤状态。

态度是工作能力和绩效之间的中介，工作能力的变化取决于态度的正确性。当然，我们还应该考虑完成工作的内部和外部条件。而且"功绩"和"努力工作"之间的关系是由态度决定的。企业必须最大限度地使"努力"的人成为"功勋"的人才。因此，企业使用态度评估就显得十分有必要了。

具体来说，如果一个人想要最大化他的能力，他必须有一个良好的能力结构来适应它，否则他将受到缺乏某个领域知识的阻碍。同时，合作伙伴之间应该有一个匹配的能力结构，以便他们能够相互补充、相互促进。

有些情况下，甚至连员工自己都不清楚自己有哪些能力，这就需要管理者制订一套切实可行的绩效考核方案来检测员工，这样不仅能让员工自己更了解自己，还能让企业根据员工的考核表现分配相应的工作，一举多得。

需要注意的是，绩效考核一定要根据公司的实际情况来制定，一定要量体裁衣，这样才能发挥它应有的作用。

第二节 预算管理

一、概述

预算是一种系统的方法。安达信的《全球最佳实务数据库》认为，预算是一种分配企业财务、物质和人力资源的方法，以实现企业既定的战略目标。企业可以通过预算监控战略目标的实施进度，帮助控制支出，预测企业的现金流和利润。

预算管理起源于英国，但它被美国很好地使用和开发。在我国，预算用于分配、评估和控制各部门和单位的各种财务和非财务资源，以有效地组织和协调企业的生产经营活动，实现既定的业务目标。

全面预算管理是一种管理机制，将企业内部的控制、激励和评估功能相结合，全面实施企业的业务战略。它是企业内部控制的核心。在资源配置的基础上，预算系统主要用于衡量和监控企业和部门的绩效，以确保最终实现公司的战略目标。管理科学家戴维·奥利表示，全面预算管理是为数不多的能够将组织的所有关键问题整合到一个系统中的管理控制方法之一。

对于营销公司而言，全面预算管理作为多年前开拓市场、扩大销售和争夺市场份额的必要和有效管理工具之一，已逐渐融入企业管理文化。企划部是营销公司全面预算管理发起、控制和监督的中枢部门。

二、五大预算构造全面预算体系

全面预算已成为推动营销公司实现"稳健经营、持续发展"的重要工具之一。根据营销公司"稳健经营、持续发展"策略的要求，全面预算管理体系一般由经营预算、资本预算、筹资预算、资金预算、财务预算及对应分解预算构成。

（一）经营预算

营销公司日常业务活动的预算主要包括销售预算、制造成本预算、产品成本预算、经营成本预算、采购预算、期间成本预算等。经营预算不仅要有实物量指标，还要有价值和时间量指标。

（二）资本预算

营销公司预算期内资本投资活动预算主要包括固定资产投资预算、权益资本投资预算和债券投资预算。

（三）筹资预算

在预算期内，营销公司需要借入新的短期和长期贷款，发行已批准的债券，并偿还原有的贷款和债券。

（四）资金预算

营销公司预计在预算期内实现资本收益和资本支出的预算，主要包括资本收入预算和资本支出预算，这些预算以预期资本计划的形式反映出来。

（五）财务预算

财务预算主要以预计资产负债表、预计现金流量表和预计损益表等形式反映。

三、营销公司全面预算管理的五大层面

营销公司全面预算管理层面可分为预算技术、预算管理导向、预算文化与预算制度、预算主动发展能力和预算假设规律五大层面。

（一）预算技术

1. 预算路径选择

预算技术使预算主导者（企划部）能按照不同的路径分别做出一套预算，通过预算的现实性、风险性对比分析，进而判断出哪一条路径比较现实。预算的第一个应用：协助预算主导者（企划部）在不同的战略路径中进行选择。事实上很多营销公司的预算主导者（企划部）已经在这么做了，只不过没有很明显地把预算提到一个清楚的认识上来讲，仍是一种自发行为而不是自觉行为。

2. 战略的清晰化、路径化

分析营销公司和功能单位的分支机构报告的预算，水分含量多少，实现的可能性如何。预算的第二个应用：它可以横向比较每个分支和功能单元的预算情况。

3. 集团战略性资源配置

预算最重要的作用是将宝贵和稀缺的战略资源，特别是财务资源分配给整个集团，这提供了一个非常有效的基础。因为所有的营销公司都经营同一个事业单元，集团高层很容易通过对各营销公司的有效预算进行同质比较，准确无误地决策出战略性资源配置。

（二）预算管理导向

全面预算必须进行战略性的管理。首先，全面预算必须体现战略想法。营销公司在做战略规划的时候，在明年或未来的一段时间里，让哪家分支经营部门（省销售公司）萎缩、哪家分支经营部门（省销售公司）做强、哪家分支经营部门（省销售公司）保持现状以及哪家分支经营部门（省销售公司）某些重点产品要做得强大一点，这些是预算主导者（企划部）一开始就要有的一个设想。因为预算分配的是营销公司的资源，而资源总是有限的，发展得越好的营销公司，越是资源稀缺，越需要进行这样的预算设计。

（三）预算文化与预算制度

在预算过程中，如果老板破坏预算、破坏系统，并通过他的热线指挥预算流程，这表面上看起来似乎最有效，但实质上，它将破坏公司多年累积的整个预算系统。当前，很多公司经营很多年并未形成一个预算文化和预算制度的框架。所谓预算文化与预算制度是老板一旦做出预算以后，他本人必须也服从预算、尊重预算。另外，预算管理能够在很大程度上提高内部稳定性、可靠性和预见性，因为预算一方面可预测风险，另一方面，经过有效地算大账，让公司不把目光局限在一年里面，尽可能地往长远看。当然也不能长远到完全不顾现在，它是在长和短之间保持一个有效的平衡。只有这样，企业在经营上才会获得一个非常好的效果，即比短视的公司看得更长，比看得过空的公司更注重现实。公司之间的竞争，其实就是相对优势的竞争，不可能存在绝对优势，我比你厉害多少倍，是不可能的。所以，预算管理及其产生的文化和制度就是提高企业决策的可靠性、预见性和稳定性的有效保证。

（四）预算主动发展能力

实践证明，预算是公司实现主动发展的一个关键。公司要主动发展，而不是被动地、随机地靠着市场冲浪往前走。有极少的公司在发展初期，靠着市场冲浪发展起来，但是，当规模发展到一定程度以后，公司的前进步伐会变得很沉重。如果不能主动地发展，会导致"大公司病"，公司内部的消极因素、官僚化因素和效率的降低，就会使公司的获利能力不断下降；如果公司在市场中随波逐流，那么它的利润不晓得要打多少折扣。所以，公司发展如逆水行舟，必须有效地做资源的超前布置和统筹，并且打造各种保护利润的能力。

（五）预算假设规律

预算是一种预测，假设未来会怎样。因此，预算管理中的假设，包括各项指标的假设、方案可能性的假设和竞争对手反应的手段假设等，预算主导者（企划部）都要综合在一起考虑。在预算管理中有很多假设，如价格下降了以后，会不会扩大占有率；提高价格，会不会降低占有率；还有降价或提价了以后，竞争对手会做怎样的反应，会不会让利润结构受损等。

预算管理其实是在做规律。很多公司错误地以为做预算是财务部门的事情，事实上预算是一个公司组织上的最高反映。大家感叹苹果公司的新款电子产品一上市便能轰动全球，万人空巷。实际上，大家必须看到其成功的背后，苹果公司真正地对消费者、对高端电子产品的消费规律和完美的产品与高利润支持之间的规律，有着非常深刻的理解、掌握和应用。

预算主导者（企划部）能够在预算中率先探索到某个规律，可以让整个营销公司在行业中凸显优势，并在该规律的指导下在营销战争中占据非常大的主动性。而这个规律中，预算就起了非常重要的作用，因为公司在做预算的时候，既想到了这样做会怎样，又想到了那样做会怎样，预算是一连串的可能性，并把各种可能性放到了一起。预算主导者（企划部）会考虑每一项举措的收益和风险，进行决策树模式的分析和判断，经过一个组织化的手法，从预算方案的起草，到预算上上下下地反复修改，最后把预算做出来。表面上是一套具体的计划和财务资源的分配结果，其实质是对路径的一个选择，是对明年发展路径的一个较优的规划，是一个博弈的最终的产物。

总之，需要强调的是，一个卓越的预算既是公司发展的一盏指路明灯，又给公司的实际运营提供了一个非常好的参照物。

第三节 并 购

一、并购的概念

并购是企业实现扩张和投资者财富迅速增长的重要手段之一，也是近年来境外直接投资领域最常被采用的投资方式。

并购是合并（或兼并）与收购的合称。合并，也叫混合，是指两家或两家以上的企业，根据合并各方签订的合同、协议，并按照一定程序归并为一个企业或另设一家新的企业。兼并可视为一种合并，这意味着主导企业保留其法人资格和企业标志，吸收一个或多个企业，其他企业失去其法人资格或改变其法律实体，仅作为并购企业的组成部分。收购或购买是指企业以现金或可转让证券（如债权和股票）购买另一企业的股票、股权或资产，以获得对企业所有资产或某项资产的所有权或控制权，公司的法人实体地位不会消失。

二、并购的意义

与新建投资相比，并购投资的作用十分明显，而跨国并购的意义更为突出，其优势和特点如下：

1. 加速投资者进入国外市场，提高市场份额，提升投资者及其企业在行业中的战略主导地位。

2. 迅速扩大产品线和生产经营规模。

3. 降低成本费用，减少资本投入。

4. 取得先进的生产技术、成熟的管理经验、众多的专业人才和成熟的营销网络等各类促进企业发展的重要资源。

5. 有利于整体品牌经营战略的规划和实施，提高企业知名度，增强企业竞争力。

6. 借此机会进入新领域，实施多元化战略，实现业务风险多元化。

三、并购的分类

（一）按产业组织特征划分

按照涉及的产业组织特征，并购类型分为横向并购、纵向并购和混合并购。

（二）按国家与地区划分

按照并购涉及的国家与地区，并购类型分为"内内型"并购（国内企业之间的合并与收购）、"内外型"并购（国内企业对外国企业的合并与收购）和"外内型"并购（外国企业对国内企业的合并与收购）。

（三）按交易意愿划分

按照并购交易意愿，并购类型分为友好协商和强迫接管。

（四）按公开程度划分

按照并购的公开程度，并购类型分为要约收购和非公开收购，这一分类仅针对被收购企业为上市公司的并购。

（五）按直接性或间接性划分

按照并购的直接性或间接性，并购类型分为直接并购和间接并购。

（六）按对象类别划分

按照并购对象类别，并购类型分为资产并购和股权并购。

四、并购支付方式

（一）现金收购

现金收购是指收购方直接向目标企业或其原股东支付现金获得资产或股份的收购方式。采取这种方式可确保收购方的控制权固化，对于收购方而言，现有的股东权益不会因此被淡化，也不会导致股权被稀释和控制权被转移。同时，可以减少收购方的决策时间，从而避免错过最佳并购时机。但是，采取现金收购方式要求收购方在确定的日期支付大额现金，这就受到收购方本身现金结余的制约。此外，还可能面临货币的可兑换性和汇率等金融成本、并购资金的资本化能力、现金回收率、目标公司的税收负担等风险。由于上述种种弊端和风险，目前现金收购在实际并购的操作中更多被资产支付、股权支付等形式所取代，如资产置换、以资产换股权等。

（二）股票置换

股票置换是指股东在并购后，根据购买者的净资产、商誉管理和发展前景，以其股票贴现率作为其股本投入的收购行为。这样，交易的规模通常很大，而且不受现金能力的限制。交易完成后，标的公司的股东不会失去其所有者的权益，而是在买方和标的公司共同收购后，将其对标的公司的所有权转让给标的公司。在大多数情况下，目标公司的股东仍然控制着运营，但目标公司的股东和收购方的股东共同承担目标公司估值下降的风险。在这一支付方式下，收购方无须过多考虑东道国当地税务准则及其对出价安排上的制约，从而享受税收优惠政策。涉及增发新股的，如果目标公司盈利状况较差或者并购支付价格较高，也要考虑到可能导致的目标公司每股权益下降、净资产值减少的风险。

（三）债务承担

债务承担式收购，也称为零成本收购，意味着当目标企业的债务价值等于资产价值时，购买者不需要向目标企业支付购买款，但承诺履行目标企业债务支付的义务。

（四）债权支付

债权支付收购是指一般意义上的"债转股"，即购买者将其债权转换为目标企业的权益的购买方式。

（五）卖方融资

卖方融资是指收购方不需支付现金，只需承诺提供固定的未来偿付义务即可完成并购的方式。采用这种方式进行收购时，目标企业或其原股东相当于为收购方提供了资金融通，是对收购方非常有利的收购方式。

（六）杠杆并购

杠杆并购是指通过将目标企业的未来盈利能力或资产作为抵押来收购和支付银行贷款以进行收购。运用这种方式进行收购，收购方不需要动用巨额资金，可以通过利用目标企业资产做抵押的方式获得银行贷款或发行"垃圾债券"进行融资；收购方还可以利用目标企业未来的经营收入进行支付。

（七）混合并购

这里的混合并购是指使用各种支付工具的组合来实现在并购交易中获得目标公司的控制权的支付方法。支付工具包括现金、股票、公司债券、优先股、认股权证和可转换债券。

第四节 企业重组

一、企业重组的概念

企业重组是一个重新分配企业资本、资产、劳动力、技术、管理等要素的过程，构建新的生产经营模式，使企业在变革过程中保持竞争优势。企业重组贯穿于企业发展的全过程。

企业重组是指重组和优化企业资源配置以实现其战略目标的活动。企业重组可分为广义重组和狭义重组两种。广义企业重组包括三种类型：扩张重组、收缩重组和破产重组。狭义的企业重组仅包括收缩重组。

二、企业重组的分类

（一）扩张重组

扩张重组表现为合并、接管或接收以及标购等。

1. 合并

合并是指两个或两个以上企业的组合，其中所有原始企业不作为法人实体存在，而是建立新企业。

2. 接管或接收

接管或接收是指公司的原控股股东（通常是公司的最大股东）通过出售或转让股份或他人持有的股份数量而被搁置的情况。

3. 标购

标购是指企业直接向其他企业的股东提供购买其持有的企业股份的行为，以达到控制企业的目的。公司上市时会发生这种情况。

（二）收缩重组

收缩重组有资产剥离、公司分立以及股权出售三种方式。

1. 资产剥离

所谓资产剥离，是指在企业股份制改革过程中，不属于计划中的股份制企业的资产和负债与原企业账户的分离。

2. 公司分立

公司分立是指根据《公司法》的规定分为两个或两个以上公司的经济行为，包含新设分立和派生分立。

3. 股权出售

股权出售是指公司将持有的子公司的股份出售给其他投资者。

（三）破产重组

1. 破产企业的重组内容

破产后企业重组一般有业务重组、资产重组、债务重组、股权重组、人员重组、管理体制重组等模式。

2. 破产企业的重组流程（BRP）

（1）功能内的 BRP

功能内的 BRP 即对职能内部的流程进行重组。

(2) 功能间的 BRP

功能之间的 BRP 是指突破企业内各部门的界限，跨越多个职能部门的界限进行业务流程再造，实施流程团队管理。

(3) 企业间的 BRP

企业间的 BRP 是指两个或两个以上企业之间的业务重组，实现了整个供应链的有效管理，缩短了生产周期、订单周期和销售周期，简化了工作流程，降低了非增值成本。这种 BRP 不仅是业务流程重组的最高水平，也是重组的最终目标。

三、企业重组的价值来源分析

企业重组有两个主要的直接原因：一是最大化现有股东权益的市场价值；二是最大化现有管理者的财富。这两者可能是一致的或冲突的。无论如何，提高企业价值是实现这两个目标的根本。

企业重组的价值来源主要体现在以下几方面：

（一）获取战略机会

合并的动机之一是购买未来的发展机会。当企业决定扩大其在特定行业的运营时，一个重要的战略是合并该行业的现有企业，而不是依靠自身的内部发展。原因如下：

1. 直接进入运营中的开发研究部门。

2. 获得时间优势，避免工厂建设延误。

3. 减少竞争对手并直接在行业中占据一席之地。

企业重组的另一个战略是利用市场力量。采用相同的价格政策，两家企业可以获得比竞争对手更高的利润。可以使用大量信息资源来披露战略机会。会计信息可能起关键作用，如会计收益数据可用于评估行业企业的盈利能力，可用于评估行业盈利能力的变化等，这对企业重组非常有意义。

（二）发挥协同效应

企业重组的协同效应是指重组可产生"1+1＞2"或"5-2＞3"的效果。产生这种效果的原因主要来自以下几个领域。

1. 生产领域

通过重组，可以产生规模经济，可以接受新技术，可以减少供应短缺的可能性，并且可以充分利用未使用的生产能力。

2. 市场及分配领域

通过重组，可以产生规模经济，这是进入新市场的捷径。它可以扩展现有的分布网络，增加对产品市场的控制。

3. 财务领域

通过重组，可以充分利用未使用的税收优惠，开发未使用的债务能力，扩大现有的分布网络，提高产品市场的控制力。

4. 人事领域

通过重组，可以吸收关键的管理技能，整合各种研发部门。

财务分析对于实现重组在各个领域的效果是必不可少的。例如，在估计更好地利用生产能力的好处时，分析人员应审查该行业其他企业的盈利能力与生产能力利用率之间的关系；在估计整合各研究与开发部门的好处时，还应包括复制这些部门的成本分析。

（三）提高管理效率

企业重组的另一个价值来源是提高管理效率。一种方法是管理人员现在以非标准方式运营，因此当企业被更高效的企业收购时，管理人员将被取代，从而提高管理效率。为实现这一目标，财务分析起着重要作用。在分析中，我们应该观察：

1. 合并对象在行业分配中的预期会计收益的位置。
2. 分布的发散程度。企业在分布中的地位越低、分布越分散，新管理者的利益越大。

提高管理效率的另一种方法是在管理者的利益与现有股东的利益更好地协调时提高管理效率。如果采用杠杆化购买，现有管理者的财富构成取决于企业的财务状况。在这个时候，管理者可能会高度关注最大化公司的市场价值。

（四）发现资本市场错误定价

如果个人能够在资本市场上找到错误的证券定价，他将从中受益。金融出版物经常发布关于合并公司然后出售部分资产以恢复其全部购买价格的单位的报告，从而实现零成本的剩余资产收购。在所有企业重组中，各方面的议价能力都会影响公司增值的分配。即使企业重组没有增加价值，也会出现价值分配问题。财富的再分配可能是企业重组的明显动机。

第五节　税务筹划

一、税务筹划的概念

税务筹划是指在实际纳税义务发生之前纳税人选择较低的税负。也就是说，在法律许可范围内，纳税人通过事先安排和规划业务，投资和财务管理，充分利用税法规定的所有优惠政策，包括减税和免税，以获得税收优惠最大值。广义的税务筹划既包括个人、家庭的税务筹划，又包括企事业单位的税务筹划。

二、税务筹划的作用与目标

纳税支出对纳税人来说是资金的净流出，税负大小是决定纳税人各种交易和经营活动最终收益大小的重要因素。通过税务筹划节约纳税等于直接增加纳税人的净收入。它与财务管理理念中增加收入、节约开支、降低成本和最大化收入具有相同的意义和作用。因此，如何进行税务筹划无疑是投资和财务规划的重要组成部分。

如何通过合理地节税来达到减轻税负的目的呢？这需要仔细研究和规划。个人税务筹划的主要目标是通过最大限度地减少自然人的总税负来最大化总收入，并合法合理地节省税收。

三、税务筹划的特点

税务筹划具有超前性、屏蔽性、合法性、风险性与专业性五大特点，下面具体说明。

（一）超前性

超前性指税务筹划要在事先进行。一旦业务已经发生，事实已经存在，纳税义务已经形成，此时就无法筹划。所以，进行税务筹划必须具有超前意识，即未雨绸缪。

（二）屏蔽性

屏蔽起着遮挡视线的作用。在规划方案的实施中，经常需要有意设置这种屏蔽，以使方案顺利实现。屏蔽的设置不是规划者的假设，而是给税务机关一个合理的理由，即为规划找到合理的论据。例如，企业欲提高职工工资而带来个人所得税的增加，职工可能并未得到太多的实惠。而如果为职工提供工作餐或接送班车，以此提高职工的福利，就相当于变相地提高了职工的工资。这里，接送班车就是屏蔽，遮挡了其减轻税负的真实目的。

（三）合法性

税务筹划只能在法律许可的范围内进行，违反法律规定、逃避纳税责任就属于偷税行为。

（四）风险性

税务筹划的风险性是指税务筹划可能达不到预期所产生的风险。尽管许多筹划方案理论上可以少缴税或降低部分税负，但在实际操作中，却不一定能达到预期的效果。因为在方案实施过程中，税收政策、经济形势等的变化，可能会使原先设定的筹划条件发生变化而不能获得理想效果。

（五）专业性

税务筹划需要在具有专业知识的人员的帮助下，面对大规模的社会化生产、全球经济日益一体化、国际经贸业务频繁发展、经济规模不断扩大、个人多元化的收入渠道，以及日益推进的税制改革。纳税人的能力和知识本身并不足以进行规划。因此，作为第三产业的税务代理和税务咨询应运而生。如今，全世界的会计师事务所和律师事务所，特别是发达国家的会计师事务所和律师事务所，都在陆续开展税务筹划咨询业务。

四、税务筹划与避税、偷税的异同

（一）税务筹划与避税、偷税的共同点

从国家财政的角度来看，偷税、避税和税务筹划将减少国家的税收。对于纳税人而言，从表面上看，这些都是减轻税负的形式，其目的是规避和减轻税负。

（二）税务筹划与避税、偷税的区别

1. 从法律角度看

偷税是非法的，应该依法进行纳税。它没有按时足额缴纳税款。它通过漏报收入、虚假增加开支和虚假会计记录来达到减税的目的。它是对税法的蔑视与挑战。一旦被发现，偷税者一定会受到惩罚。避税是基于税法漏洞和措辞缺陷，它可以通过人为安排交易来规避税收负担。在形式上，它不违反法律，但实质上它违背了立法意图和精神。从本质上来看，这种行为将受到税法的监管和限制，但法律的漏洞和滞后性使其免于受罚。税法允许甚至鼓励税务筹划：在形式上，它基于明确的法律规定；在内容上，它符合立法意图。这是一种合理合法的行为。税务筹划不仅旨在最大化纳税人自身的利益，而且也是依法纳税，履行税法规定的义务，维护国家的税收利益。它是国家征税的保障，也赋予纳税人独立选择最佳纳税方案的权利。

2. 从时间和手段上来讲

偷税发生在税务义务发生后。纳税人通过欺骗和隐瞒减少应纳税额，如缩小税基和降低适用的税率等级。避税也是在纳税义务发生后进行的，通过一系列以税收优惠为目的的交易作为实现人为安排的主要动机，此类交易往往没有商业目的。税务筹划是在尚未缴税的情况下进行的，通过事先选择、安排生产和业务活动来实现。

3. 从行为目标上看

偷税的目标是少缴税。避税的目的是减轻或消除税负。税务筹划是为了最大化纳税人的整体经济利益。税收优惠只是其需要考虑的因素之一。

参考文献

[1] 徐程程. 事业单位预算绩效管理浅析 [J]. 中国产经，2023（4）：120-122.

[2] 邓岳南. 业财融合助推高职院校预算绩效管理转型发展对策研究 [J]. 经济师，2022（12）：237-238.

[3] 王梅玲. 大数据时代国有企业全面预算绩效管理研究[J]. 投资与创业，2022，33（23）：122-124.

[4] 王国祥. 业财融合视角下高职教育预算绩效管理优化研究 [J]. 机械职业教育，2022（12）：20-24.

[5] 邵程圆. 新形势下高职院校全面预算绩效管理探究 [J]. 中国乡镇企业会计，2022（12）：103-105.

[6] 朱燕波. 基层行政事业单位预算绩效管理新模式探索 [J]. 财经界，2022（35）：39-41.

[7] 郑婷. 预算绩效管理改革与行政事业单位财务管理模式研究 [J]. 老字号品牌营销，2022（23）：158-160.

[8] 谢安国. 高校预算绩效管理研究 [J]. 赤峰学院学报（自然科学版），2022，38（11）：54-56.

[9] 杨巍. 预算改革下的整体预算绩效管理创新之路 [J]. 财富时代，2022（11）：77-79.

[10] 刘晓瑜. 企业预算绩效管理的作用及优化策略探讨[J]. 企业改革与管理，2022（22）：135-137.

[11] 杨琇帏. 高校项目预算绩效管理探讨 [J]. 合作经济与科技，2022（23）：128-129.

[12] 李文斐. 高校全面预算绩效管理探索：以H高校为例 [J]. 现代商贸工业，2022，43（23）：122-123.

[13] 李旻序. 高校全面预算绩效管理面临的问题与对策 [J]. 中国管理信息化，2022，25（22）：16-18.

[14] 常向宇. 事业单位预算绩效管理的难点及优化措施探析 [J]. 商讯，2022（25）：112-115.

[15] 朱明辉. 完善预算绩效管理是一项系统工程：谈广播电视单位进行全面预算绩效管理的构建 [J]. 新理财（政府理财），2022（11）：71-72.

[16] 刘晓东. 行政事业单位预算绩效管理的难点与完善策略 [J]. 财会学习，2022（32）：

64-66.

[17] 张晓丹. 全面实施预算绩效管理促进企业财政管理融合发展 [J]. 商场现代化, 2022（21）: 144-146.

[18] 安慧歌, 樊星宇, 徐楠. 内部控制视角下对行政事业单位预算绩效管理的思考 [J]. 老字号品牌营销, 2022（21）: 87-89.

[19] 涂金龙. 事业单位财政专项资金的预算绩效管理研究 [J]. 行政事业资产与财务, 2022（20）: 10-12.

[20] 解云惠. 高校预算绩效管理存在的问题及对策探析 [J]. 行政事业资产与财务, 2022（20）: 13-15.

[21] 王粉波. 全面预算绩效管理提升高校财务管理水平的实践探索 [J]. 山西财政税务专科学校学报, 2022, 24（05）: 37-40.

[22] 丁建波. 关于预算绩效管理改革研究综述 [J]. 环渤海经济瞭望, 2022（10）: 170-172.